KB273951

모듈화 전략

지속적인 성장을 위한

모듈화전략

2017년 12월 27일 1판 1쇄 박음
2018년 01월 08일 1판 1쇄 펴냄

지은이 김진회
펴낸이 김철종

책임편집 장웅진   **디자인** 정진희   **마케팅** 오영일
인쇄제작 정민문화사

펴낸곳 (주)한언
출판등록 1983년 9월 30일 제1 - 128호
주소 110 - 310 서울시 종로구 삼일대로 453(경운동) KAFFE빌딩 2층
전화번호 02)701 - 6911   **팩스번호** 02)701 - 4449
전자우편 haneon@haneon.com   **홈페이지** www.haneon.com

ISBN 978-89-5596-831-6   13320

이 도서의 국립중앙도서관 출판예정도서목록(CIP)은 서지정보유통지원시스템
홈페이지(http://seoji.nl.go.kr)와 국가자료공동목록시스템(http://www.nl.go.kr/kolisnet)에서
이용하실 수 있습니다.(CIP제어번호: CIP2017035404)

모듈화 전략

지속적인 성장을 위한

김진회 지음

한언

　과거 모듈화전략은 기업의 원가 절감 수단으로만 인식되었으나, 이 책을 통해서 모듈화전략이 기업의 경쟁력을 확보하는 적극적인 수단임을 새롭게 알게 되었다. 사실 신문기사를 통해서 언급되는 많은 제품들의 모듈화 적용 사례를 특이하다고 생각했지만, 그렇게 눈여겨보지는 않았다. 그렇게 많은 제품들이 모듈화 컨셉을 활용하였었는지도 잘 몰랐다. 그런데 그런 제품들이 결국 실패하는 데는 기획에 있어서의 치밀함이 없어서 그렇다는 사실을 이 책 덕분에 알게 되었다. 그러므로 이 책은 내게 새로운 관점을 갖게 해준 책이다.

　현재 4차 산업혁명으로 인한 사회의 변화를 기대하는 동시에 한국 제조업의 위기 상황에서 제조업의 경쟁력 강화에 대한 고민도 어느 때보다 심각하고 다양하게 논의되고 있다. 추격자로서의 중국이 아니라 어느새 한국을 따라잡은 중국을 경쟁자로서 경계하고, 미국, 일본, 독일과 같은 전통적인 제조업 강국들을 쫓아가야 하는 한국의 입장에서는 더욱더 많은 고민을 해야만 한다. 이러한 상황에서 제조업 종사자가 자신의 경험을 기초로 쓴 이 책은 더욱 활발하게 읽혀야 한다고 생각한다. 이 책한 권이 한국의 제조업계를 크게 바꾸지는 못하겠지만, 이런 작은 노력하나하나가 모여서 한국 제조업계가 가야 할 길의 지지대가 되어줄 것임을 믿는다.

미래의 한국은 과거와 현재에 그러했듯이 강력한 제조업을 갖춰야 그 위치를 공고히 할 수 있다. 그러나 제조업 패러다임은 완전히 바뀌었다. 과거에는 선진국 또는 선진기업이 닦아놓은 안전한 길을 빠르게 쫓아가는 것만으로도 성공을 보장받았다면, 미래에는 스스로 새로운 길을 닦으면서 민첩하고 유연하게 대응해야 한다. 이런 상황에 대응하기 위한 1가지 아이디어로 '모듈화'를 고려하는 것도 좋을 것이다. 전통적인 탐색적 개발 방식으로 고정부 모듈을 개발하고, 탐험적 개발 방식으로 변동부 모듈을 개발한다는 아이디어는 현장에서도 고려해볼만하다고 생각한다.

저자는 모듈러디자인과 모듈화에 대해서 이론적·업무적으로 경험해온 전문가로, 이 책을 통해서 자신의 경험을 다른 사람들과 공유하려고 노력했다. 누구나 자신의 경험을 체계화하고 공유하기를 원하지만 쉽게 실행하지 못하는데, 저자는 이 책을 통해서 이 2가지를 달성했다. 그 자체로 높이 평가할 수 있을 것이다. 저자의 이전 책인 《모듈러디자인》과 같이 이 책도 완결되었다고 생각하지는 않는다. 저자의 고민이 또 다른 책으로 만들어질 것이고, 비슷한 고민을 나눌 사람들이 점점 더 많아질 때 또 다른 《모듈화전략》과 같은 책이 만들어질 것이니 말이다.

_김완주(법무법인 산지 파트너 변호사, IT 전문 변호사)

윤석철 교수는 기업이 지속적으로 생존하려면 다음과 같은 '기업의 생존 부등식'이 성립해야만 한다고 말했다.

상품의 가치(V) > 상품의 가격(P) > 상품의 원가(C)

우리가 말하는 모든 기업 활동은 바로 기업의 생존 부등식을 만족시키기 위해서 존재하는 활동이다. 4차 산업혁명에 대비한 스마트팩토리들이 첨단 기술로 무장한 이면에는 역시나 기업의 생존 부등식을 만족시키려는 의도가 숨겨져있다. 즉, 어떻게 하면 고객이 느끼는 가치를 극대화하면서 상품의 원가를 최소화할 수 있을 것인가에 대한 질문을 빅데이터, 인공지능, 사물인터넷(IoT) 등의 기술로 풀고자 한 노력 중 하나가 바로 스마트팩토리인 것이다.

이 책의 주제인 모듈화전략 또한 그렇다고 생각한다. 이 책에서 소개한 몇몇 사례와 같이 겉은 멋있어 보여도 고객의 가치에 기여를 하지 않거나, 기업의 비용 절감에 도움이 되지 않는다면 그것은 실패할 수밖에 없다. 어떻게 해야 좀 더 다양한 고객들을 만족시킬 수 있을까? 어떻게 하면 기업 내 비용을 최소화할 수 있을까? 이러한 고민들의 해답이 모듈화전략으로 제시되어야만 성공할 수 있다.

지인의 소개로 저자의 전작인 《모듈러디자인》을 읽고, 그 책이 가진 공학적 접근법 때문에 실무자를 위한 책이라는 느낌을 받았는데, 이번 책은 실무자보다는 관리자가 읽으면 좋을 것이라는 느낌을 받았다. 복잡성을 단순화하는 탁월한 기법인 '모듈화전략'은 중간관리자에게 많은 시사점들을 제시할 것이다. 특히 다양한 사례들을 중심으로 정리된 모듈화에 대한 설명은 이해하기가 쉬웠다.

학계에 있으면서 산업계에 아쉬운 점은, 이렇게 경험을 체계화하려는 노력을 산업계의 역할이 아니라고 생각하는 것이다. 학계와 산업계의 탄탄한 연결고리는 결국 상호 간의 발전에 필수적인 요소다. 학계는 산업계가 필요로 하는 시드와 솔루션을 제공하고, 산업계는 끊임없이 학계에 새로운 질문을 하는 이러한 선순환이 결국 상호 간의 발전을 가져올 것이다. 그런 의미에서 현업에 있으면서 자신의 경험을 책으로 내려고 노력하는 저자의 자세를 높이 산다. 그 결과물인 이 책을 통하여 저자의 노력과 성실함이 풍성한 결실을 맺기를 바란다.

_김인재(동국대학교 경영정보학과 교수)

애플의 아이폰과 삼성의 갤럭시S의 경쟁은 단순히 스마트폰 대 스마트폰의 경쟁이 아니다. 애플이 만드는 생태계와 삼성이 만드는 생태계의 경쟁이다. 즉, 플랫폼들 간의 경쟁인 것이다. 플랫폼이 중요한 이유는 플랫폼을 중심으로 생태계가 구축되기 때문이다. 공고해진 플랫폼을 보유한 기업은 지금의 애플처럼 그 자리를 쉽게 내주지 않는다. 아직도 퍼스널컴퓨터(PC)의 운영체제로 수위를 차지하고 있는 마이크로소프트의 윈도우처럼 말이다.

우리나라의 기업은 아직도 플랫폼 생태계를 구축할 역량이 없다. 그래서 LG나 삼성 같은 대표적인 전자 기업도 아직 구글의 안드로이드 생태계에서 머물고 있다. 이 책에서도 소개된 LG전자의 G5가 공개되었을 때 기대와 동시에 우려했던 이유도 바로 "우리나라 기업이 생태계를 구축하는 역량을 보유하고 있는가?"라는 의구심 때문이었다. 결과는 아쉽게도 실패로 끝났지만, 이로써 우리에게 풀어야 할 숙제가 하나 더 생긴 셈이다.

이 글의 시작을 플랫폼으로 시작하는 이유는, 이 책에서 다루고 있는 주제인 모듈화전략은 바로 플랫폼 생태계와 밀접한 연관이 있기 때문이다. 이 책에 적혀있는 것처럼 제품 플랫폼에는 기본적으로 모듈화가 필요하며, 모듈화전략이 이루고자 하는 목적 중 하나도 바로 제품 플랫폼을 통한 생태계 구축이기 때문이다. 이런 점에서 보면 저자가 문제로 지적했던 '독특한 컨셉'만 가지고 모듈화를 도입한 제품들의 실패 사례들을 이해할 수 있다. 현실적으로 이 책에서 다루고 있는 것처럼 모듈화에 대한 많은 고민을 하면서 모듈화를 적용한 제품이 있을까 싶기도 했다.

제조업의 위기에 대해서는 식상하리만치 많이 언급되고 있다. 향후 4차 산업혁명 시대의 도래로 인해서 한국 제조업의 위기는 더욱더 고조될 것이다. 우리나라 제조업의 과거의 성공공식은 더욱 치열해지는 경쟁이 기다리는 미래에는 더 이상 통하지 않거나 오히려 실패를 부추기는 실패의 공식이 될 가능성이 높다.

 불행 중 다행히도 한국 제조업에 대한 고민과 해법을 다룬 책들이 많이 출간되고 있다. 이런 노력이 우리나라 제조업에 예방주사와 같은 역할을 할 것이라고 기대하면서도, 정작 현장에 닿아있는 실무자들을 위한 책이 부족하다는 점은 항상 아쉬웠다. 그런 의미에서 이 책은 실무자가 직접 자신의 업무에 활용할 수 있는 지식과 경험을 담고 있다는 점에서 충분히 가치가 있다고 생각한다. 좋은 책은 많은 내용을 전달하는 책이 아니라 읽는 사람으로 하여금 많은 생각을 하도록 이끄는 책이라고 생각한다. 이 책은 모듈화전략에 대한 많은 내용을 담고 있으면서도 읽는 이로 하여금 많은 생각을 하게 만든다는 점에서 읽을 만한 가치가 있다.

_김홍근(주식회사 비젠트로 대표이사)

 지금도 수많은 제품들이 기획되고, 개발되고, 고객들에게 전달되고 있다. 그중에서 고객들의 관심과 사랑을 받는 제품은 극히 일부다. 결국 사랑을 받으면서 생명을 이어가는 제품의 근간은 고객인 것이다. 그러나 아직도 적지 않은 기업들은 "만들면 팔린다!"라는 패러다임하에서 제품을 개발하고 있다. 결국 그들에게는 고객이 구호 속에서만 존재하는 것이다. 물론 기업의 목적은 이윤 추구이니 매출 향상과 원가 절감에 관심을 갖는 것을 나무랄 수는 없다. 그리고 그것을 위한 툴로 활용된 표준화 · 공용화는 기업들이 짜고 짜낸 마른 수건의 결과물 중 하나일 뿐이고, 이는 지금까지 한국 기업들이 경쟁력을 유지해온 근간이 되었다.

 그러나 이제는 비용을 줄이는 등의 가격경쟁력만으로 승부하던 시대는 지났다. 한 명의 고객이라도 더 만족시켜야만 하고, 효율성을 추구했던 과거의 방식에 덧붙여 고객에게 좀 더 가깝게 다가가는 효과성도 함께 추구해야만 한다. 그런 의미에서 4차 산업혁명의 산물인 스마트팩토리는 이 2가지를 모두 만족시키기 위한 수단이다. 헌데 아쉽게도 우리나라에서 스마트팩토리는 자동화에 초점이 맞춰져있을 뿐 그 안에는 고객이 없다. 즉, "왜 해야 하는가?"라는 고민은 빠진 채 일종의 유행처럼 접근하고 있는 것이다.

이 책에서 소개하는 모듈화전략은 고객을 근간으로 하는 제품을 만들기 위한 고민에서 출발했다. 단순히 특이한 제품을 만들기 위한 멋진 콘셉트로 활용하는 모듈화가 아니라, "어떻게 하면 고객을 위한 제품을 만들 수 있을까?"에 대한 대답이며 방법이다. 서점에는 고객중심주의의 중요성을 강조한 책은 많지만, 실질적인 방법론을 제시한 책은 거의 보이지 않는다는 점에서 이 책은 가치가 있다.

이 책에서 관심 있게 본 부분은 많은 기업들이 알게 모르게 모듈화를 활용하고 있다는 점이다. 그리고 우리가 접했던 제품들에도 모듈화 또는 그와 유사한 개념이 활용되었다는 점은 새로웠다. 이 책에서 다양한 사례와 함께 소개된 모듈화 콘셉트에 대해서도 이 책보다 더 자세하고 친절하게 설명할 수 있는 책은 없을 것 같다.

한 권의 책이 만들어지기까지 저자에게는 인내와 고뇌의 시간이 필요하다고 한다. 그 과정을 간접적으로 느낀 것은 책 끝에 정리된 수많은 참고문헌들을 보고 나서였다. 한 권의 책을 쓰기가 얼마나 어려운지를 저자의 참고문헌 리스트가 알려주는 듯했다. 저자가 '머리말'에도 언급했듯이 이 책은 정답을 주는 책은 아니다. 하지만 이 책을 읽는 사람들이 많은 것을 생각하게 만들고, 그 안에서 각자 자신이 원하는 답을 찾게 만든다. 그래서 일독을 권한다.

_문형남(33대 한국생산성학회 회장,
숙명여자대학교 정책산업대학원 IT 융합비즈니스전공 주임교수)

차례

2016년은 모듈러디자인에 관심을 가졌던 사람들에게는 아쉬운 기사가 연이어 나온 한 해였습니다. 출시 초기부터 주목을 받았던 LG전자 스마트폰 G5가 호응을 기대했음에도 화답받지 못하면서 실망스러운 성적을 거두었고, 큰 관심과 기대를 모았던 구글의 아라 프로젝트도 몇 년간 출시를 미뤄오다가 결국 취소되었습니다. 모두 모듈러디자인 콘셉트를 활용하여 출시되었거나 출시될 스마트폰이었습니다. 결국 모듈러디자인이라는 콘셉트는 사람들의 시선은 확실히 끌었으나, 그만큼 실행하기는 어렵다는 점을 증명한 셈이 되어버렸습니다.

반면에 자동차 산업에서는 모듈화전략이 시장경쟁력을 확보하는 기본 조건으로 자리 잡은 듯합니다. 처음에는 폭스바겐 그룹이 주도하던 모듈화전략을 다수의 자동차 회사들이 도입하거나 도입을 시도하는 주요 콘셉트가 되었기 때문입니다. 스카니아 사로부터 시작된 모듈러디자인 활용 사례는 폭스바겐 그룹으로 확대되어 그 관심이나 규모가 상당히 커졌습니다. 바로 폭스바겐 그룹이 모듈러디자인을 어떻게 기업전략에 녹였는가와 그것을 위한 체계를 갖춰갔는가를 고민해본다면 단순히 콘셉트로만 접근하기 어렵다는 점을 쉽게 알 수 있을 것입니다. 그 외에도 많은 스타트업 기업들이 모듈화 개념을 제품차별화를 위해서 활용하였다는 점 또한 주목할 만합니다.

이러한 흐름을 읽고 집필한 책이 바로 제 첫 번째 책인《모듈러디자인》(한언)이었습니다. 모듈화를 작게는 제품 콘셉트로, 크게는 사업전략의 일환으로 활용하는 흐름에서, 즉 주로 개발 관점에서 집필했습니다. 그런데 문득 다음과 같은 의문이 들었습니다.

분명히 매력적인 콘셉트인데 왜 실행하기는 어려울까?

저는 모듈화에 대한 이해 없이 너무 단편적으로 접근하고 있기 때문이 아닐까라는 의심에서 답을 찾고 있습니다. 제품경쟁력을 강화하는 측면에서도 모듈화는 충분히 활용될 수 있는 콘셉트이지만, 콘셉트만으로 접근하기에는 고려해야 할 사항들이 너무 많은 것이 아닐까라는 생각도 하게 되었습니다. 이것이 바로 제가 《모듈화전략》을 집필하게 된 동기입니다.

모듈러디자인은 좁은 의미로는 설계방법론 중 하나로 생각할 수 있으나, 기업의 혁신·경쟁전략이 모두 제품으로부터 시작된다는 점을 생각한다면 모듈러디자인은 일종의 혁신방법론이자 제품전략이라고도 볼 수 있습니다. 그래서 이 책은 보다 넓은 의미를 가진 모듈러디자인에 대해서도 다루고 있다고 볼 수 있습니다.

제 첫 번째 책인 《모듈러디자인》이 주로 개발 관점에서의 모듈화의 개념과 실무적 활용을 다뤘다면, 이 책은 분량 문제로 다루지 못했던, 제품전략 측면에서의 모듈화에 대해서 다뤄보도록 하겠습니다. 엄밀히 따지면 제품전략, 개발, 운영, 판매는 하나의 축으로 연결된 것입니다. 그러니 그 연속성을 따지지 않고 단편적으로 다룬다는 것온 어폐가 있습니다. 이 책은 제품전략 측면을 좀 더 확대하여 다룬다고 보시면 좋겠습니다.

글을 쓰는 와중에 쉽지 않은 일들이 계속 벌어졌습니다. 이미 많은 연구자들을 통해서 수립된 이론적 배경을 토대로 집필된 전작에 비해 이 책은 다른 시각의 연구들이 많이 반영되었기에 책의 큰 줄기를 잡는 데 어려움이 있었습니다.

이 책을 집필할 때 세 가지 방향을 설정했습니다. 첫 번째, 《모듈러디자인》에서는 심화 주제로 다뤘던 산업구조와 제품 아키텍처의 관계, 모듈 생산 방식 등을 가급적 하나의 스토리 라인으로 묶으려고 노력했습니다. 두 번째, '모듈화'에 대한 기본 콘셉트를 좀 더 깊이 생각해보고, 그것이 제품전략에서 어떤 의미가 있는지를 고민해봤습니다. 마지막으로 정답을 내놓기보다는 가급적 독자분들이 이 책으로부터 정보를 제공받은 다음 스스로 생각해보도록 유도하려고 시도했습니다. 제가 읽었던 책 중에도 "이것이 정답이다"라고 주장하는 책보다 "이것을 생각해보라"라는 책이 나중에도 많은 것을 남겼기 때문입니다.

항상 느끼는 것이지만, 생각을 글로 옮기는 것, 글을 행동으로 옮기는 것은 상당히 어려운 일입니다. 부끄럽게도 또 한 번 졸저를 내놓았지만, 그 수가 적더라도 누군가에게 꼭 도움이 되는 책이 되기를 바라면서 펜을 듭니다. 두 아이 육아에 편히 잠 한 번 자지 못하는 든든한 지원자인 아내, 언제나 버팀목이 되어주시는 아버지, 삶의 활력소인 두 아들 태인, 효인 그리고 모든 가족들, 친구들에게 감사인사를 전하고 싶습니다. 마지막으로 졸저를 멋진 책으로 만들어주신 한언출판사와 관계자 분들께 진심으로 감사하다는 말씀을 드리고 싶습니다.

경기도 안양

김진회

《모듈러디자인》(한언)은 혁신 또는 개발 업무를 담당하는 관리자 또는 실무자를 위한 책이었습니다. 그런데 실제로 실무를 담당하지 않는 관리자에게는 밀도가 너무 높다는 평이 있었고, 실무자에게는 구체적인 방법이 부족하여 아쉽다는 평이 있었습니다. 사실 많은 내용을 한 권의 책에 담으려다 보니 책의 구체적인 방법이나 사례에는 많은 지면을 할애하지 못했습니다.

그런 의미에서 이 책은 《모듈러디자인》의 프리퀄 같은 책으로 기획했습니다. 모듈러디자인을 도입하려고 고민하고 있거나, 도입하여 성과를 내기를 원하는 기업의 경영진 또는 관리자를 대상으로 썼습니다. 그러나 지나치게 사례 위주로 책을 전개하거나 밀도를 줄인다면 생명력이 약한 잡서로 치부될 두려움이 있었습니다. 또는 많은 내용을 담았기에 각론에 매몰되면 전체 흐름을 잃을 수 있습니다. 그래서 전체 흐름을 파악하는 데 집중하되, 꼭 필요한 부분에서만 각론까지 파고들 것을 권합니다. 최대한 중요한 부분은 〈요약〉에

담으려고 했습니다.

《모듈러디자인》과 같이 마지막에 〈참고문헌〉을 정리해두었습니다. 〈참고문헌〉은 이 책을 집필하면서 도움을 받은 책들을 정리해둔다는 의미도 있지만, 이 책를 읽고 좀 더 심도 있게 학습하고자 하는 이에게 길라잡이 역할을 하리라고 봅니다. 이 책를 읽고 부족함을 느끼거나, 심도 있는 내용을 원한다면 〈참고문헌〉을 꼭 읽어볼 것을 권합니다.

제1장

들어가는 글

"Modular craze affects tech giants."

(모듈화 유행이 테크 자이언트 기업에 영향을 미치고 있다.)

IT(정보통신) 관련 신문기사에 실렸던 문장이다. 많은 테크 기업들이 모듈화를 적용하거나 적용하려고 시도하고 있음을 의미한다. 실제로 모듈화를 적용한 제품의 개발을 여러 IT 기업들이 시도하고 있고, 그중 몇몇 기업이 성과를 내고 있는 반면에 설익은 모듈화 시도가 오히려 독이 된 사례도 있다. 그 효과는 뒤로 하더라도, 모듈화에 대한 관심이 최근 높아지고 있고, 실제로 활용하고 있는 사례가 많아지고 있는 것은 모듈러디자인을 적용했다는 사실만으로도 기삿거리가 되는 것만 봐도 알 수 있는 사실이다.

그러나 생각해봐야 할 문제는 건설업, 무기 산업, 자동차 산업 등과 같은 전통적인 제조업에서부터 IT 산업까지 모듈화에 대한 관심이 높고 이를 적극적으로 활용하는 사례는 많다는 것과, 그 적용

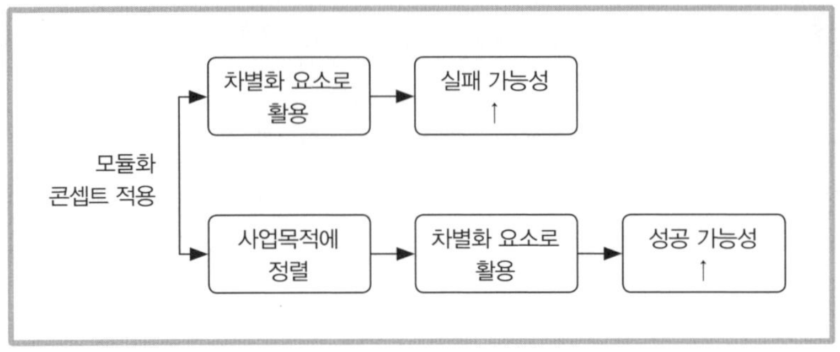

그림 1. 모듈화의 성공 여부

결과가 성공적이었는가는 다른 문제라는 점이다. 여기서 이 책의 콘셉트인 다음과 같은 내용을 유추할 수 있다.

만약 제품의 차별화 요소를 강조하기 위해서 오로지 모듈화 콘셉트에만 집중했다면 실패할 가능성이 높고, 자신들이 가지고 있는 사업목적을 이루기 위해서 모듈화 콘셉트를 수단으로 활용했다면 성공할 가능성이 높다는 것이다.

자, 그렇다면 전작인 《모듈러디자인》(한언)과 이 책의 관계는 어떻게 될까? 전작인 《모듈러디자인》은 개발 부문 중심으로 집필된 책으로, 모듈화 콘셉트가 적용된 제품을 어떻게 하면 효율적으로 개발할 것인가에 대한 내용을 중점적으로 다뤘다. 이 책은 어떻게 하면 효과적으로 모듈화 콘셉트를 활용할 것인가, 즉 개발 이전 단계를 다루고 있다. 즉, 《모듈러디자인》은 모듈화를 적용하기로 결정한 후에 활용되는 책이라면, 이 책은 모듈화를 적용하려고 고민하는 단계에서 활용되는 책인 것이다.

이 책에 적힌 내용을 시작으로 모듈화를 단순한 유행으로 볼 것이 아니라, 어떻게 하면 제품경쟁력을 높이는 데 활용할 수 있을 것인가, 또는 기업 성장에 기여하는 제품을 만드는 데 활용할 수 있을 것인가를 고민해보기 바란다.

생각해보기

① 왜 모듈화 콘셉트 제품은 실패하는가?

② 왜 다양한 산업계에서 모듈화 콘셉트에 관심을 보이거나 도입하려고 할까?

③ 평소에 생각하고 있던 제품전략의 정의는 무엇이고, 왜 필요할까?

1. 왜 모듈화 콘셉트 제품은 실패하는가?

2015년 MWC(모바일월드콩그레스)에서 우리나라 모 기업이 모듈화 콘셉트를 활용한 스마트폰을 소개했을 때, IT(정보통신) 관련 미디어뿐만 아니라 일반인들의 관심과 기대도 컸다. 스마트폰에 대한 제대로 된 모듈화 시도가 거의 처음이었고, 이전까지 스마트폰에는 모듈화를 적용하기 어렵다는 통념이 있었기에, 모듈화 콘셉트를 적용한 스마트폰이 주목받는 일은 이상할 것이 없었다.

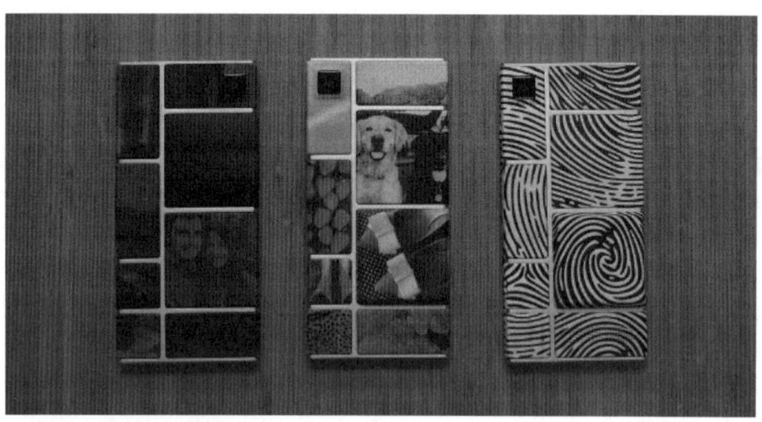

그림 2. 구글 아라 프로젝트
출처: commons.wikimedia.org

그러나 성공적인 콘셉트가 반드시 사업 성공을 가져오는 것이 아니듯, 모듈화라는 콘셉트는 좋았으나 양산성, 품질, 모듈의 다양성 문제 등의 이유로 소비자의 기대에 못 미쳤을 뿐만 아니라, 고객으로의 공급 문제까지 발생하여 히트 상품까지는 되지 못했다. 그리고 결국 후속 모델은 모듈화 콘셉트를 버린 채 출시되었다. 모듈화 콘셉트를 가진 스마트폰이 실패한 것에 영향을 받았기 때문인지는 모르겠으나, 몇 년간 소비자들의 기대를 모았던 구글의 아라 프로젝트마저 취소되었다. 결국은 모듈화 콘셉트를 적용한 스마트폰은 실현하기 어렵다는 인식이 박혀버렸다.

Box 1. 구글은 왜 아라 프로젝트를 취소했을까?

아래의 글은 〈Tech 2〉라는 IT 전문 매체에서 구글의 아라 프로젝트 실패에 대해서 분석한 내용이다.

- 모듈별 개발/생산/판매에 따라서 본체 크기가 커지고, 결국은 총 비용이 늘어날 것이다.
- 하드웨어 스펙(사양) 경쟁에서 밀릴 것이다.
- 안드로이드 파편화를 가속화할 것이다.
- 모듈 제조업체 간의 경쟁으로 수명이 짧아지고, 생산성이 떨어지고, 모듈 제조업체의 부담을 증가시킬 것이다.
- 모듈러폰은 소비자의 아이덴티티를 나타내고자 하는 기대에 부응할 수 없을 것이다.
- 모듈의 재사용을 촉진하기를 기대하겠지만, 모듈 자체의 변화 속도가 너무 빨라서 효과가 없을 것이다.
- LG전자 G5의 실패사례도 부담스러웠을 것이다.

그림 3. 폭스바겐 그룹의 아우디
출처: pixabay.com

그림 4. MQB 플랫폼
출처: commons.wikimedia.org

자동차 회사	모듈화전략 또는 플랫폼 명칭
폭스바겐	Modular Toolkit Strategy, MQB Platform
르노/닛산	CMF (Common Module Family) Architecture
도요타	TNGA (Toyota New Generation Architecture)
푸조	Efficient Modular Platform 2
재규어	IQAL Platform
볼보	Scalable Product Architecture

표 1. 자동차 회사별 모듈화전략

플랫폼전략에서 모듈화전략으로 전환을 시도하는 것이

최근 자동차 회사들의 트렌드 중 하나

스마트폰의 사례와 달리, 위의 〈표 1〉에서 볼 수 있듯이 자동차 회사들은 모듈화전략을 적극적으로 검토하거나 이미 구현하는 중이다.

알려진 대로 지금까지 자동자 회사는 운영효율성을 극내화하기 위하여 플랫폼전략을 적극적으로 활용해왔다. 플랫폼전략을 통해서 생산 라인에 대한 투자비를 줄이는 동시에 다양한 모델의 플랫폼을 통일시켜서 규모의 경제를 이루고, 소비자들에게 다양한 모델을 제공하도록 하는 것이 플랫폼전략의 효과였다.

그런데 왜 **지금까지의 안정적인 제품 개발전략이었던 플랫폼전략에서 모듈화전략으로 전환하려고 하는 것일까?**

그림 5. 2016년 도쿄 모터쇼에서 도요타의 프리우스에 적용된 TNGA(Toyota New Generation Architecture) 플랫폼

출처: commons.wikimedia.org

이 부분은 앞으로 자세히 다루겠으나, 간략하게 언급한다면 **자동차 회사는 모듈화전략을 통해서 동일 세그먼트(시장 세분화 후 구분되는 동일한 특성을 갖는 시장 또는 고객 영역)가 아니라, 세그먼트들 간에도 공용으로 사용할 수 있는 메가 플랫폼을 만들고자 한다.** 그리고 이를 통해서 더욱더 다양한 모델에 더욱 적은 비용으로 대응할 수 있는 체계를 마련하고자 한다. 즉, 플랫폼전략보다 더욱더 높은 운영효율성을 유지하면서 고객을 위해 다양한 모델을 출시하겠다는 두 마리 토끼를 모두 잡겠다는 의도를 읽을 수 있다.

그렇다면 여기서 한 가지 의문이 생긴다. 왜 **자동차 산업에서는 하나의 트렌드로 지속적인 모듈화 시도가 이루어지고 있으며 성공한 사례도**

있지만, 스마트폰 산업에서는 실패한 것일까?

바로 이 질문의 답을 이 책을 통해서 찾고자 한다. 어떻게 하면 모듈화 콘셉트를 가진 제품이 성공할 수 있을지, 어떻게 하면 모듈화전략을 올바른 방향에 따라 실행할 수 있을지에 대해서 이 책에서 다루겠다.

다시 말하면, **모듈화 콘셉트를 활용한 제품이 성공할 수 있는 방법은 무엇일까? 어떻게 하면 성공적인 모듈화전략을 만들 수 있을까?**가 바로 이 책의 주제이다.

모듈화전략에 대해서 이 책은 다음과 같이 정의하고 있다.

모듈화전략 = 제품전략 + 모듈화

사업목적을 달성하기 위하여 제품의 특성과 차별화 요소를 결정하는 활동
+
이를 위하여 모듈화를 활용하는 활동

즉, 모듈화전략은 **'모듈화를 활용한 제품전략'**을 뜻한다. 이 책에서는 모듈화전략의 두 가지 핵심인 제품전략과 모듈화에 대해서 먼저 살펴보고, 모듈화전략을 수립·운영하는 방안까지 살펴보겠다. 추가적으로 모듈화전략과 떼내어 생각할 수 없는 플랫폼전략에 대해서도 모듈화전략과 관련된 내용을 중심으로 살펴보도록 하겠다.

Box 2. 자동차 산업의 확장 가능한, 유연한 플랫폼(Scalable/Flexible Platform) 도입

명칭과 구현 방식이 다를 뿐, 모듈화전략을 통해 다수의 시장/고객 영역(세그먼트)에 대응하는 메가 플랫폼의 도입은 자동차 산업에서 핵심 트렌드처럼 되었다. 그 이름만 다를 뿐 의도하는 것은 동일하다.

**플랫폼 통합과 생산라인 합리화를 통한
규모의 경제 극대화, 생산유연성 확보**

물론 다양한 글로벌 안전 규격, 환경에 대한 규제, 가격 책정, 소싱(구매) 문제, 차량 성능, 기본적인 사이즈 이슈 등 해결해야 할 문제들도 떠안게 되겠지만, 이를 감당하고도 충분히 효과를 기대해볼 만하다.

예를 들어, 르노 자동차는 CMF 아키텍처(Common Module Factory Architecture)를 통해서 제품을 '4+1 모듈(콕핏Cockpit, 엔진베이Engine-Bay, 전장 아키텍처Electrical/Electronic Architecture, 프런트 언더바디Front Under-Body, 리어 언더바디Rear UnderBody)로 정의했다. 기본적인 골격은 플랫폼전략을 취하면서, 모듈러디자인을 활용하여 유연성을 확보하는 방식이다.

자동차 회사가 모듈화전략을 도입하는 것에 대해 한 언론기사는 다음과 같이 코멘트하고 있다.

**"A more ruthless, dictatorial approach is needed, if the flexible platform concept is to succeed."
(유연한 플랫폼 콘셉트가 성공하기 위해서는
좀 더 무자비하고 독재자적인 접근법이 필요하다.)**

공통 플랫폼을 사용하겠다는 것, 모듈화전략을 활용하겠다는 것은 결국 부품, 모듈, 시스템, 그리고 이들 간의 인터페이스를 단순화·표준화·공용화하는 것을 요구한다. 이 작업은 상상하는 것조차 어려울 정도의 내부적인 저항에 부딪히게 된다.

그렇기에 충분히 공감하겠지만 모듈화전략 도입 초기에는 강제적이고 독재적인 접근법이 필요하다. 그런 의미에서 폭스바겐에서 모듈화전략이 도입될 수 있었던 많은 요인 중 하나는, 당시 폭스바겐 그룹의 회장이었던 빅터 코른의 독단적이지만 강력한 추진력이라고 볼 수 있다.

요점 정리

- 플랫폼전략에서 모듈화전략으로 전환을 시도하는 것이 최근 자동차 회사들의 트렌드 중 하나이다.
- 모듈화전략은 **모듈화를 활용한 제품전략**을 뜻한다. 즉, 모듈화를 통하여 사업목적을 달성하기 위해 수립된 제품전략을 의미한다.

2. 제품전략은 왜 중요한가?

**모든 기업은 신제품을 통해서
기업의 목적을 달성하고자 한다.**

2017년 세계 1~2위를 다투던 스마트폰 업체가 야심 차게 내놓았던 신제품이 배터리 관련 결함으로 인해서 판매가 중단되는 상황까지 이르렀다. 출시 초기만 해도 최고 사양, 최초로 탑재되는 기능들이 많은 소비자를 설레게 했다. 그러나 불미스러운 사고가 몇 차례 일어난 이후에 밝혀진 사실이지만, 이 기업은 신제품 출시 시기에 대한 상당한 압박을 받았다고 한다. 그러다 보니 많은 신기술·신기능을 탑재했음에도 신뢰성·안정성 등에 대한 검증에는 충분한 시간을 쏟지 못한 것이다.

그렇다면 왜 이렇듯 촉박하게 신제품을 내놓을 수밖에 없었을까? 예상하건대 출시 전에는 자신들이 내놓은 신제품이라는 강력한 무기로 경쟁사를 압도하고 시장점유율을 굳건히 하고자 했을 것이다. 그러기 위해서는 경쟁사보다 좀 더 빨리 제품을 출시해야만 했고,

이미 정해진 출시 시점을 맞추고, 이전보다 많은 기술과 기능을 탑재하다 보니 문제가 생긴 것이 아닐까? 실제로 이 제품이 리콜되고, 판매 중지되자 상당한 시장점유율을 경쟁사에 빼앗겼다는 기사도 있었다. 즉, 촉박한 시일 내에 제품의 완성도 또는 품질을 모두 완결할 여유가 없었던 셈이다.

위 사례와 같이 수많은 기업들이 자신들의 목적을 달성하기 위해 다양한 제품을 출시한다. 그러나 아쉽게도 그중 대부분은 시장에서 타 제품들과의 경쟁을 이기지 못하고 도태된다. 제품을 출시하는 과정에서 기업은 자신들이 가지고 있는 상당한 자원과 시간을 투자하기 때문에, 시장에서 실패할 경우 지금까지 쏟았던 모든 노력이 물거품이 되어버린다.

그림 6. 모든 기업은 제품을 통해서 얻고자 하는 목적이 있다.
출처: pixabay.com

이런 위험에도 기업이 제품을 끊임없이 출시하는 이유는, 모든 기업들은 그 제품을 통해서 얻고자 하는 그들만의 **사업목적**이 있기 때문이다. 처음 보았던 사례의 기업이 신제품을 통해서 시장점유율을 굳건히 하고자 하는 사업목적을 가지고 있었던 것처럼 말이다. 즉, 신제품은 '새로운 제품'으로 그치는 것이 아니라, 기업의 목적을 이루고자 하는 전략의 결정체인 것이다.

앞서 언급한 것처럼 모든 기업들이 제품을 통해서 자신들이 얻고자 하는 사업목적과 이를 달성하고자 하는 의도를 가지고 있다(심지어 경쟁사의 제품을 카피하기만 하는 카피캣마저, 경쟁사의 제품을 복제하여 시장의 흐름에 편승하겠다는 의도가 있다고 봐야 한다). 그러나 안타깝게도 그 의도가 모두 성공하는 것은 아니다. 환경적 요인 또는 내부적인 역량 부족 등 우리가 헤아릴 수 없는 다양한 요인으로 실패할 가능성이 훨씬 높다.

그러나 이 책에서 중요하게 바라보는 것은 성공하느냐, 실패하느냐가 아니다. 그 성공이 의도된 것이냐, 의도하지 않은 것이냐가 더욱 중요하다. 즉, 초기에 설정한 사업목적을 달성했느냐, 아니면 우연히 결과가 좋게 나온 것이냐를 구별하는 것이 더욱 중요하다는 의미이다.

아무리 좋은 성공도 의도하지 않았던 것이라면 경계해야 할 것이고, 아무리 나쁜 실패라도 의도했던 것이라면 그 안에서 배울 교훈을 얻을 수 있다. 의도치 않은 성공을 초심자의 행운만으로 바라보기엔 그로 인해서 발생하는 '부정적인' 영향이 작지 않다.

그림 7. 의도된 실패보다 위험한 것은 의도하지 않은 성공이다.
출처: pixabay.com

예를 들어, 신제품의 성공은 그것 자체로 끝나지 않는다. 그 제품을 만들었던 부서나 프로젝트팀은 회사에서 인정을 받게 되고, 인정을 받게 된 조직의 책임자와 실무자는 진급과 적지 않은 성과급을 받는 경우도 있다. 모두 다는 아니겠지만, 그러한 성공 체험은 그들에게 적지 않은 권한을 갖게 하고, 이후에 새로운 시도를 할 때 자신들이 일했던 방식과 이번에 신제품을 출시하는 방식이 다르다는 이유만으로 브레이크를 거는 요인으로 작용하기도 한다.

즉, 의도된 성공이라면 정해진 틀과 관리할 수 있는 범위 내에서 성장의 토대가 되겠지만, 의도치 않은 성공이라면 자신들의 방식을 최선이라고 맹신하도록 만드는 잘못된 선례로 자리 잡을 가능성이 있다.

과거 피처폰으로 승승장구하던 회사들은 내부에 모두 스마트폰 관련 조직을 가지고 있었다. 그러나 아이러니하게도 스마트폰 분야로의 진입에는 소극적이었다. 그 이유는 스마트폰으로 인해서 잃을 것이 많았던 점도 있고, 그들의 성공 체험이 조직 내의 하나의 권력으로 자리 잡았기 때문에 새로운 시도에는 소극적·비관적이었던 점도 있을 수 있다. 정당한 절차로 실현된 성공도 긍정적인 면만 있는 것이 아니다. 하물며 우연한 성공은 그로 인해서 얻은 성과보다 잃을 것이 많을 수 있음을 경계해야 한다.

**모든 제품에는 전략적 의도가 담겨있으며,
그것들이 모여서 제품전략을 이룬다.**

이 책은 제품을 통해서 달성하고자 하는 사업목적 또는 전략적 의도를 다루고자 한다. 그리고 앞으로 '제품전략'이라고 부를 **전략적 의도들의 집합**을 다룰 예정이다. 다만, 이 책에서는 지면 사정상 제품전략 전부를 다룰 수는 없다. 이는 이 책의 주제 밖의 내용이며, 정해진 분량으로 모두 설명하기 어렵다. 그래서 철저히 '모듈화'라는 활동을 중심으로 제품전략을 어떻게 수립하는가, 그 안에는 어떤 활동이 있는가, 어떤 효과를 얻을 수 있는가에 대해서 중점적으로 다루도록 하겠다.

요점 정리

- 모든 기업은 새롭게 출시될 제품을 통해서 기업의 목적을 달성하고자 한다.
- 의도된 실패보다 위험한 것은 의도하지 않은 성공이다.
- 모든 제품에는 전략적 의도가 담겨있으며, 그것들이 모여서 제품 전략을 이룬다.

제2장

제품전략은 무엇인가?

대부분의 제조 기업의 목표는 시장에서 큰 사랑을 받는 히트 상품을 출시해서 큰 수익을 얻는 것이다. 실제로 그 희망이 단순한 희망에 그치지 않도록 현실화하기 위해 상당한 노력을 기울이기 마련이다. 그 같은 노력을 위해 사전에 기획하고, 방법을 고안하고, 실행하기까지 한다. 그러한 과정과 일련의 활동이 **'제품전략'**이다. 즉, 어떻게 하면 성공적인 제품을 만들 것인가를 고민하는 것이 제품전략의 주된 활동이다.

제품전략을 쉽게 표현하면 성공하는 제품을 만들기 위한 구상이다. 그래서 대부분의 성공하는 제품 뒤에는 성공적인 제품전략이 있기 마련이다. 즉, '성공할 제품을 만들기 위한 전략 수립'이 바로 성공하는 제품의 선제 조건이 된다. 물론 제품전략이 없어도 성공적인 제품이 만들어지는 경우가 없지 않다. 그러나 이 경우는 그 한 번의 성공이 지속될 것이라고 그 누구도 보장해줄 수 없고, 순간의 성공이 미래를 담보 잡는 등 역으로 기업에 부채가 될 수 있다('성공하는

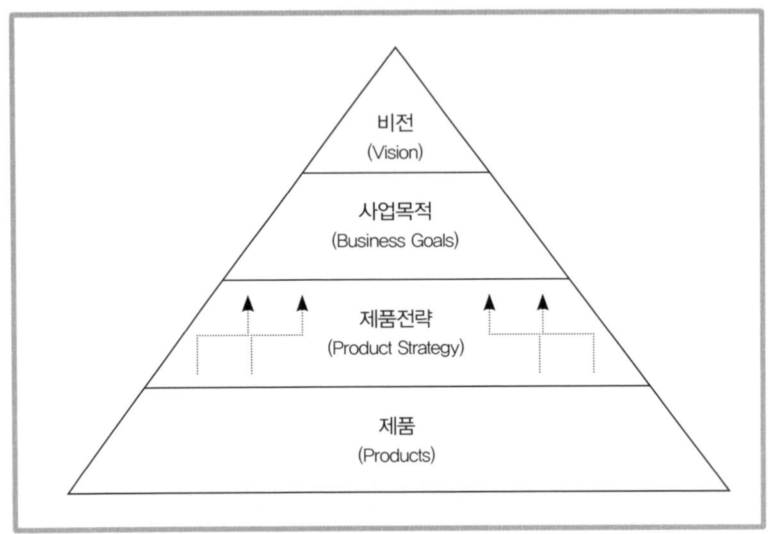

그림 1. 제품전략은 성공하는 제품을 만들기 위한 구상이다.

제품'이라는 개념은 주관적인 표현일 수밖에 없다. 전교 1등에게는 한 과목을 제외한 전 과목에서 만점을 받더라도 실패일 수 있지만, 꼴찌에게는 한 과목에서만 만점을 받아도 성공이라고 말할 수 있다. 즉, 처음에 의도했던 사업목적을 달성했는가 또는 초과했는가로 평가해야 한다. 다음에 다루겠지만, 제품전략은 그 사업목적을 기준으로 성공적인지를 평가해야 한다).

어떻게 하면 성공적인 제품전략을 수립할 수 있을까? 가장 손쉬운 방법 중 하나는 과거의 사례로부터 배우는 것이다. 그렇다면 우리가 과거의 성공한 제품들의 제품전략을 숙지한다면, 성공적인 제품전략을 수립할 수 있을까? 아쉽게도 그렇지 않다. 하나하나의 성공적인 제품전략은 그것이 수립되고 실행되었을 시점의 환경, 내부적인 자원과 역량 등을 고려하여 만들어진 것이다. 어느 하나도 같을 수가 없고, 동일하게 적용할 수도 없다. 또한 그 제품전략의 내용이 실제로 외부에 공개되지 않기에 결과로 추측할 수 있을 뿐 가장 중요한 전략 수립 과정을 복원하는 것은 불가능하다.

그 대신 우리가 상대적으로 쉽게 실행할 수 있는 것은 성공한 제품의 전략이 아니라, 실패한 제품의 전략을 복원해보고, 그것을 반면교사로 삼아 자신의 제품전략을 정교화하는 것이다.

이 책에서는 실패한 제품전략을 패턴화하여 반대로 성공적인 제품전략의 조건을 유추하겠다(이와 유사한 활동을 소프트웨어 개발 분야에서는 '안티패턴Anti-Pattern'이라고 부른다).

앞서 실패한 제품전략을 복기해보는 것이 도움이 된다고 언급했으나, 냉정하게 말하면 **제품전략 속에 담긴 사업목적은 그대로 복원하는 것이 불가능하다. 우리는 단지 그것을 유추할 수밖에 없다.** 나중에 언급할 제품전략의 요소 중 차별화 요인과 제품의 주요 특성은 상대적으로 쉽게 파악할 수 있으나, 그 제품을 만든 기업이 의도했던 사업복석은, 그것을 담당했던 내부자가 직접 말하지 않는 한, 기업 밖의 외부인은 그것을 직접 알기는 어렵고 단지 유추할 수밖에 없다. 그러나 유추하여 복기하는 역량 또한 무수한 연습을 통해 향상시킬 수 있다. 파악할 수 있는 내/외부 요인을 활용하여 실패한 제품들의 사례를 분석해본다면, 완벽하지 않더라도 대략적인 사업목적을 파악할 수 있을 것이다.

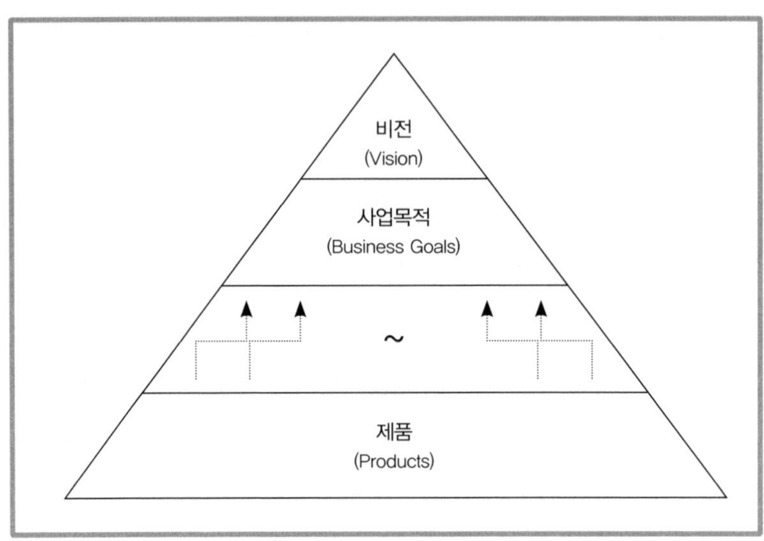

그림 2. 사업목적과 동떨어진 제품 개발은 실패를 설계하는 것과 같다.

생각해보기

① 우리 회사가 가지고 있는 사업목적은 무엇일까?

② 사업목적에 따라서 제품을 기획하고 개발한 사례는 무엇일까?

③ 성공한 제품의 특성, 실패한 제품의 특성은 무엇일까?

④ 성공적인 제품에 있어서 제품전략의 역할은 무엇일까?

1. 제품전략의 정의와 이해

1) 제품전략의 정의

앞서까지는 제품전략이 무엇인지, 왜 중요한지에 대해서 간략하게 살펴보았다. 지금부터는 제품전략의 정의를 살펴보고, 기존에 알고 있는 몇 가지 개념과의 관계와 비교해봄으로써 이해도를 높이도록 하겠다.

"Doing the right thing is more important

than doing the thing right."

(옳은 일을 하는 것이 일을 올바르게 하는 것보다 중요하다.)

경영의 대가인 피터 드러커가 남긴 말이다.

한 남자가 친구와의 약속을 지키기 위해서 전력질주를 한다고 가정해보자. 그런데 그 남자는 약속 장소로부터 반대 방향으로 달리고 있다. 이런 식이면 그 남자가 아무리 빨리 달리고 서둘러 행동하더라도 친구와의 약속을 지킬 수 없다. 그래서 어떤 일을 할 때는 효율적으로 빠르게 하는 것도 중요하지만, 그 전에 먼저 어느 방향으로 달릴지를 명확히 결정해두어야 한다.

제품전략의 역할은 올바른 일을 하게 만드는 것, 즉 올바른 제품을 만드는 것이다. 제품전략은 시장에서 선택을 받을, 경쟁사의 제품을 압도할 수 있을 최고의 제품을 만들기 위해 필요하다. 즉, 제품이 시장에서 성공할 수 있는 확률을 높이고, 의도된 성공을 이끌어내고자 하는 것이 제품전략의 역할인 셈이다. 그렇다면 제품전략은 무엇일까? 앞서 제품전략을 **성공하는 제품을 만들기 위한 구상**이라고 간략하게 언급했지만, 제품전략을 명확히 정의하면 다음과 같다.

> **제품전략이란 제품을 통해서 기업이 이루고자 하는 사업목적을 달성하기 위해서 제품이 가져야 할 주요 특성과, 경쟁사의 제품과 차별화되는 요인을 정의하는 일련의 활동을 의미한다.**

위의 정의에서 알 수 있듯이 제품전략은 기본적으로 다음 3가지 요소를 가지고 있어야 한다.

① 사업목적　② 주요 특성　③ 차별화 요소

물론 이 3가지를 갖춘 것 모두를 제품전략이라고 부를 수 있는 것은 아니다. 하지만 위의 3가지는 제품전략이라면 당연히 가져야

할 최소한의 요건이다(최근에는 이 3가지 요건에 더하여 환경 변화에 따라서 민첩하게 반응하여 변화하는 것, 즉 능동적인 변화도 요구된다). 그렇다면 제품전략과 기업에서 일반적으로 말하는 '전략', 그러니까 사업전략이나 경쟁전략이라는 것들과의 차이는 무엇일까? 이는 다음의 두 문장으로 정리된다.

사업전략은 제품전략을 이끈다.

제품전략은 사업전략이 실현되도록 도움을 준다.

제품전략은 사업전략의 한 부분이며, 사업전략이 실현되도록 하는 하나의 수단이다. 사업전략은 사업적 비전을 실현하기 위한 고수준의 계획이다. 사업적 비전에는 기업이 얻고자 하는 가치가 포함되어있고, 제품은 그 가치를 만들어내는 매체다. 즉, 만들어지는 제품이 그 가치를 만들어낼 수 있도록 하는 것이 제품전략이다. 제품전략이 없다는 것은 바로 그 제품으로 인해서 얻고자 하는 가치가 명확하지 않다는 뜻이다. 이는 그 제품이 사업전략과 원활하게 연결되지 않았다는 뜻이기도 하다. 사업에 도움이 될지 안 될지 명확하지 않은 제품을 만드는 것이 기업에 무슨 소용이 있을까? 사업전략과 연계되지 않은 제품전략은 결국 제품의 사업상의 성공을 운에 맡기겠다는 것을 의미한다.

제품전략의 구성 요소 중 하나인 차별화 요소는 제품이 경쟁력을 갖는 가장 중요한 요인 중 하나이다. 차별화 요소에 대한 이해를 높이는 것은 좋은 제품전략을 수립하는 데 도움이 되기 때문에 따로 정리해보도록 하겠다.

차별화 벡터를 활용한 지속적인 차별화 달성하기

1) 차별화에 대한 이해

(1) 차별화는 시장에서 특정 포지션으로 인식되게 만든다. (예. 사브 = 안전한 자동차)

제품을 차별화했다는 것은 고객이 그 제품을 다른 제품과 다르게 인식하게 만들었다는 것을 의미한다. 예를 들어, 삼성이 갤럭시노트를 출시했을 때, 갤럭시노트가 가지고 있는 첨단 기술들이 갤럭시노트를 고급폰으로 인식되게 만들었다면, 시장 내에서 갤럭시노트가 고급폰 포지션을 차지하고 있다는 것을 의미한다.

(2) 차별화는 시장을 세그먼트화한다.

아이폰이 출시되었을 때, 휴대폰 시장은 피처폰과 스마트폰으로 세분화됐다. 아이폰에 적용된 차별화 요소가 고객으로 하여금 휴대폰을 '스마트폰'과 '스마트폰이 아닌 폰'으로 나누게 만들었다. 이후에 삼성의 갤럭시노트, LG의 옵티머스 뷰가 출시되고, 기존 시장도 패블릿폰 시장과 그 외의 시장으로 다시 나뉘게 된다. 이처럼 제품이 가지는 차별화 요소는 기존 시장을 분화시키는 역할도 한다.

(3) 차별화는 시장의 라이프사이클에 따라 변화하게 된다.

시장이 진화함에 따라 시장 내에서의 상대적 차별화도 변화하게 된다. LG가 터치패널을 휴대폰에 처음 적용했을 때, LG의 휴대폰은 이로써 기존의 휴대폰들과 차별화되었다. 그러나 다른 기업들도 터치패널을 도입하자 다른 차별화 요소가 나타났다.

시장 형성 초기에는 제품 자체가 차별화 포인트가 된다. 그러다가 성숙도가 올라가면 제품이 가진 특성으로 차별화 요소를 찾기 어려워져서 마케팅과 프로모션에 의존하게 된다. 성숙기의 중기 이후에는 브랜드가 없고 저가격으로 승부하는 제품이 경쟁력을 갖는 경우도 발생하는 바, 이때 새로운 콘셉트의 제품이 다시 시장을 분화하기도 한다.

(4) 차별화는 점이 아닌 벡터로 관리되어야만 한다.

차별화는 영원하지 않다. 경쟁사는 금세 따라할 것이며, 차별화 요소는 무차별 요소가 된다. 머물러 있는 것이 가장 위험하다. 차별화를 이루는 것뿐만 아니라, 차별화 요소가 발전될 수 있도록 이끌어가고 관리하는 것도 중요하다.

2) 차별화 벡터의 이점

(1) 벡터는 전략적인 것과 전술적인 것을 분리시킨다.

(2) 벡터는 제품 향상에 집중하게 한다.

(3) 벡터의 길이와 기울기는 전략적 인사이트를 제공한다.

(4) 벡터의 상대적 값은 시장 라이프사이클에 따라서 변화한다.

3) 차별화 전략의 종류

(1) 고유의 제품 특성으로 차별화

(2) 측정 가능한 고객 이익으로 차별화

(3) 사용의 편의성으로 차별화

(4) 향상된 생산성으로 차별화

(5) 고객 투자를 낮춤으로 차별화

(6) 제품 실패 비용을 낮춤으로 차별화

(7) 향상된 성능의 제품으로 차별화

(8) 고유의 기본적인 역량으로 차별화

(9) 디자인으로 차별화

(10) 표준을 기초로 차별화

(11) 토털 솔루션으로 차별화

(12) 총 비용으로 차별화

(13) 브랜드로 차별화

(14) 편리성으로 차별화

4) 차별화의 리스크

(1) 차별화는 지속될 수 없다.

영원한 것은 없다. 지금의 차별화 요소가 모방으로 인하여 당연한 요인이 될 수도 있고, 지금의 자산이 미래에는 부채가 될 수도 있다. 휴대폰에 부착된 쿼티자판이 소비자에게 매력적으로 와닿았다가, 시간이 지남에 따라서 화면이 큰 터치폰에 소비자들이 끌리면서 쿼티 자판은 마니아의 전유물로 전락했다.

(2) 차별화를 했더라도 원하는 가격에 접근하지는 못한다.

차별화를 이유로 가격이 두 배로 오른다면 그것을 매력적으로 느낄 소비자는 없다. 가장 이상적인 것은 가격은 그대로 두고서 차별화를 이끌어낸 제품이다. 적어도 가격 인상 폭이 제한적인 차별화된 제품이어야 한다.

(3) 고객의 선호도를 오해한다.

차별화가 중요한 것이 아니라, 고객에게 가치를 제공하는 차별화여야 한다. 그런데 고객을 완벽하게 이해하지 못하고, 기업 측에서 생각하고 싶은 대로 고객을 이해하여 잘못된 방향의 차별화를 도입할 수 있다.

손님이 많이 몰리던 허름한 순댓국밥 집이 좀 더 넓은 신축 건물로 이전하면서 순댓국밥 가격을 올렸다. 깔끔하게 음식을 대접하고, 좀 더 친절한 서비스를 제공하면 이 정도 가격은 받을 수 있겠지 생각했다. 그런데 365일 내내 사람이 붐비던 순댓국밥 집은 손님이 뚝 끊겼다. 사실 그곳의 단골손님들은 순댓국밥의 맛 때문에 온 게 아니었다. 그 허름한 분위기, 옛날 생각이 나게 하는 그 분위기와 그 시절의 가격에 매력을 느꼈던 것이다.

(4) 차별화로 인한 비용이 너무 크다.

보급형 자동차를 만들던 회사는 다른 회사와의 차별화를 위해서 보급형 자동차에도 고급형 자동차에 장착한 기능들을 추가하기로 했다. 그런데, 고급형 자동차의 기능을 넣다 보니 차별화를 위한 비용이 너무 커졌다. 보급형 자동차의 가격을 고급형 자동차만큼 올릴 수도 없는데 말이다.

(5) 너무 많은, 집중되지 않은 차별화 요소가 많다.

차별화는 기업이 아니라 고객이 느껴야만 한다. 그런데 차별화 요소가 너무 많다면 고객이 쉽게 인지할 수 있을까? 김치찌개 맛집, 돈가스 맛집, 카레 맛집…. 그 음식점 하면 떠오르는 확실한 이미지가 있다. 그런데 이 맛집들의 장점을 모아서 창업한 가게도 맛집이 될 수 있을까? 사공이 많으면 배가 산으로 간다.

(6) 새로운 차별화 벡터는 시장을 세분화할 수 있다.

(7) 신규 기술은 차별화 벡터를 변화시킬 수 있다.

(8) 기업은 차별화에 대한 인식을 만들어내는 데 실패할 수 있다.

기업이 시도한 차별화를 고객에게 인지시키지 못한다면 실패한 제품을 만들 수 있다. 기업이 고객이 보기에 전혀 중요하지 않는 차별화된 기능을 강조하고 거기에 투자하면 오히려 강화해야 할 제품의 핵심 기능을 경시할 가능성이 있기 때문이다.

5) 지속 가능한 차별화를 위한 방안

- 기술적 우위를 유지한다.
- 특허 보호를 사용한다.
- 차별화 벡터를 빠르게 진행한다.

※ 참고: Product Strategy for High Technology Companies (McGrath, McGrawHill)

2) 제품전략의 이해

다음에는 앞서 언급한 대로 제품전략을 우리가 이미 알고 있는 개념과 연결해보도록 하겠다. 이미 《모듈러디자인》에서 다룬 개념인 제품 아키텍처 및 제품 로드맵과의 관계를 파악하는 과정을 거쳐 제품전략에 대한 이해도를 높이도록 하겠다.

(1) 제품 아키텍처와의 관계

**제품 아키텍처는 제품전략의 사업목적을 이루고자
제품 설계에 반영한 결과물이다.**

제품 아키텍처는 기능 요소와 물리적 요소를 매핑(연결)한 산출물을 의미한다. 그리고 제품 아키텍처의 구성 요소는 기능 요소, 물리적 요소, 요소들 간의 인터랙션(상호작용)과 인터페이스(구성 요소들 간의 물리적·전기적 등 연결관계)이다. 여기서 한 가지 빠진 것이 있다. 바로 기능적 요소와 물리적 요소를 매핑(연결)하는 과정에 필요한 '제품 콘셉트'이다.

제품 콘셉트는 제품 아키텍트가 제품에 담고자 한 **'전략적 의도'이다.** 그리고 제품 하나하나의 '전략적 의도'를 명시적으로 표현한 것이 바로 '제품전략'이다.

기업이 달성하고자 하는 사업목적을 투영해놓은 것이 바로 '제품전략'이고, 그 '제품전략'을 개별 제품에 제대로 구현하고자 개념 설계를 해놓은 결과물이 '제품 아키텍처'이다. '제품 아키텍처'를 제품으로 구현하고, 이를 통해서 '제품전략'으로 얻고자 했던 사업목적을 달성해야 한다.

'제품전략'과 '제품 아키텍처'가 없는 것이 가장 큰 문제이겠지만,

'제품전략', '제품 아키텍처', '제품' 간의 괴리가 발생하는 것 또한 큰 문제가 아닐 수 없다. 즉, 형식적인 '제품전략', 명확하지 않은 '제품 아키텍처', 이것도 저것도 아닌 '제품'이 기업 입장에서는 곱씹어서 반성해야 할 내용들이다.

지금까지 살펴이 제품 아키텍처에 대한 관점을 발전시켜서《모노 즈쿠리》(월간조선)에서는 아키텍처를 기업의 역량을 발현하는 하나의 요소로 보고 있다. 자사의 조직능력, 특징, 수준을 정확히 파악하여 설계의 기본 사상인 아키텍처를 착안하고, 이를 통해서 강점인 분야를 판별하여 기업의 전략을 아키텍처를 기반으로 실현해야 한다는 것이《모노즈쿠리》의 아키텍처론의 전반적인 내용이다.

즉, 제품전략은 아키텍처를 기반으로 설정되어야 한다.

실제로 이 책에서는 아키텍처를 구성 요소들 간의 관계(조율형/조합형), 아키텍처 공개 여부(오픈/클로즈드)로 구분하여 그에 맞는 접근 방식을 취해야 한다고 주장하고 있다.

자사에서 만든 제품이 해당하는 영역을 파악하고 경쟁력을 갖추게 하려면 어떤 타입의 아키텍처를 갖추고, 이를 실현하기 위한 제품전략을 설정해야 한다. 그 제품전략은 산업 변화에 따라서 능동적으로 바뀔 수 있다.

	인테그럴 (조율)	모듈러 (조합)
클로즈드 (독점)	자동차 오토바이 소형 가전 게임 소프트웨어	메인 프레임 공작기계 레고 외
오픈 (업계 표준)		PC 시스템 PC 본체 인터넷 제품 자전거 일종의 신(新)금융상품 외

출처:《모노즈쿠리: 제조업 세계 최강, 일본의 제조혼(魂)》, 월간조선사.

표 1.《모노즈쿠리》의 아키텍처론

예를 들어, 자동차 산업은 현재 클로즈드 타입의 인테그럴 아키텍처를 취하고 있고, 그에 맞춰서 경쟁력을 갖춘 제품전략을 취하고 있다. 반면에 폭스바겐은 클로즈드 타입인 것은 변함이 없지만, 운영 효율성을 높이기 위해서 모듈러 아키텍처로 전환하고 있다. 그 이유는 무엇일까? 모듈러 아키텍처로 만들어지는 제품전략은 무엇일까?

이처럼 제품 아키텍처를 중심으로 제품전략을 결정하는 것뿐만 아니라 산업의 변화를 인지하는 것, 자신들의 의도를 실현하기 위해서 아키텍처를 변화시키는 것이《모노즈쿠리》에서 말하는 '아키텍처론'의 핵심이다.

《모듈러디자인》에서도 강조한 바이지만, 한 가지 명심할 것은 특정한 형태의 아키텍처가 우수하다는 것을 의미함이 아니라는 것이다. 해당하는 산업구조, 자사의 역량, 자사의 전략적 의도에 따라서 제품 아키텍처의 형태를 능동적으로 취해야 하는 것이지, 위 4가지 타입의 아키텍처 중 우수한 형태가 있는 것이 아님을 명심해야 한다.

(2) 제품 로드맵과의 관계

제품 로드맵은 제품전략을 표현하는 하나의 툴이다.

제품전략과 제품 로드맵 간의 관계는 어떻게 될까? 둘 간의 관계를 살펴보기 전에 아래의 〈표 2〉를 보자.

'제품전략 수립'은 사업목적을 어떻게 달성할 것인지 고민하여 제품의 차별성과 특징을 기획하는 작업이고, 그 결과물이 바로 '제품전략'이다. '제품 로드매핑'은 '제품전략'을 상세히 전개하여 실행 가능한 액션플랜(실행계획)으로 만드는 작업으로, 크게 보면 '제품전략 수립'의 활동이나 방법론으로 볼 수 있다.

제품 로드맵은 제품전략에서 설정된 전략적 결정을 실행 가능하도록 표현한 액션플랜을 의미한다. 간단히 말하면, 제품 로드맵은 제품전략을 표현하는 하나의 툴로 생각하면 좋다. 그런데 가끔씩 제품 로드맵을 제품전략으로 혼동하는 경우가 있다. 제품 로드맵을 멋지게 그려놓고, 제품전략을 수립했다고 오해하는 경우가 대표적인 예이다.

	행위	결과물
어떻게 도달할 것인가?	제품전략 수립	제품전략
어디서, 무엇으로 도달할 것인가?	제품 로드매핑	제품 로드맵

표 2. 제품 로드맵과의 관계

이 경우는 노트 필기를 잘해놓았을 뿐이면서 공부를 잘했다고 생각하는 것과 다를 바 없다. 연간 행사처럼 만들어지는 보여주기식 제품 로드맵은 단순 페이퍼워크 그 이상도 이하도 아니다. 계속 강조하지만 제품전략 수립을 통해서 전략적 의도의 집합을 설정하고 이를 실현하는 과정에서 만들어지는 결과물이 제품전략이다. 그리고 제품전략을 표현하는 하나의 결과물이 제품 로드맵이어야 한다. 만약 제품 로드맵 자체에만 집중한다면, 영혼이 없는 고철덩이를 취하는 모양새가 되는 즉, 이는 실패를 계획하는 것과 같다.

(3) 제품 기획, 설계, 구현과 제품전략의 관계

앞서 설명한 것처럼 제품전략은 이루고자 하는 비즈니스 가치를 제품을 통해서 달성하기 위해 설정한 전략적 의도들의 집합을 의미한다. 그렇다면 그 결과는 어떻게 파악할 수 있을까? "명확한 제품전략이 수립되었는가?"는 의도한 비즈니스 가치와 실현된 비즈니스 가치를 비교함으로써 파악할 수 있다.

제품전략이 가지고 있는 전략적 의도들 중에서 하나의 제품에 해당하는 의도들을 추리고, 제품의 콘셉트를 정의하는 과정을 제품 기획, 그리고 더욱 상세하게 제품 정의로 지칭한다(제품 기획 안에 제품 정의가 포함되어 있다. 그러나 제품 정의의 중요성을 강조하기 위해서 제품 기획과 분리했다). 제품이 가지고 있는 전략적 의도와 제품이 실현한 가치를 비교하여 "제품에 대해 올바르게 정의했는가?"를 파악할 수 있다. 제품 콘셉트와 구현된 제품을 비교하여 "제품을 올바르게 만

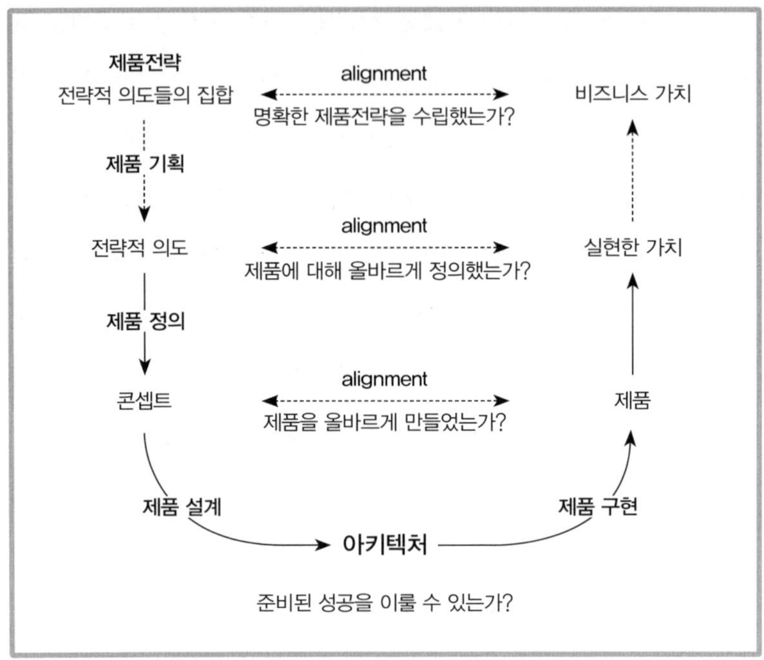

그림 3. 제품전략과 제품 아키텍처와의 관계

들었는가?"를 파악할 수 있다.

콘셉트를 아키텍처로 만드는 과정이 제품 설계다. 그리고 아키텍처를 토대로 제품을 실현하는 과정이 제품 구현이다. 지금까지 설명한 내용 중에서 아키텍처는 제품을 통해서 준비된 성공을 달성하기 위한 핵심 요인이다. 그래서 아키텍처를 중심으로 다음의 3가지 질문에 답할 수 있어야 한다.

1. 명확한 제품전략이 수립되었는가?

2. 제품에 대해 올바르게 정의했는가?

3. 제품을 올바르게 만들었는가?

결론적으로 **제품전략에서 의도한 목적은 제품 정의, 기획, 설계, 구현 과정을 통해서 실현된다.** 위 질문 중 하나에라도 대답을 할 수 없다면, 제품전략에서 의도한 목적을 달성할 수 없다.

요점 정리

- 제품전략이란 제품을 통해서 기업이 이루고자 한 사업목적을 달성하기 위해서 제품이 가져야 할 주요 특성과, 경쟁사의 제품과 차별성을 갖는 요인을 설정하는 일련의 활동을 의미한다.
- 사업전략은 제품전략을 이끈다. 제품전략은 사업전략이 실현되도록 도움을 준다.
- 제품 아키텍처는 제품전략의 사업목적을 이루고자 제품 설계에 반영한 결과물이다.
- 제품전략은 아키텍처를 기반으로 설정해야 한다.
- 제품 로드맵은 제품전략을 표현하는 하나의 툴이다.
- 제품전략에서 의도한 목적은 제품 정의, 기획, 설계, 구현 과정을 통해서 실현된다.

2. 제품전략의 안티패턴과 그 사례

1) 피해야 할 제품전략

성공 사례보다 실패사례에서 배울 것이 더욱 많다.

그렇다면 제품전략을 어떻게 수립해야 할까? 이 책의 주제가 제품전략이 아니기 때문에 깊게 다루지는 못한다. 그러나 앞서 안티패턴에 대해서 설명한 것처럼 어떤 제품전략이 나쁜 것인지를 살펴봄으로써 간접적으로 좋은 제품전략이 무엇인지를 유추하도록 하겠다.

리처드 루멜트의 《전략의 적은 전략이다》에서는 '좋은 전략'과 '나쁜 전략'으로 나누어 전략에 대해 설명하고 있다. 제품전략 또한 이와 유사한 점이 많기에 이 책에서도 리처드 루멜트의 좋은 전략과 나쁜 전략 구분법을 차용하도록 하겠다.

나쁜 전략의 특징은 〈표 3〉과 같다.

특징	설명
미사여구	실질적인 내용이 없는 전략일수록 쓸데없이 어렵고 추상적인 용어들을 늘어놓아서 고차원적인 사고의 결과물인 듯한 착각을 심어주려고 한다
문제 회피	나쁜 전략은 문제를 명확하게 정의하지 않는다
목표와 전략의 혼동	나쁜 전략은 장애물을 극복하기 위한 구체적인 계획 없이 희망사항만 제시한다
잘못된 전략적 목표	나쁜 전략은 중요한 사안을 간과하거나 비현실적 목표를 추구한다

표 3. 나쁜 전략의 특징

〈표 4〉는 나쁜 전략을 기초로 만들어진 나쁜 제품전략의 특징이다.

특징	설명
미사여구	실질적인 내용 없이 기술과 피처들을 나열하여 무언가 대단한 것처럼 보이도록 한다
문제 회피	제품을 통해서 해결하고자 하는 문제, 달성하고자 하는 문제를 명확하게 정의하지 않는다
목표와 전략의 혼동	나쁜 전략은 장애물을 극복하기 위한 구체적인 계획 없이 희망사항만 제시한다
잘못된 전략적 목표	나쁜 전략은 중요한 사안을 간과하거나 비현실적 목표를 추구한다. 실행역량, 특히 개발/운영역량을 고려하지 않은 전략적 목표를 추구한다
경쟁사 따라하기	경쟁사가 만드는 것을 따라 만든다. 즉, 경쟁사가 움직이지 않으면 일하지 않는다
혁신과 변화에 대한 집착 (독특한 것과 특별한 것의 오해)	독특한 것이 특별한 것이라는 착각을 한다
로드매핑을 로드맵과 혼동	로드맵은 제품전략 수립의 결과물인데, 로드맵 작성 과정인 로드매핑을 제품전략의 과정으로 생각한다
기술 및 시장 조사 결과에의 집착	사업성을 무시한 채 기술에 매몰되거나, 시장 조사에 지나치게 매몰된다

표 4. 나쁜 제품전략의 특징

미사여구

IoT(사물인터넷), 스마트센싱, 딥러닝 등 최신 기술 트렌드를 모두 망라하는 제품을 출시하겠다고 단언을 한다. 왜 그 기술을 포함시켰는지, 어떤 목적이 있는지도 이야기하지 않는다. 최근에 뜨는 기술이니까 무작정 넣고 본다. 겉멋만 잔뜩 든 채 내실도 없이 제품을 출시한다.

제품은 결국 고객이 가치를 얻기 위해서 구매하는 것이고, 그것이 제품의 존재 이유가 된다. 그런데 고객의 가치와 동떨어져서 제품을 멋있게 보이게 하는 화려한 수식어를 붙이기 위해 불필요한 신기능, 신기술, 새로운 디자인을 적용한다.

문제 회피

제품전략 수립 시 반드시 선행되어야 할 조건이 바로 현실 인식이다. 현실 인식이 있어야 제품을 통해서 해결하고자 하는 문제와 대면할 수 있다. 현실 인식 없이 만들어진 제품은 목적성 없는 제품이 된다. 예를 들어, 애플로 인해서 촉발된 피처폰에서 스마트폰으로의 전환은 기존에 피처폰으로 시장을 점유하던 기업들에 상당한 위협을 가했다.

그런데 그 현실은 인지하지 못하고, 스마트폰으로 전환해야 하는 문제를 피한 채 더욱더 고성능의 피처폰을 고집한 기업들은 시장에서 퇴출될 위기에 몰렸다. 반면에 스마트폰으로의 전환이라는 문제를 명확히 내세운 어떤 기업은 초기 위기를 극복하고 스마트폰 시장에서 수위를 차지했다. 이처럼 성공적인 제품전략은 현실을 정확히 인식하는 데에서 시작해야 한다. 그렇지 못한 제품전략은 필히 실패할 수밖에 없다.

목표와 전략의 혼동

세계 1위의 스마트폰 업체가 되겠다고 목표를 세웠지만 구체적으로 무엇을 해야겠다는 계획은 없다. 경쟁사가 만들면 만드는 대로 대응하고, 유행하는 기술이 있으면 그것이 무엇이든 적용해본다. '세계 1위의 스마트폰 업체'라는 목표 자체를 전략으로 생각하면서 그 이후 행동은 예전과 다를 바가 없다면, 그 결과도 크게 다르지 않다.

전교 1등이 되는 것이 전략이 될 수는 없다. 전교 1등을 하기 위해서 어떤 방향에 따라 공부를 하겠다라는 것이 전략이다. 그러나 아직도 많은 기업들은 목표를 전략으로 착각하고, 더 높은 목표를 세우고서 구성원들을 닦달하는 것을 혁신이라 여기는 경우가 있다. 하지만 그것이 캐치프레이즈에 지나지 않는다면 아무것도 하지 않으면서 부자가 되기를 바라는 것과 다를 바가 있을까?

잘못된 전략적 목표

"뱁새가 황새 따라가다가 가랑이 찢어진다"라는 속담이 있다. 우선 현재 역량에서 달성할 수 있거나 도달할 수 있는 수치를 목표로 잡아야 한다. 그렇지 않고 무작정 목표를 높게 잡는다면 그것을 달성할 가능성이 있을까?

스마트폰 10위권 업체가 장기적으로는 1위에 도전해볼 수 있겠으나, 구체적 달성 방법 없이 1위를 노린다면, 그것은 꿈을 꾸는 것과 진배없다. 마찬가지로 국내 시장에도 대응하기 어려울 만큼 기술·개발 역량이 부족한 상태에서 글로벌 점유율 1위의 제품을 내놓겠다는 것만큼 허무한 제품목표도 없다. 꿈을 꾸되, 제품전략의 결과는 반드시 손에 잡히는 수치가 되어야 한다.

경쟁사 따라하기

경쟁자에게서 배운다는 것은 자신의 역량을 키울 수 있는 좋은 방법 중 하나이다. 그런데 경쟁자가 특정 행동을 한 이유를 생각하지 않은 채, 무조건 따라하기만 한다면 알맹이를 속 빼놓고 껍데기만 취하는 모양새가 되어버린다.

제품전략을 수립할 때도 마찬가지다. 경쟁사가 의도하는 바를 이해하지 못한 채, 그 결과물만 따라한다면 영원히 경쟁사를 따라잡을 수 없다. 예를 들어, 경쟁사가 단순히 제품 판매가 아니라 제품이 가지고 있는 서비스를 통한 플랫폼 생태계를 구축하고자 하여 제품 자체의 단가를 낮추는 전략을 펼치고 있다고 가정해보자. 이를 단편적으로 받아들이면 경쟁사보다 값싼 제품을 판매하는 것이 경쟁사에 대응하는 방법이 되어버린다.

사실 경쟁사는 제품보다는 서비스 제공이나 소프트웨어 판매를 통해서 이익을 얻고자 하고, 이를 통해서 다시 자사의 제품에 고객이 락인lock-in(잠김효과)되는 효과를 얻고자 한 것인데, 이를 생각하지 않으면 제품을 저렴하게 만드는 전략을 구상하게 되고, 결국 실패할 수밖에 없다.

혁신과 변화에 대한 집착

고객에게 선택을 받기 위해서 기업은 이전에 없었던 제품, 없었던 기능, 없었던 성능을 실현하고자 한다. 그런데 이전에 없었던 것이 과연 고객에게도 가치를 줄까?

지금까지 아무도 스마트폰 백커버는 가죽으로 만든 적이 없었으니까 가죽으로 만들겠다라는 생각을 떠올려보자. 물론 만드는 이는 어떤 이유를 가지고 있었을 것이다. 하지만 새로운 것이 항상 가치 있는 것은 아니다.

변화라든가 새로운 것을 생각하기 전에 그것을 왜 하려고 하는지, 그것이 과연 고객에게 어떤 가치를 제공할지를 반드시 고민해봐야 한다.

로드매핑을 로드맵과 혼동

제품전략을 생각하면, 파워포인트로 작성한 멋진 PPT 파일을 상상할 수도 있다. 언제 어느 시장에 어떤 기능을 갖춘 제품을 출시한다는 타임라인이 정리된 로드맵을 만들고서는 제품전략을 만들었다고 착각하기도 한다. 초등학생 시절 방학 전에 일과표를 만들어놓고 뿌듯해하다가 막상 방학이 되면 그것을 지키는 경우는 거의 없었던 경험이 있을 것이다.

로드맵이 중요한 것이 아니다. 그것이 만들어지는 과정인 로드매핑이 중요하다. 로드매핑을 통해서 나눈 각 부문에 대한 통찰과 의사결정, 토론, 그리고 학습으로 얻어진 역량이 중요하다는 뜻이다. 로드맵은 그 과정에서 얻어지는 산출물일 뿐이다.

기술 그리고 시장 조사 결과에 대한 집착

경쟁력 있는 제품을 만들려면 그에 수반되는 기술을 확보하는 것과, 대상으로 하는 고객의 목소리를 미리 듣는 것도 중요하다. 그런데 그것들에 너무 목을 매다 보면, 제품으로 이루고자 하는 본연의 목적을 잊을 수 있다. 실제로 가치를 제공하지 않지만 최신 기술이라는 이유만으로 제품에 구현될 수도 있고, 시장 조사에 집착하여 혁신의 기회를 잃을 수도 있다. 마차에서 자동차로 넘어가던 시기에 시장 조사를 했었더라면, 소비자들은 자동차와 '더 빠른 마차' 중 무엇을 원한다고 했을까?

나쁜 제품전략의 반대가 꼭 좋은 제품전략이 되리라는 보장은 없다. 제품전략을 수립하는 과정은 공학이 아니라 'Art'이기 때문이다. 다만, 여기서 나쁜 제품전략에 대해서 설명한 이유는 앞서 설명한 것처럼 이러한 나쁜 제품전략을 피한다면, 좋은 제품전략을 수립하는 데 한 걸음 더 다가설 수 있기 때문이다.

2) 사례

지금까지 살펴본 나쁜 제품전략을 기초로 실제 사례를 살펴보도록 하자. 앞에서 언급한 제품전략의 3요소를 기본으로 무엇이 잘못되었고, 무엇을 보완해야 하는지를 살펴봄으로써, 올바른 제품전략 수립을 위한 힌트를 얻도록 하자.

(1) 혁신과 변화에 집착한 사례

  – 더 나은 쥐덫의 오류(a better mousetrap)

고객을 배제한 제품, 기술 중심의 사고가

고객이 사라지게 만드는 주된 이유이다.

요즘은 아파트가 일반화되어 쥐를 쉽게 볼 수 없지만, 과거 단독
주택에서는 쥐가 참 많았다. 천장이나 다락방 등에서 쥐가 돌아다니
는 흔적을 쉽게 찾을 수 있었고, 집안의 골칫거리인 쥐를 없애기 위
해서 쥐약을 사용하기도 하고 쥐덫을 놓기도 했다.

그림 4. 쥐덫

이렇게 한 번 쓰고 버리는 쥐덫을 아깝다고 생각을 했는지 미국 울워스(Woolworth) 사의 사장인 체스터 울워스는 기존 쥐덫을 한층 업그레이드한 제품을 개발한다. 이 쥐덫은 쥐를 잡는 것은 물론, 디자인과 위생 측면에서 뛰어난 제품으로 세척 후에 다시 사용 가능했다. 과거 쥐덫 제품보다 뛰어났으므로 잘 팔릴 것으로 생각했을지 모르겠다. 그런데 소비자는 이 제품을 철저히 외면했다.

왜일까? 이 제품을 사용하기 위해서는 쥐를 잡은 후 쥐를 덫에서 제거하고 덫을 세척해야 했던 것이다. 그런데 고객이 그 과정 자체를 상당히 꺼렸다. 실제로 쥐덫의 성능에만 신경을 썼지, 정작 그것을 사용할 고객에 대해서는 많은 생각을 안 했던 것이다.

이 사례는 아무리 좋은 제품도 고객에게 불쾌한 경험을 강요한다면 외면받을 수 있음을 보여주었다. 즉, 철저하게 제품/기술 중심적 사고의 오류를 범한, 좋지 않은 사례다. 제품만, 기술만 좋으면 소비자는 선택하겠지, 생각하는 순간 실제로는 고객으로부터 멀어지고 마는 것이다.

다시 말해 울워스의 쥐덫은 제품전략의 3요소 중 차별화 요인으로 재활용 가능성, 기능 개량 등을 설정했으나, 소비자들에게는 그 차별화 요인이 제공하는 가치보다 불쾌한 경험이 주는 해가 컸기 때문에 결국 실패하고 말았다.

(2) 혁신과 변화에 대한 집착의 사례

    - 차별화의 늪

소비자에게 가치 없는 차별화 요인은 아무런 의미가 없다.

투명한 콜라, 치토스 맛 립밤, 보라색 케첩을 상상할 수 있을까? 농담 같겠지만, 실제로 출시되었던 제품들이다. 그리고 이 제품들은 소비자들에게 선택을 받지 못하여 금세 사장되었다. 이처럼 제품전략 중 한 가지 요소인 '차별화 요인'에 매몰되면, 소비자에게 실질적인 가치는 주지 못하고 특이하기만 한 제품으로 낙인찍힌다.

투명한 콜라는 펩시에서 1990년대 소비자들에게 건강함과 순수함으로 어필하기 위해서 출시했다. 그러나 사이다 등에 사용되는 시트

그림 5. 크리스탈 펩시
출처: flickr.com

러스향 첨가로 인해서 사이다와의 구분이 모호해졌고, 소비자들에게 혼란만 준 채 사라졌다. 보라색 케첩도 "케첩은 빨갛다"라는 인식과 부조화를 이루면서 소비자에게는 선택하기 어려운 제품이 됐다.

특이하기만 한, 즉 차별화 요인에 매몰되면, 그것이 소비자에게는 전혀 가치가 없는 '특이한 놈'으로 인식될 수 있음을 잊지 말아야 한다.

(3) 기술과 시장 조사 결과에 집착한 사례
　- 현실과 괴리가 큰 사업목적

사업목적을 잘못 설정했다면,
차별화 요인과 주요 특성을 올바르게 설정해도 소용이 없다.

제품을 시장에 출시하는 이유는 기업이 의도하는 사업목적을 달성하기 위함이다. 그런데 현실을 고려하지 않은, 오히려 현실과는 거리가 너무 먼 목적을 설정하고 제품을 출시하면 반드시 실패할 수밖에 없다. 모토로라의 '이리듐'이라는 위성폰이 이를 잘 증명해주었다.

모토로라는 1990년대에 66개의 인공위성을 통해 전 세계 어디서나 통화할 수 있는 휴대폰을 만들겠다는 목표를 세운다. 그 당시 정해진 사업망 내에서만 휴대폰 통화가 가능했던 현실에 비하면 참 꿈같은 이야기였다. 그래서 이리듐 위성폰 사업은 출시 전부터 큰 관심을 받았지만 그 결과는 참담했다.

왜 실패했을까? 출시된 이리듐 위성폰은 그 가격이 3,500달러 정도였으며, 통화료가 1분당 5달러 정도로 비쌌다. 이 정도의 돈을 들여서 전 세계에서 통화할 수 있다는 것이 소비자에게는 큰 가치로 다가오지 않았다. 해외로 자주 떠나는 것도 아닐 뿐만 아니라 오히려 로밍폰을 이용하는 것이 저렴했기 때문에 철저하게 외면을 받았던 것이다. 또한 통화 품질도 그다지 좋지 않은 것으로 알려졌다.

결국 모토로라는 50억 달러가 넘는 돈을 투자했으나, 94억 달러의 손실을 입은 채 이리듐 프로젝트를 접어야만 했다. 제품전략의 요소 중 사업목적 자체를 잘못 설정한 것이다.

차별화 요소인 주요 특성이 소비자에게 실질적인 가치를 주지 못한 측면이 있겠지만, 주요 특성이란 사업목적을 달성하기 위해 제품에서 정의되는 요소일 뿐이다. 즉, **사업목적이 잘못 설정되었다면, 차별**

그림 6. 이리듐 위성폰
출처: flickr.com

화 요소인 주요 특성이 올바르게 설정되어도 소용이 없다는 것을 이 사례를 통해서 알 수 있다.

요점 정리

- 성공 사례보다 실패사례에서 배울 것이 더 많다.
- 소비자에게 가치 없는 차별화 요소는 아무런 의미가 없다.
- 고객을 배제한 제품, 기술 중심의 사고가 고객이 사라지는 주된 이유이다.
- 사업목적이 잘못 설정되었다면, 차별화 요소인 주요 특성이 올바르게 설정되어도 소용이 없다.

3. 성공적인 제품전략의 조건

재차 강조하지만 제품전략은 사업목적을 달성하기 위한 수단으로 어떤 제품을 왜, 어떻게, 언제 만들 것인지를 포함한 방향과 방안을 수립하는 것이다. 그런 의미에서 제품전략에서 가장 중요한 것은 사업목적, 더 나아가 사업목적들을 하나씩 달성하면서 도달할 수 있는 비전을 명확히 하는 것이다.

예를 들어, A기업의 비전은 세계 최고의 첨단 기술 기업이 되는 것이다. 그래서 A기업의 사업목적은 그 비전을 달성하기 위해서 고객에게 첨단 기술 이미지를 각인시키는 것이다. 그 기업의 비전 또한 사업목적을 달성하기 위해서 어떤 제품을 만들어야 할지를 기획하는 제품전략 담당자들이 담당해야 할 부분이다.

먼저, **비전과 사업목적을 명확히 해야 한다.**

산을 오르고자 하는데 어느 산의 정상에 갈지 사전에 정하지 않는다면 엉뚱한 산에 오를 수도 있고, 길을 잘못 들어서 다시 집으로 돌아갈 수도 있다. 비전은 우리가 이르고자 하는 목적지이다. 그러므로 우선 이해관계자들에게 비전을 인식시키는 데 문제가 없도록 명확해야 한다. 비전을 모호한 표현으로 작성하는 것은 목적지를 정해놓지 않고 아무 버스나 잡아 타는 것과 같다.

그 다음에는 **비전과 사업목적과 제품전략을 맞춰야 한다.**

비전을 만드는 것이 갈 곳을 정하는 것이라면, 제품전략은 그곳에 어떻게 도달할지에 관한 것이다. 만약 가고자 하는 방향과 도달하는 방법에 서로 괴리가 있다면, 이보다 큰 문제는 없다.

다음에는 제품전략에 대한 이해를 돕기 위해서 몇 가지 개념들 간의 관계를 살펴보도록 하겠다. 일단 명확한 비전, 명확한 사업목적을 가져야만 하고, 이에 맞춘 제품전략을 수립해야 한다고 했다. 명확한 비전과 사업목적에 맞춰 제품전략을 수립해야만 제품전략 또한 명확해질 수 있다.

예를 들어, 기술 우위를 경쟁력으로 하여 첨단 기술 기업을 추구하는 기업이 내놓는 제품이 조악한 저사양 제품들뿐이라면, 과연 그 기업은 비전에 이를 수 있을까? 올바른 제품전략을 가졌다고 볼 수 있을까?

누구나 갖고 싶고 누구나 원하지만 쉽게 가질 수 없는 럭셔리 제품을 추구하는 기업이 정작 출시하는 제품은 볼륨존을 겨냥한 보급형 제품이라면, 과연 자신들이 정한 명확한 비전에 도달할 수 있을까? 결국 **비전의 명확성, 사업목적의 구체성, 비전과 사업목적과 제품전략 간의 맞춤, 그리고 이들 사이에서 괴리가 발생하지 않게 하는 것이 중요하다.**

제품전략을 이루는 구성 요소는 앞서 언급한 것처럼 기본적으로 **'사업목적', '핵심 기능', '차별화 요소'**로 구분할 수 있겠다. 다수의 제품을 개발하는 경우에는 위의 구성 요소를 갖춘 개별 제품별 전략과는 별개로, 플랫폼을 이용하는 경우에는 제품전략 자체를 '제품 플랫폼전략', '제품 라인전략', '경쟁전략', '성장전략'으로 나눠볼 수 있다. 모듈화를 이용하는 경우에는 별도로 모듈에 대한 기획, 개발, 운영, 파생, 단종에 대한 계획이 필요하다. 그래서 제품전략에 대해 말할 때에는 위에 언급된 구성 요소들 중 한 가지를 지칭하거나 통칭하여 사용하는 경우가 대부분이다. 그래서 제품전략에 대한 정확한 의미를 찾고자 한다면 그것이 사용하는 문맥이 정확히 무엇을 의미하는지 알아봐야 한다.

장님들이 코끼리 몸을 만지면 각자가 생각하는 코끼리의 정의가 다르듯이, 부서별로 제품전략에 대한 정의가 다르다. 개발 부서 입장에서는 제품전략이 제품 개발에 대한 것, 기획 부서 입장에서는 제품 정의, 파생, 관리에 대한 것, 마케팅 부서 입장에서는 시장 전개, 마케팅, 판매에 대한 것이 된다. **정의가 어떠하든 비즈니스목표를**

달성하고, 종국에는 기업이 원하는 비전에 도달하기 위해서 그에 걸맞는 핵심 기능과 차별화 요소를 갖춘 제품(군)을 정의하고, 기획하고, 개발되도록 하는 것이 제품전략의 핵심이고 성공조건이다. 이 핵심을 지킨 후에 더욱더 심도 있게 전개하고 확장하는 것이 사업별·기업별 운영절차이다.

그럼 좋은 전략과 좋은 제품전략의 조건은 무엇일까? 리처드 루멜트의 《전략의 적은 전략이다》에서는 좋은 전략의 조건을 다음과 같이 정의하고 있다.

요소	설명
냉정한 진단	진단은 문제의 속성을 정의한다. 뛰어난 진단은 결정적인 측면을 파악하여 복잡한 상황을 단순화시킨다
짜임새 있는 추진 방침	추진 방침은 문제에 대응하기 위한 행동의 지침이다
일관된 행동	일관된 행동은 추진 방침에 따라 기획된 일련의 행동이다. 각 단계의 행동은 서로 맞물리면서 추진 방침을 따른다

표 5. 좋은 전략의 조건

이에 맞춰 좋은 제품전략의 조건은 다음과 같이 표현할 수 있다.

요소	설명
냉정한 진단	시장 상황, 자사의 역량, 경쟁사의 동향 등을 정확히 파악하고, 자사의 사업목적에 맞춰 고객/시장이 원하는 제품을 정확하게 그리고 단순화하여 정의 내려야 한다
짜임새 있는 추진 방침	정의한 제품을 어떻게 기획하고, 개발하고, 생산하고, 관리할 것인지에 대해 체계적인 계획과 기준을 수립한다
일관된 행동	비전, 사업목적, 제품 설계, 구현, 양산으로 이어지는 과정이 일관성 있게 맞물려서 진행되어야 하며, 앞서 수립한 계획과 기준에 따라야 한다

표 6. 좋은 제품전략의 조건

이전에 언급했던 내용과 크게 다르지 않음을 알 수 있다.

결국 전략이란 미래를 예측하여 여러 가지 옵션 중 최적안을 선택하는 것이 아니라, 미래가 우리에게 유리하도록 설계하는 과정을 의미한다. 제품전략 또한 사업목적이 달성될 수 있도록 미래를 설계해가는 과정 중 하나이다. 제품전략에 필요한 것은 현실을 정확히 진단하여 해결해야 할 문제, 만들어야 할 상품을 설정하는 것, 그것을 만들기 위한 계획과 행동 기준을 만드는 것, 이후 모든 행동들이 일관성을 가지게 함으로써 처음 설정한 사업목적에 부합하는 가치가 실현되도록 하는 것이다.

Box 4. 성공하는 제품의 조건

1. 경쟁사가 갖지 못한 고유의 특성을 갖거나, 가치 우위를 가진 제품
2. 강한 시장지향성
3. 제품 개발 단계 이전의 사전 작업
4. 좋은 제품 정의
5. 제품 개발 실행 품질
6. 팀워크
7. 합당한 프로젝트 선택
8. 제품 출시를 위한 준비
9. 최고경영자의 리더십
10. 시장 출시 속도(Speed to Market)
11. 신제품 개발 프로세스
12. 매력적인 시장
13. 기업역량의 강화

출처: "New Products: What Separates the Winners from the Losers.",
Cooper, R. (1996)
The PDMA Handbook of New Product Development

요점 정리

- 비전의 명확성, 사업목적의 구체성, 비전, 비즈니스목적, 제품전략 등을 맞추는 것과 이들 사이에서 괴리가 발생하지 않게 하는 것이 중요하다.
- 사업목적을 잘못 설정했다면, 차별화 요소와 주요 특성을 올바르게 설정했어도 소용없다.
- 정의가 어떠하든 비즈니스목표를 달성하고, 종국에는 기업이 원하는 비전에 도달하기 위해서 그에 걸맞는 핵심 기능, 차별화 요소를 갖춘 제품(군)을 설정하고, 기획하고, 개발하는 것이 제품전략의 핵심이고 성공조건이다.

제3장

모듈화는 무엇인가?

<table>
<tr><td colspan="2" align="center">실행 시점</td><td colspan="2" align="center">실행 범위</td></tr>
</table>

실행 시점
- 개발 모듈화 (Modularity in Design)
- 생산 모듈화 (Modularity in Production)
- 사용 시점에서 모듈화 (Modularity in Use)

실행 범위
- 외부 모듈 활용
- 외부 모듈 추가 (시스템: 모듈화 적용 X)
- 시스템 일부 모듈화
- 시스템 전체 모듈화
- 시스템 간 모듈화

대상
- 제품 모듈화 (Product Modularity)
- 조직 모듈화 (Organizational Modularity)
- 산업 모듈화, 밸류체인, 지식 모듈화 (Knowledge Moduarlity)

참여자 / 공개 여부
- 내부 모듈화 (Internal Modularity)
- 외부 모듈화 (External Modularity)
- 개방형 모듈화 (Open Modularity)
- 폐쇄형 모듈화 (Closed Modularity)

표 1. 실행 시점, 대상, 실행 범위, 참여자/공개 여부 기준의 모듈화의 분류

모듈화를 활용한 제품전략인 모듈화전략에서 가장 중요한 요소는 역시나 모듈화이다. 그래서 모듈화에 관련된 개념을 확실히 하는 것은 모듈화전략을 수립하는 과정에서 가장 중요한 활동이다.

모듈화는 그 대상을 특정한 목적에 따라서 분할하는 활동을 의미

한다. 여기서 **특정한 목적**이라는 말에 주목하자. 모듈화를 아무런 목적 없이 실행한다면, 그 자체는 오히려 쓸데없는 활동에 비용만 쓴 꼴이 되어버린다. 이 장에서 가장 중점을 둬서 설명할 부분이 바로 모듈화의 목적과 그 목적에 맞는 모듈화의 특징이다.

모듈화의 목적과 특징을 잘 숙지하여 다음 장에서의 모듈화전략 수립 시 적절하게 모듈화를 활용하는 방안을 고민할 기회를 얻길 바란다.

생각해보기

① 평소에 생각하고 있던 모듈화의 정의는 무엇인가?

② 모듈화를 잘 활용한 제품의 사례는 무엇인가?

③ 모듈화를 잘 활용한 제품의 사례에서 왜 모듈화가 활용되었을까?

④ 모듈화로 얻을 수 있는 이점은 무엇일까?

⑤ 모듈화로 피할 수 없는 문제는 무엇일까?

1. 모듈화의 정의와 목적

모듈러디자인의 2가지 원리를 들자면 '분할'과 '조합'이다. 그중 '분할'은 모듈이라는 구성 요소로 제품을 특정한 목적과 기준으로 나누고, 각각의 모듈이 상호 간의 독립성과 기능성을 갖게 만드는 과정을 뜻한다. 여기서의 분할은 모듈화를 지칭한다. 간단하게 정리하면, **모듈화는 제품을 모듈로 나누는 활동을 의미한다.**

제품을 모듈로 나누는 모듈화는 크게 다음과 같은 3가지 목적에 따라서 활용한다.

① 시스템이 가진 복잡성을 개선하기 위해서

② 다양한 제품을 효과적으로 개발하기 위해서

③ 불확실한 미래에 대비하기 위해서

실제 사례를 살펴보면 첫 번째와 세 번째 목적인 '복잡성의 개선', '불확실한 미래 대비'를 목적으로 하는 경우도 어렵지 않게 찾아볼

복잡성의 개선	다양성의 효율적 대응	불확실한 미래 대비
나누어서 정복한다. (Divide and Conquer)	제품을 효율적으로 파생한다. (Design for Variety)	변화에 대응하기 위한 유연성을 갖는다. (Flexible Product Development)

표 2. 모듈화의 목적

수 있으며, 최근 자동차 산업의 모듈화 움직임은 그 목적 자체가 어디에 해당한다고 분류할 수 없을 정도로 복합적이기도 하다. 그렇기 때문에 사례별로 해당 목적을 정답처럼 찾는 것보다 3가지 목적과 원리 자체를 이해하고 있는 것이 더 중요하다. 그럼 각각의 목적에 대해서 살펴보자.

1) 복잡성의 개선
– 복잡성을 극복하여 더욱 복잡한 시스템을 구축

복잡성 개선은 일반적으로는 "복잡한 시스템을 복잡하지 않게 효율적으로 개발할 수 있다"는 것을 의미한다. 항공기, 우주선, 대형 소프트웨어의 경우, 하나의 조직에서 처음부터 끝까지 전체 시스템을 개발하는 것은 무리이기 때문에 전체 시스템을 개별 서브시스템으로 나누고, 독립적으로 설계하고 개발하기 위해 모듈화를 활용하게 된다. 이렇게 활용되는 모듈화의 목적이 〈그림 1〉에서 ②번에 해당한다.

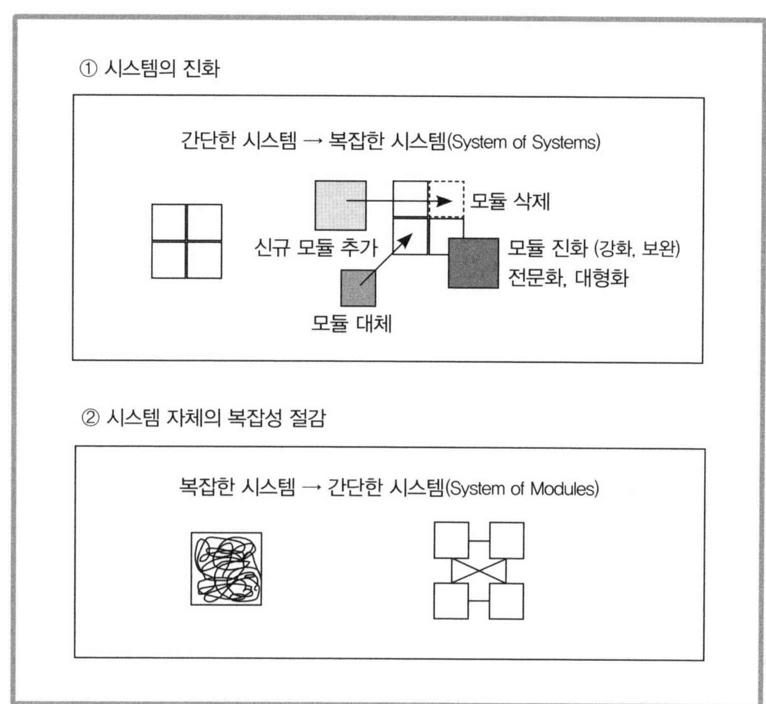

그림 1. 복잡성 개선의 의미

그렇지만 최근 모듈화 트렌드에서는 '**복잡성 개선**'은 "**단순한 시스템으로 좀 더 복잡한 시스템을 만들 수 있다**"는 것을 의미한다. 자동차를 예로 들면, 과거에는 자동차는 기계장치라는 데 이의를 제기하는 사람은 없었을 것이다. 그런데 지금도 그럴까? 자동차의 상당 부분이 전기전자장치와 소프트웨어로 이루어진 현재에는 누구도 자동차를 쉽게 기계장치라 말하기 어렵다. 자동차는 기계장치에서 전장장치로, 소프트웨어로 점차 복잡해지고 있다. 자율주행기능으로 대표되는 인공지능기능, 음성인식기능 등 하나의 기업이 감당하지 못할 정도로 복잡해지고 있다.

이런 상황에서 주목받는 것이 바로 **'모듈화'**이다. 하나의 시스템이 모듈화된다는 것은 하나의 기업이 모두 담당하던 역할을 모듈 전문업체들이 분업하게 된다는 것을 의미하고, 이는 〈그림 1〉의 ①번인 '시스템의 진화'에 해당한다.

한편으로는 그 모듈들에 대한 주도권을 잃을 수도 있지만, 모듈 전문업체가 전문화·대형화를 통해서 경쟁력 있는 모듈을 개발·생산할 수 있는 파트너를 얻는 셈일 수도 있다. 종국에는 제품의 경쟁력 강화로 이어질 수 있다. 반면에 역량 있는 파트너를 얻지 못한 기업들은 위험에 노출되기도 한다. 실제로 폭스바겐으로부터 시작된 모듈화의 움직임은 자동차 혁신 트렌드 중 하나로 자리 잡았지만, 일본이나 한국과 같이 수직계열화가 잘되어있는 경우에는 그 수직계열화가 거꾸로 혁신의 걸림돌이 되기도 했다.

모듈화를 하려면 최대한 개방된 상황에서 경쟁력 있는 파트너를 선택해야 하지만, 부품·모듈 전문업체와 특수한 관계에 있는 자동차 회사의 경우 선택의 폭이 좁을 수밖에 없었고, 만약 경쟁력이 떨어지는 부품·모듈 전문업체를 계열사로 가지고 있거나, 모 기업에 대한 의존도가 높은 업체를 계열사로 가지고 있는 경우에는 제대로 된 모듈화가 이루어지지 못해 경쟁력 있는 완제품을 만드는 데 실패하게 된다.

완성차 업체들이 모듈화전략을 실행함에 따라서 자동차 부품 회사들의 전략에도 변화가 필요하게 됐다. 먼저, 자동차의 전자화, 하이브리드 전기차, 플러그인 하이브리드차 등 복잡한 기능이 확대되고, 복잡화에 대처하는 모듈화의 조정 기능을 부품 회사에게 요구하게 되었는데, 도요타자동차의 경우도 주요 모듈로 공급할 수 있는 기업을 1차 협력 회사(Tier1)로서 육성하고, 단품을 공급하는 기업을 2차 협력 회사(Tier2), 3차 협력 회사(Tier3)로 개편하고 있고, 자동차의 컴퓨터 기능을 담당한 엔진제어장치(ECU, electronic control unit)의 탑재가 증가하며, 부품 회사는 모듈별로 컴퓨팅 기능을 조정하고, 완성차 업체는 각 모듈 간의 조정에 집중할 수 있도록 하는 모듈형 부품 기업이 부상하는 것도 모두 이런 맥락으로 이해할 수 있다. 즉, 모듈화를 통해서 좀 더 복잡한 시스템으로 전환할 수 있음을 의미한다.

출처: LG경제연구원 보고서

참고로, 모듈화의 타입 관점에서 본다면 210페이지의 〈그림 5〉에서 제시한 모듈화 타입 중 마지막인 '④ **시스템이 하나의 모듈을 담당**' 하는 타입이 '복잡성 개선'에 해당할 수 있다. 초기형 백신 프로그램인 V3는 안철수가 혼자 만든 것으로 알려졌으나, 과연 현재 버전의 V3도 누군가가 짧은 시간 내에 혼자 만들 수 있을까? 유저 인터페이스를 전문으로 만드는 개발자, 데이터 처리를 전문으로 하는 개발자, 바이러스, 시스템 최적화 작업을 수행하는 엔진을 개발하는 개발자 등으로 분업화가 이루어져있고, 그러한 분업의 결과로 만들어진 시스템들이 결합하여 더욱더 큰 시스템을 만들 수 있는 게 아닐까?

모듈러디자인의 콘셉트는 최소의 모듈 조합으로 최대한 다양한 모델을 만드는 것이다. 그런데 얼마나 적은 수의 모듈을 활용해야 하는지, 얼마나 다양한 모델을 만들어야 하는지는 모듈러디자인에서 다루는 영역이 아니다.

분명한 것은 부품 하나, 모듈 하나, 모델 하나가 기업에 복잡성을 일으킨다는 것이다. 단지 모듈러디자인은 그 복잡성으로 인한 비용을 줄여주는 역할을 한다. 즉 모델을 효율적으로 만들 수 있는 기틀을 만들어줄 뿐이지 부품 절감, 모듈 절감, 모델 절감이 필요 없게 하는 것은 아니다.

모듈러디자인 활동을 하더라도 부품, 모듈, 모델에 대한 절감 활동은 지속적으로 해줘야만 한다. 아무리 정리정돈이 잘된 집이라도 꾸준히 청소를 해야만 하듯이, 모듈러디자인을 통해서 복잡성을 관리할 수 있는 체계를 갖췄더라도 그 복잡성을 줄여주는 활동은 멈추지 말아야 한다.

그렇기에 총 부품 수, 총 모듈 수, 총 모델 수 관리가 필요하다. 그런데 관리대상을 영민하게 잡아야만 한다.

관리하는 대상이 의미가 없거나, 개선 활동과 연계되지 않은 단순한 수치 데이터라면 관리 대상에서 제외하는 것이 맞다. 그리고 관리하는 관점이 다르다는 것도 인식하고 있어야 한다. 부품과 모듈은 효율성 관점에서 그 종수를 관리해야만 하지만, 모델은 효과성 관점에서 그 종수를 관리해야만 한다.

기본적으로 이 수치들이 관리된다면, 모듈로 만들어지는 조합의 개수를 관리하는 것은 의미가 없다. 전체를 하나의 파이프로 가정한다면, 중간중간에 의미 있는 관리 포인트를 잡는 것이 중요하지, 만들어지거나 가공되는 모든 지표를 관리하는 것은 의미가 없는 것처럼 말이다.

수돗물의 수량이나 수압을 조절하기 위해서는 상수도 관리 사무소가 처음부터 혹은 중간중간에 위치한 밸브를 만져야 한다. 그래야 최말단이라고 할 수 있는 수도꼭지를 조절할 수 있다. 꼭 하나의 밸브만으로 이 모든 것을 조절하는 것보다 여러 개의 관리 포인트들을 두고서 필요할 때마다 점검하고 조절하는 것이 낫다. 이와 같이 제품에 대한 복잡성 또한 부품 수, 모듈 수, 제품 수 등에 따라 적절한 관리 포인트를 지정하고 필요에 따라서 점검·관리해야 한다.

2) 다양성의 효율적 대응
– 제품군 내의 공통성과 변동성의 관리

앞서 글에서 언급했던 것처럼 제품전략은 기업이 가진 비즈니스 가치와 목적을 달성하기 위하여 시장에서 승리할 수 있는 차별적 요소와 기능을 가진 제품을 정의하고, 그에 따라 전개하는 활동을 의미한다.

그런데 특수한 상황(시장 변화가 없는 경우, 독점적인 위치 등)을 제외하고는 기업은 하나 이상의 제품을 만들어야 한다. 그리고 이를 보통 **제품 포트폴리오(Product Portfolio)**로 표현한다. 즉, 제품전략의

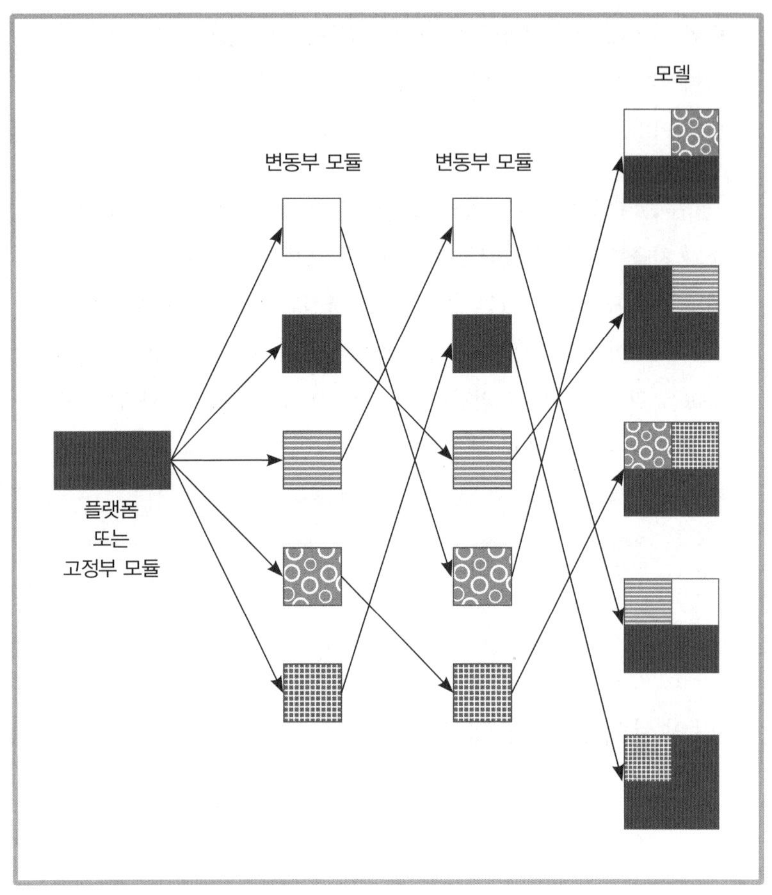

그림 2. 조합을 통한 다양성 실현

대상은 특수한 경우를 제외하고는 사업목적을 달성하기 위해서 결합된 기본 제품과 파생 제품의 집합인 **제품 포트폴리오**여야 한다.

기업의 자원과 시간이 무한하다면 고객이 원하는 대로 시장이 원하는 대로 제품을 만들어서 대응할 수 있지만, 기업의 자원과 시간은 유한하기에 최대한 효율적으로 자신들이 가지고 있는 자원과 시간을 활용하여 효과적으로 성과를 내어야 한다. 결국 다양성 관리, 플랫폼전략, 모듈화전략 등을 활용하게 된다.

제품전략이 확립된 상태에서 제품 변화(ⓐ **세대 간 변화, ⓑ 동 세대 간의 파생, ⓒ 단일 제품의 라이프사이클상의 변화**)에 효율적이고 효과적으로 대응하기 위해서 《모듈러디자인》에서 다룬 '공통성과 변동성'을 고민해봐야 한다. 이에 대한 대표적인 대응 방안은 바로 다음과 같다.

① 공통성의 강화 – 플랫폼전략
② 변동성의 적극적 관리 – 모듈화전략

다시 한 번 강조하지만, 위 2가지는 "제품전략의 일부, 제품전략 아래"에서 정의되고 실행되어야 한다. 본 목적에 대한 대표적인 사례가 폭스바겐의 모듈러툴킷전략이다. 폭스바겐은 모듈러툴킷전략을 통해서 만든 하나의 메가 플랫폼을 기본으로 최대한 다양한 제품과 모델을 파생할 수 있는 체계를 갖춘 것이다. 폭스바겐은 2013년 기준으로 27개국 106개의 생산기지에서 310가지 모델을 972만 8천 대 정도 생산했다. 폭스바겐으로서는 최대한 효과적으로 대응할 수 있는 방안인 모듈러툴킷전략을 택한 것은 선택이 아니라, 필수였던 셈이다.

그 외에 여기서 소개하는 목적에 대한 모듈화 사례는 무기 개발이다. 각국은 한정된 국방비를 효율적으로 사용하기 위해 모듈화를 활용한다. 예를 들어, 하나의 기능을 가진 전차를 개발하는 게 아니라, 전차 상단부를 모듈화하여 이를 교체하면 다른 용도로 사용할 수 있도록 개발한다거나, 두 대 이상의 전차들을 결합하여 다른 임무를 수행하는 무기를 개발하는 식으로 다양성·효율성을 갖추게 하기 위해서 모듈화를 적용한다. 미사일 체계 같은 경우는 사용 장소, 용도, 사거리 등에 따라서 탑재되는 탄두, 발사체, 소프트웨어를 모듈화하고 교체하는 식이다. 만약 이렇게 개발하지 않았다면, 전투기나 함선 혹은 지상이나 해상 등 사용 수단·장소, 표적이나 임무, 사거리에 맞춰 다양한 미사일을 개발·보유하고 있어야만 했겠지만, 모듈화를 활용하여 하나의 미사일 체계를 다양한 용도로 사용할 수 있는 것이다.

3) 불확실한 미래에 대한 대비 – 전략적 유연성 추구

우리의 미래가 확실하다면 저축이나 보험이 필요 없을 것이다. 미래가 불확실하고 예측이 어렵기에 혹시라도 발생할 수 있는 리스크에 대비하기 위해서 저축도 하고 보험을 드는 등의 방비를 하는 것이다.

확실한 것은 우리가 접하고 있는 현재밖에 없다. 그 외의 모든 것은 불확실하다. 그리고 그 불확실성은 최근 경제·문화·사회의 변화 속도가 빨라지면서 더욱더 커지고 있다. 그래서 과거에는 미리 예측하고 계획하여 그에 맞춰서 생각하고 준비하고 행동하는 패턴이 일반적이고 효과적이었다면, 최근에는 우리가 생각했던 것 이상으로 변화가 이루어지므로 미래를 예측하고 이를 대비하기 위해서 계획하는 것이 의미가 없다는 주장이 있을 정도이다.

완벽한 예측 방법, 완벽한 계획이 효용가치가 적거나 의미가 없다면 미래에 대해 어떻게 접근해야 할까? 최근 경영서적들은 미래의 어떤 변화에도 효율적으로 대응할 수 있도록 내부적인 유연성을 키울 것을 강조하고 있다. 이렇듯 미래 변화에 대응할 수 있도록 유연성을 키우는 데 모듈화를 활용할 수 있다. 시장이 원하는 바, 고객이 원하는 바에 따라서 모듈들을 신속히 교체하거나 새롭게 조합하고, 새로운 모듈을 개발하거나 구매하기도 함으로써 예상치 못한 변화에 대응할 수 있다.

(1) 원리－부분의 경직성을 통해서 선세의 유연성을 추구

영화에 등장하는 외계생명체 중에는 오징어·문어와 같은 연체동물처럼 온몸이 유연하게 움직이는 생명체들이 있다. 반면에 인간은 뼈가 있어서 그렇게 자유롭게 행동하지 못한다. 표현할 수 있는 몸동작이나 움직임은 결국 뼈와 뼈 사이의 관절의 형태에 따라서 결정될 뿐이다. 이렇게 움직임에 제약을 주는 뼈는 왜 있을까?

생물학적 접근까지는 어렵지만, 시스템 관점에서 한번 생각해보자. 연체동물은 경직된 부분을 가지고 있지 않기에, 움직임의 자유

그림 3. 대나무는 아무리 강한 바람에도 휘어질 뿐 쉽게 부러지지 않는다.
출처: pixabay.com

도는 높지만 그 움직임으로 인해 발생하는 복잡성, 그로 인한 에너지 소모가 심한 편이다. 만약 연체동물이 바다가 아니라 육지에서 살았다면 과연 그렇게 자유롭게 행동할 수 있었을까? 반면에 인간은 자유도는 희생을 했지만 복잡성 또한 제한하여 움직일 때의 에너지 소모를 최소화할 수 있었다. 그렇게 효율적으로 에너지를 소비하는 방식으로 한정된 자유도를 조합함으로써 다양한 동작을 표현할 수 있는 것이 아닐까? 그래서 다음과 같은 결론을 내릴 수 있다.

"부분적인 경직성을 통해서 전체적인 유연성을 추구한다."

인간을 이루는 각 신체 부위는 뼈처럼 경직성을 띤 부분 때문에 그 자유도를 제한당하지만, 그 부위들은 관절로 연결되어 전체적으로 효율적이면서 다양한 움직임을 할 수 있게 된다. 모듈화는 이와 유사한 콘셉트와 효과를 추구한다. 시스템 내의 개별 모듈은 경직성을 가지고 있지만, 내부적으로 기능의 응집성도 갖도록 설계되었기에 그 자체가 구조와 기능의 기본 단위로 사용된다. 그러나 전체적으로는 이러한 모듈들의 조합으로 좀 더 다양한 시스템을 효율적으로 표현할 수 있다. 모듈화전략을 활용한 전략적 유연성을 통해서 얻을 수 있는 효과는 다음과 같다.

> 1. 프로세스 유연성을 통한 운영효율성 극대화
> 2. 모듈 조합을 통한 시장 변화에 민첩하게 대응
> 3. 프로세스 모듈화를 통한 역량 집중과 가치사슬 보완
> 4. 전략적 방향 전환을 통한 비즈니스모델 혁신

이 중 '② 모듈 조합을 통한 시장 변화에 민첩하게 대응'에 대해서만 좀 더 자세히 살펴보자. 시장 변화에 민첩하게 대응하는 데는 3가지 방법이 있다.

첫째, 시장 예측도를 높이는 것
둘째, 최대한 시장 예측을 해야 하는 기간을 줄이는 것
셋째, 시장 변화에 따라서 대응할 수 있는 유연성을 확보하는 것

결국 시장이 변화하는 것을 막을 수는 없다. 그리고 시장 예측도를 높이는 것도 한계가 있다. 그러므로 모듈화를 통해서 달성할 수

있는 2가지를 알아보도록 하자.

① 시장 예측을 해야 하는 기간을 최대한 줄인다

시장에서 성공할 수 있는 제품을 출시하기 위해서는 현재 시장 상황, 시장 변화를 최대한 정확하게 예측하는 것이 필수적이다. 그런데 아무리 시장을 정확하게 예측한다고 해도, 그 시점까지 제품 개발이 이루어지지 않는다면 모든 예측은 허사가 되어버린다.

먼저 모듈을 기반으로 제품을 기획하고 개발하도록 하여 기존에 선행 개발된 모듈을 공용화한다. 그렇게 되면 공용화된 모듈만큼 개발하고 검증하는 데 드는 시간이 단축되기 때문에 전체 제품 개발 기간도 단축된다. 이렇게 되면 짧아진 제품 개발 기간만큼 예측해야 할 기간도 짧아짐에 따라서 예측 자체의 적확도가 올라갈 것이다.

만약 1년 단위로 제품 개발이 이루어진다고 가정해보자. 제품을 기획하는 부서에서는 개발 기간인 1년을 기준으로 시장을 예측해야 할 것이다. 그런데 모듈 기반으로 제품 개발을 하고, 기존에 선행 개발한 모듈을 공용화한다면 그 줄어든 제품 개발 기간만큼 예측에 필요한 기간은 줄어들게 되고, 그에 따라 적확도를 높일 수 있고, 대응해야 할 시간도 벌 수 있다.

② 시장 변화에 따라서 대응할 수 있는 유연성을 확보한다

예측 기간을 줄이는 것뿐만 아니라, 시장에서 요구하는 민감한 선택도 미룸으로써 얻는 효과도 생각해볼 수 있다. 즉, 제품 중에서 시장 변화에 민감한 모듈은 가급적 개발을 미루는 것이다. 그리고 모듈 기반의 제품 아키텍처를 가지기 때문에 다양한 사양의 모듈이 상대적으로 쉽게 호환될 수 있다. 그렇게 되면 시장 변화에 따라서 제품 변화가 필요한 부분을 유연하게 변경할 수 있고, 변경된 사양에 맞춰 모듈을 선택하여 제품을 구성할 수 있게 된다.

물론 이 모든 것은 이상적인 상황을 가정한 것이다. 그러나 일반적인 제품 개발을 고려해본다면, 제품 출시가 늦어짐에 따라서 시장 기회를 잃게 되는 것, 실기(失機)한 것에 맞춰서 형식적인 시장 예측이 이루어지는 것, 예측의 실패로 적합하지 않은 제품을 출시하는 것, 시장에 대한 갑작스러운 대응의 필요로 준비되지 않은 신제품을 개발하는 것 등의 악순환이 발생하는 것도 방지할 수 있으니, 모듈화전략은 충분히 효과적이다.

(2) 전략적 유연성 추구의 사례
– 제품 확장성을 통한 차별성 강화

모듈화를 통해 불확실한 미래에 대비하는 사례로 **'제품 확장성을 통한 차별성 강화'**를 소개하겠다. 먼저 제품 확장성은 무엇을 의미할까? 제품이 확장성을 가진다는 것은 제품이 가지고 있는 기능, 용량, 대상을 현재 수준보다 늘릴 수 있음을 의미한다. 그리고 제품 개발 시에 확장성을 고려한다는 것은 미래 어느 시점에서의 환경의 변화, 그에 따른 요구사항의 변화에 따라서 최소의 비용으로 기존 제품을 수정한다면 새롭게 맞이할 환경과 변경된 요구사항을 만족시킬 수 있음을 의미한다.

제품에 확장성을 부여하는 방식이나 메커니즘은 다양하지만, 가장 일반적인 것은 확장이 필요한 구성 요소에 대해서 모듈화를 적용하는 것이다. 즉, 환경 변화에 따라서 교체, 업그레이드, 삭제, 보완될 구성 요소를 최소의 비용으로 바꿀 수 있도록 모듈화하는 것이다.

예를 들면, 현재 저자의 노트북에는 8GB 램이 들어있다. 그런데 향후에 노트북 성능을 높이기 위해서 8GB 램을 하나 더 꽂을 수 있는 소켓이 있다면, 노트북은 이 부분에 있어서 확장성을 가지고 있다고 볼 수 있다.

이처럼 확장성을 갖게 하려면 제품 라이프사이클상에 있을 수 있는 변화를 예측하는 과정이 필요하다.

자, 여기까지는 제품을 만드는 기업이 확장성을 정의하고 대안까지 마련해야 하는, 내부적으로 확장성을 확보하는 시도로 볼 수 있다. 그렇지 않고 만약 사용자가 직접 제품의 확장성을 확보하는 주체가 되도록 하려면 무엇이 필요할까?

이미 알고 있듯이, 우리가 알고 있는 모듈화의 범위는 이미 짜여 있는 '예상된 범위 내에서의 확장성'을 위하여 제품의 일부를 모듈화하는 것을 의미한다. 그래서 보통은 기능의 보완과 확장, 수리 용이, 가격정책 다양화, 소비자의 선택 다양화 등의 이유로 정해진 범위에서 제품이 확장성을 갖도록 한다.

만약 이런 정해진 틀 대신 사용자가 자유롭게 제품의 기능, 특징, 용도를 확장할 수 있게 해주려면 무엇이 필요할까? 제품 내부의 자원, 특정 기능, 제한된 제어를 담당하는 인터페이스를 제공해야 한다. 보통 컴퓨터 프로그래밍에서는 API(Application Programming Interface)를 제공하여 사용자가 자신이 원하는 바를 직접 프로그래밍할 수 있도록 하여 제품을 보완하는 방식을 취하는데, 이 또한 제품의 확장성을 구현하는 방식으로 볼 수 있다.

이와 마찬가지로, 사용자가 자유롭게 제품의 확장성을 활용할 수 있게 하려면 모듈화가 된 부분에서 시스템 내부로 접근할 수 있는 인터페이스를 공개해야만 한다. 예를 들어, 레고의 마인드스톰 시리즈의 경우 자신들이 제공하는 모듈을 사용자가 직접 프로그래밍하여 원하는 기능을 갖도록 한다. 즉, 정해진 인터페이스로 사전에 약속된 상호작용을 하는 과정이 필요한 것이다.

Box 6. 전략적 유연성의 타입

모듈화의 목적 중 하나는 '전략적 유연성'의 추구이다. 그리고 '전략적 유연성'의 타입을 문헌에서는 다음과 같이 구분하고 있다.

① 다수의 파생 제품을 활용한 전략적 유연성
② 컴포넌트 혁신을 통한 전략적 유연성
③ 아키텍처 혁신을 통한 전략적 유연성

첫 번째 타입은 다수의 파생 제품의 단일 제품이 아니라 제품군으로 시장을 선도함으로써 얻는 효과를 의미하며, 그 다수의 제품들을 모듈화를 통해서 적시·적소에 효율적으로 파생시키는 것이다. 이것이 바로 모듈화를 통해서 얻을 수 있는 가장 일반적인 전략적 유연성의 타입이다.

두 번째 타입은 제품의 구성 요소를 혁신함으로써 제품의 경쟁력을 강화하여 얻는 효과를 의미한다. 즉, 제품의 일부 구성 요소의 성능과 기능을 강화함으로써 제품의 경쟁력을 강화하는 것이다.

마지막으로 세 번째 타입은 제품 아키텍처 혁신을 통해서 제품의 경쟁력을 강화함으로써 얻는 효과를 의미하며, 구성 요소 자체, 구성 요소들 간의 인터페이스, 인터랙션에 해당하는 아키텍처를 변화시켜서 제품의 경쟁력을 강화하는 것을 의미한다.

다른 문헌에서는 첫 번째 타입만을 모듈화를 통해서 얻을 수 있는 전략적 유연성 타입으로 봤지만, 두 번째와 세 번째 타입 또한 앞으로 살펴볼 모듈화를 통한 지연 효과를 통해서 활용할 수 있다. 결론적으로 전략적 유연성의 세 타입 모두 모듈화와 연관되어있다.

4) 체계적 제품 혁신전략

마지막으로 살펴볼 모듈화 목적은 모듈화를 통해서 체계적으로 제품 혁신전략을 전개하는 것이다. 이는 직접적으로 달성할 수 있는 것은 아니다. 하지만 '혁신'의 의미는 "자신이 입고 있는 껍질을 벗고 새롭게 거듭난다"는 의미라는 점에서 현재의 낡은 프로세스, 조직, 활동에서 벗어나 새롭게 체계를 다지는 활동을 의미한다.

그런데 혁신의 실제 이미지는 변화를 받아들이는 자세와 정신을 강조하는 체계화될 수 있는 활동으로 인식되는 경향이 있다. 그만큼 혁신을 받아들이는 조직 구성원들의 반감이나 저항은 생각보다 심각한 경우가 많다.

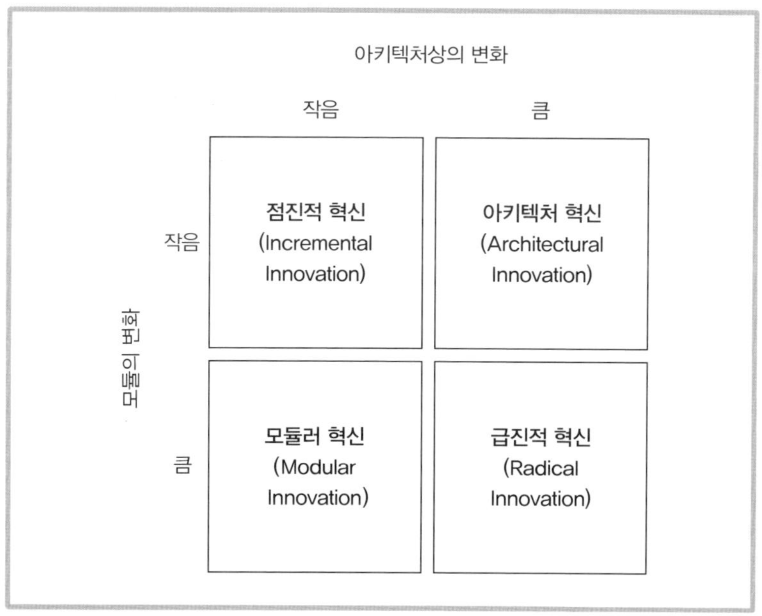

그림 4. 혁신의 분류

그러나 혁신 활동은 잠을 재우지 않고 정신력을 강조하는 비정상적인 활동이 아니라, 그 자체가 체계화된 방법론이 있는 경영 활동의 하나이다. 그런 의미에서 '모듈화'의 의미 중 하나를 '혁신전략'에서 찾을 수 있다. 여러 차례 언급한 것처럼 제품전략은 제품을 통해서 사업목적을 달성하기 위해서 수립된다. 그리고 그 제품이 경쟁제품에 승리하기 위해서는 혁신을 거듭해야 한다.

그래서 제품전략과 혁신전략은 뗄래야 뗄 수 없는 관계이다. 혁신을 멈춘 제품은 언젠가는 도태될 수밖에 없기에, 제품전략은 항상 그에 상응하는 혁신전략을 병행해야 한다. 그런데 혁신에는 제품 개발에 못지 않은 자원과 시간이 소요되기 때문에 효율적으로 추진해야 하며, 이를 위해서 체계성과 일관성을 가져야 한다.

혁신이라는 단어 자체가 기존의 틀을 깬다라는 의미를 갖지만, 발상의 틀을 깨야 함을 의미하지, 그것이 도출되고 추진되는 틀을 깨야 함을 의미하지는 않다. 다음 항목은 제품 혁신전략을 수립할 때 명심해야 하는 준칙 같은 것들이다.

① 제품 혁신은 멈추지 않아야 한다.
② 체계성과 일관성을 가져야 한다.

제품 혁신에도 그 규모의 차이가 있다. 시장의 판도를 바꾸는 큰 혁신이 있는가 하면, 제품의 경쟁력을 확보하는 정도의 작은 혁신도 있다.

③ 제품 혁신은 수준과 규모에 차이가 있다.

위 3가지 사항을 명심한 상태에서, 어떻게 모듈화전략을 통해서 제품 혁신에 기여할까? 모듈화를 통한 제품 혁신을 '제품 아키텍처 자체의 혁신'과 '모듈별 혁신'으로 분리할 수 있다. 그리고 혁신의 규모와 시점을 분리함으로써 제품 혁신이 체계성과 일관성을 갖추게 할 수 있다. 매번 큰 규모의 아키텍처 혁신이 아니라, 모듈별 혁신을 추가함으로써 제품 혁신을 더욱 효율적으로 추진할 수도 있다.

제품에 대한 혁신은 형태 변화의 유무, 구성물 변화의 유무 등에 따라서 크게 4가지 혁신으로 구분할 수 있다. 기존 형태의 구성물을 크게 변화시키지 않고, 기존 제품에 대한 개량으로 이루어지는 혁신은 **점진적 혁신**(Incremental Innovation)이라고 부른다.

〈그림 5〉에서 믹스커피의 다양한 종류는 바로 기존 믹스커피의 형태나 내용물을 크게 바꾸지 않고, 소비자의 기호나 제품 개발 및 운영상의 발전에 따라서 개량된 결과물이다. 이 결과물이 점진적인 혁신의 대표적인 예라고 볼 수 있다. 예전에는 믹스커피라고 하면 유리병에 담긴 커피가루, 프림, 설탕을 적당한 비율로 섞어서 만들었어야 했지만, 플라스틱 스틱 안에 한 번 먹을 양을 사전에 정해진 비율로 밀봉하여 휴대하기 편하게 만들었다. 이 사례처럼 기존 커피의 내용물의 변화는 없으나, 형태가 유리병에서 스틱 형태로 바뀐

기존 커피의 형태,
내용의 변화 없이 맛있게 만드는 혁신
점진적 혁신(Incremental Innovation)

형태는 큰 변화가 없으나,
내용물에 대한 혁신
모듈러 혁신(Modular Innovation)

기존 커피의 내용물의 변화는 없으나,
형태에 대한 혁신
아키텍처 혁신(Architectural Innovation)

내용물과 형태에 대한 급진적인 혁신
급진적 혁신(Radical Innovation)

그림 5. 혁신의 사례

것처럼 형태가 바뀌는 제품 혁신을 **아키텍처 혁신(Architectural Inova-tion)**이라고 부른다.

믹스커피와 달리 커피 원두를 고급 원두로 바꾸고, 프림을 분말 유제품으로 바꿔서 믹스커피를 고급화한 경우도 있다. 이처럼 형태는 큰 차이가 없지만 내용물에서 큰 변화를 이루는 제품 혁신을 **모듈러 혁신(Modular Innovation)**이라고 부른다. 실제로는 조합형 제품에서 기존 아키텍처의 변화 없이 그 구성물의 변화로 이루어지는 혁신을 의미한다.

마지막으로 믹스커피가 아니라, 커피전문점에서 먹는 커피를 집에서도 먹을 수 있도록 캡슐 형태로 커피 제품을 출시한 경우가 있다. 이 경우는 제품의 형태나 내용물 모두가 바뀌는 제품 혁신의 사례이기 때문에 **급진적 혁신(Radical Innovation)**이라고 부른다. 제품 자체의 변화가 큰 변화를 급진적 혁신이라고 부르지만, 변화 속도 때문에 그렇게 지칭하기도 한다. 간단한 예를 들어보겠다(실제로 이런 과정을 거쳤다는 것은 아니고 이해를 돕기 위해 만든 가상의 사례다).

A라는 회사가 에스프레소 기계 전문업체를 보유하고 있다고 가정하자. 이 업체는 자사의 제품인 수동식 에스프레소 기계의 경쟁력을 높이기 위해서 에스프레소 기계 부품의 용수철이나 레버를 개량한다(점진적 혁신).

추출 방식을 기존의 수동에서 반자동으로 바꾸기 위해서 핵심 모듈 또는 서브시스템을 교체한다. 그러나 아직까지는 기계식이기 때문에 기존 제품 아키텍처에는 큰 변화가 없다(모듈러 혁신).

그래서 비전문가도 쉽게 에스프레소 기계를 사용할 수 있게 했고, 커피의 맛도 일정하도록 하기 위해서 디지털 컨트롤 패널을 추가했다. 이때는 제품 아키텍처에 상당히 큰 변화가 필요하다(아키텍처 혁신).

마지막으로 이 에스프레소 기계 업체는 기존의 기계 판매보다 자사의 에스프레소 기계로 만드는 에스프레소의 판매 또는 서비스로 수익을 얻는 비즈니스모델을 세우고 캡슐커피 기계를 개발하게 된다. 기존처럼 원두를 갈아서 직접 내리는 에스프레소가 아닌 커피가루가 담긴 캡슐을 이용하여 에스프레소를 추출하는 기계를 개발한 것이다(급진적 혁신).

혁신의 순서는 중요하지 않다. 그 규모와 시점을 분리할 수 있다는 것이 중요하다. 모듈화가 이루어지지 않은 에스프레소 기계를 가상의 예로 들었지만, 모듈화가 이루어졌다면 모듈의 혁신과 아키텍처의 혁신으로 구분하기가 용이하다.

Box 7. 전략적 지연

예전에 프레젠테이션 강의를 들었을 때 배웠던 스킬 중 하나가 '침묵'이다.

일반적으로 발표, 대화, 회의와 같은 의사소통 시에 부정적으로 여겨지는 '침묵'을 전술로 활용할 수 있다. 웅성웅성하는 발표장에서 아무도 발표자에게 집중을 하지 않는 시점에 몇 초간의 침묵은 발표자에게 주목하게 만드는 좋은 스킬이다.

또는 극적인 전환을 위하여 '침묵'을 활용할 수도 있다는 의미였다. 이를 잘 이용한 대표적인 발표자가 스티브 잡스이다.

"Next(다음은)" 또는 "One more thing(하나 더)"이라고 말한 후의 몇 초간의 침묵은 듣는 이로 하여금 집중하고 기대하게 만든다. 글의 처음을 프레젠테이션 스킬인 '침묵'으로 시작한 이유는 바로 우리가 흔히 부정적으로 생각하는 개념이 그 활용하는 시점과 방법에 따라서 좋은 스킬(전술)이 될 수 있다는 것을 전하기 위해서이다.

우리는 일반적으로 제품을 경쟁자보다 더 빨리 출시해야 한다고 생각한다. 하지만 때로는 침묵과 같이 부정적인 의미로 쓰이는 '지연'이 중요한 전략적 수단으로 쓰이는 순간이 있다. 설익은 제품을 빨리 내놓는 것보다, 시장이 무르익은 시점까지 '지연'을 시켰다가 그 순간을 포착하여 제품을 출시하는 것이다.

말은 이렇게 쉽게 해도 실제로 실행하기 어려운 것이 바로 지연을 이용하는 것이다.

치타는 순간적인 가속 능력이 탁월한, 지구상의 어떤 포유류보다 빠른 동물이지만, 지구력이 부족하고 다른 맹수보다 체력이 약해서 노리는 먹이를 한번에 잡지 못하면 며칠을 굶은 채로 또 지루한 기다림을 계속해야 한다.

포획이라는 한순간을 위해서 치타가 계속 외부 상황을 주시하는 것처럼 기업은 외부 환경의 변화를 주시하는 마켓 센싱 역량이 필요하다. 그리고 확실한 결과를 내기 위해서 지루한 기다림과 지연을 계속하는 치타처럼 기업 또한 지연을 수단으로 활용할 필요가 있다.

마지막으로, 그 한순간에 모든 힘을 쏟아내기 위해서 내부적으로 기술·개발·운영역량을 쌓아두어야 하는데, 이에 대한 결과물을 '플랫품'의 형태로 나타나는 것이 '플랫폼전략'을 활용하는 기업의 특성이다.

<h2 align="center">요점 정리</h2>

- 모듈화는 제품을 모듈로 나누는 활동을 의미한다.
- 모듈화는 복잡성을 극복하여 더욱 복잡한 시스템을 구축하도록 한다.
- 모듈화는 제품군 내의 공통성과 변동성을 체계적으로 관리하여 다양성에 효율적으로 대응하도록 한다.
- 모듈화를 통해서 전략적 유연성을 추구함으로써 불확실한 미래에 대비한다.
- 모듈화는 체계적인 제품 혁신전략을 수립하는 데 도움을 준다.

2. 모듈화의 이점과 약점

카테고리	설명
좀 더 향상된 품질 (Q)	– 모듈 단위 개발과 시험 검증 – 조립 시 적은 부품 사용
단축된 개발 기간 (D)	– 동시 개발 – 이전 설계 솔루션의 활용 – 단축된 조립 라인 – 자동화 가능성 향상
유연성과 다양성 (F)	– 용이한 제품 파생 – 새로운 제품 개발 시 빠른 시장 파생 – 고객 요구사항에 좀 더 빠른 반응
리스크 절감 (R)	– 입증된 기술의 통합 (모듈)
비용 절감 (C)	– 개발, 생산, 공급사슬, 조립, 서비스

※ 참고문헌: Modularity: international industry benchmarking and research roadmap

표 2. 모듈화의 장점

이번 장에서는 모듈화의 이점과 약점을 살펴보겠다. 이 책에서는 품질(Quality, Q), 비용(Cost, C), 납기(Delivery, D), 유연성(Flexibility, F), 리스크(Risk, R) 관점에서 정리했다.

1) 모듈화는 어떤 이점을 가지고 있는가?

(1) 품질 향상

제품 단위로 개발하여 테스트할 때보다 모듈 단위로 개발하여 테스트할 때 개발·테스트 범위를 좁히고, 발생하는 복잡성, 그로 인한 비용도 줄일 수 있다. 또한 재차 검증되고, 제품에 적용된 모듈을 다시 여러 모델에 공용화 또는 재사용하기에, 제품 자체의 품질 개선에도 기여할 수 있다. 모듈 단위로 조립하여 제품을 만들 때는 전체 부품의 수를 줄일 수 있기 때문에 불량이 발생할 수 있는 대상 자체를 줄임으로써 품질 개선 효과를 얻을 수 있다.

아쉽게도 모듈화를 통한 품질 향상 효과는 과소평가되는 경우가 많다. 그것은 품질 문제가 중요하지 않기 때문이 아니라, 그 효과를 눈에 띄는 지표로 표현하기가 어렵기 때문이다. 품질은 상품의 품격을 나타내는, 상품이 가져야 할 가장 기본적인 요소임에도 불구하고, 일어나서는 안 될 문제가 발생되지 않도록 방지하는 소극적인 역할만이 강조되기 때문이다. 즉, 아무리 품질이 개선되었다고 해도, 골키퍼가 한 골만 먹어도 욕을 먹어야 하는 위치에 있는 것처럼, 품질 문제는 결국 발생해야만 드러난다. 공용화되거나 재사용되는 모듈이 검증될 기회를 재차 갖게 됨으로써 모듈화로 인한 품질 개선 효과는 제품 전체의 품질을 향상시키는 데 크게 기여한다.

(2) 개발 기간 단축

모듈 단위로 동시 개발하기 때문에 제품 개발 기간 자체를 줄일 수 있고, 이미 개발되고 검증된 모듈을 공용화하고 재사용하기 때문에 그만큼 개발 기간을 줄일 수 있다. 그리고 모듈 단위로 조립 라인을 구축함으로써 조립 라인을 줄일 수 있다. 라인이 줄어들기 때문에 작업도 단순화되고, 그만큼 자동화도 용이하다.

개발 기간을 단축할 수 있다는 것은 시장을 예측해야 하는 기간을 줄일 수 있음을 의미한다. 예측 기간을 짧게 할 수 있다는 건 그만큼 예측의 적확도를 높이고, 시장 변화에 최대한 유연하게 대응할 수 있다는 장점도 가질 수 있다. 품질 문제와 함께 납기에 대한 효과도 과소평가되기 쉽다. 그러나 모듈화전략을 효과적으로 활용하고 있는지를 알아보는 데에는 제품 개발 기간 단축 여부를 살펴보는 것이 좋다.

Box 8. 규모의 경쟁이 아닌 속도의 경쟁

타깃 시장에 대한 명확한 콘셉트와 신속한 완성도 확보를 통해서 어떻게 하면 경쟁사보다 빠르게 상품을 공급하여 시장점유율을 올림으로써 높은 이익을 올릴지가 그 어느 때보다 중요한 시점이 되었다. 즉, 규모로 경쟁하던 과거와 달리 속도로 경쟁해야 한다는 의미이다.

가장 대표적인 제품이 스마트폰이다. 스마트폰은 사용자의 교체 주기가 빠르기 때문에 언제 신제품을 출시하느냐, 경쟁사보다 빨리 출시하느냐에 따라서 그 성과의 차이가 크다. 속도의 경쟁 시대에 그 무엇보다 중요한 것은 제품을 신속하게 개발하는 역량이다. 제품을 신속하게 개발할 수 있다는 것은 그 기간 동안에 발생하는 불확실성을 줄일 수 있다는 의미이고, 만약에라도 발생할 수 있는 시행착오도 빠르게 제거할 수 있음을 의미한다.

> 만약 효율성 향상을 통한 비용 절감에 집중하여 플랫폼전략과 모
> 듈화전략의 도입을 고민하고 있다면, 신속한 제품 개발 측면에서의
> 도입도 고민해봐야 할 것이다.

(3) 유연성과 다양성

다양한 모듈을 조합하여 제품을 개발하기 때문에 제품 파생에 용이하고, 시장에서의 새로운 파생 제품에 대한 요구나 고객의 다양한 요구에 대해 제품 전체가 아니라 변화에 민감한 모듈만 재개발함으로써 상대적으로 빠르게 대응할 수 있다.

생산 부문에서는 모듈 단위로 조립 라인을 구축해놓고, 모듈 기반의 제품 아키텍처가 바뀌지 않는 한 조립 라인은 유지된다. 그렇지만 모듈별로는 자유롭게 기능을 변경하거나 확장할 수 있다.

변화가 큰 모듈은 다수의 외부 모듈 전문업체를 통해서 소싱을 받거나, 제품 생산 시 최대한 이 모듈의 결합을 늦춤으로써 낭비 없이 제품을 개발·생산할 수 있다.

(4) 리스크 절감

기존에 개발된 모듈을 조합하여 제품을 개발할 수 있다. 그만큼 제품 개발상의 리스크를 절감할 수 있는 것이다. 또한 신규 모듈을 다수의 모델에 사용하는 것도 고려할 수 있다. 그럼으로써 하나의 제품에서 검증했어야 할 모듈에 대한 리스크를 나눌 수 있다. 결국 전체적으로 리스크를 절감하는 효과를 얻는다.

또한 시장 예측 실패에 따른 리스크도 줄일 수 있다. 앞서 설명했

듯이 제품 개발 기간이 길다면 그 기간 동안 시장 상황의 변화, 경쟁사의 변화가 발생할 수 있는 가능성도 높아진다. 그 가능성 자체가 리스크가 된다. 만약 막대한 시간과 자원을 투입해서 제품을 개발했는데, 그 제품이 시장에 적합한 것이 아니라면 그보다 심각한 문제는 없다. 휴대폰 시장이 벌써 피처폰에서 스마트폰으로 전환되고 있는데, 이미 개발 중이었다는 이유로 이전보다 더욱 고기능의 피처폰을 출시하는 것은 개발비, 구매비, 생산비 등을 모두 버리는 결과를 낳을 뿐이다.

불확실성이 큰 제품 시장에서는 제품을 개발하는 데 드는 기간을 줄일 수 있다는 것만으로도 시장 예측력을 높이는 효과를 얻고, 시장 변화로 인해서 발생하는 리스크도 줄일 수 있다.

(5) 비용 절감

위와 같은 장점으로 인해 비용 절감 효과 또한 얻을 수 있다.

모듈화를 하면 공용화로 인한 구매비, 재료비, 품질 검증비용, 개발비, 투자비, 시장이나 고객을 잃는 데 따른 기회비용, 리스크로 인한 위험비용 등을 줄일 수 있다. 사실, 이 모든 항목은 '복잡성 비용'이라는 이름으로 숨겨져있어서 쉽게 구분하기 어렵다. 벌어들인 돈은 눈에 띄지만, 어떤 활동을 통한 비용 절감 효과는 생각보다 눈에 띄지 않을 수 있다. 그리고, 단일 부문의 절감이 또 다른 부문에서는 비용 증대로 이어질 수 있다. 그래서 부문별 절감보다 전체 비용이 절감되는지를 꼭 확인해야 한다.

또한 하나의 모델에서는 절감되었는데, 전 모델을 따져보면 비용

카테고리	설명
악화된 품질	– 통합된 룩앤드필(Look and feel, 제품체험) – 좋음 + 좋음 + 좋음 = 좋음?
통합 이슈	– 정의하기 어려운 모듈 인터페이스 – 통합 전까지는 증명되지 않음
창의력 부족	– 성숙화된 상용 모듈의 사용 – 입증된 기술의 통합에 대한 제약 – 맞춤화의 한계
조직 이슈	– 시스템 엔지니어링 기술이 필요 – 모니터링 시스템 요구 – 공급사슬 관련 이슈 발생
비용 증대	– 개발, 생산, 공급사슬, 조립, 서비스

표 3. 모듈화의 약점

이 상승하는 경우도 있다. 즉, 모듈화전략에서의 비용 절감은 회사 전체의 비용이 절감되는 효과를 의미한다는 것을 명심해야 한다.

모듈화가 단지 이점만 가지고 있다면 항상 모듈화를 활용하겠지만, 모든 일에는 이점뿐만 아니라 그에 상응하는 약점이 있다. 결국은 사용목적에 따라서 가려서 활용해야 한다.

2) 모듈화는 어떤 약점을 가지고 있을까?

모듈화를 통해서 이점만 얻을 수 있다면, 모든 회사는 모듈화를 기본적으로 활용하여 제품을 개발했을 것이다. 그러나 이점만큼이나 피할 수 없는 약점을 가지고 있기 때문에 얻을 수 있는 이점과 피할 수 없는 약점 사이에서 모듈화 적용 여부를 결정해야 한다.

(1) 품질 문제

모듈 단위로 제품을 개발한다는 것은 모듈 개발 주체나 시점을 분리할 수 있다는 장점도 있지만, 그렇게 만들어진 모듈을 조합했을 때 제품 전체 통합성에 문제가 발생할 수 있다. 가장 대표적인 문제가 디자인이다. 여러 회사에서 만든 모듈을 조합했을 때, 조악해 보이거나 일관성이 떨어져 보일 수 있는 것이다.

보통 "모듈화를 활용한 제품이 두께나 중량 면에서 인테그럴 아키텍처(조율형 아키텍처)를 가진 제품보다 떨어진다"는 것이 일반적인 견해이다. 성능이 좋은 모듈들의 집합이 과연 성능이 좋은 제품일까? 모듈 간의 의존성이 완벽하게 분리되더라도, 서로 조율하여 성능을 발휘할 경우에는 모듈 간의 궁합(?)이라는 것이 있을 수 있다. 어느 정도 적용 범위를 두고서 모듈을 개발해야 하고, 안전 마진이라는 개념에서 더 큰 비용이 발생할 수도 있다.

국내 모 전자 회사가 모듈형 스마트폰을 출시했을 때, 모듈과 본체 사이의 유격 문제로 고생한 적이 있다. 구글도 아라 프로젝트를 진행할 때, 모듈이 쉽게 본체에서 탈착된다는 문제로 출시를 미뤘던 적이 있다.

마지막으로 좋은 품질의 모듈을 사용할 경우, 제품 전체의 품질이 향상되는 효과도 있지만, 반대로 모듈의 품질 악화로 이를 공용화하던 제품 전체가 폐기되어야 하는 리스크가 상존한다. 모듈화로 인한 사례는 아니지만, 공용화로 인해서 그 피해 규모가 커졌던 사례가 바로 2009년도에 발생했던 도요타 리콜 사태이다. 물론 갑작스럽게 성장하면서 생산기지를 다변화하여 더욱 커진 문제이긴 하지만, 가속페달 결함 문제는 결국 품질상에 문제가 있던 부품을 여러 모델에 공용으로 사용하면서 그 피해 규모가 걷잡을 수 없게 커진 경우이다.

이처럼 좋은 품질의 모듈이라면 품질상의 상당한 이점을 얻지만, 그와 반대라면 그 피해 규모가 배가되는 리스크도 상존한다.

(2) 통합 문제

위에서 언급한 품질 문제와 연결된다. 모듈 간의 인터페이스를 명확하게 정의하기가 어렵고, 이미 입증된 성능을 가진 모듈들로 만들어질 제품의 성능을 예측하기가 어렵다. 그래서 원하는 성능이 나오지 않을 때는 오히려 모듈화된 제품이 개발 기간이 길어질 수도 있다. 이것은 모듈러 아키텍처를 가진 제품이 항상 안게 되는 대표적인 문제이다. 개별 모듈들이 최적화된 형태로 개발되었더라도, 그 합집합인 제품이 최적의 성능을 갖는 것은 다르기 때문이다.

실제로 성숙도가 높은 산업군에서 모듈화전략을 사용할 시점에는 모듈별로 어느 정도 안전 마진을 가지고 개발하게 된다. 오히려 각 모듈들이 최상의 성능을 내려고 하면, 모듈들 간에 호환이 되지 않아서 통합이 되지 않는 상황에까지 이른다. 이런 사유로 대체로 최상의 성능을 요구하는 제품이라면 모듈러 아키텍처를 갖는 것을 권하지 않는다.

그리고 모듈들 간의 인터페이스가 정형화·표준화가 되어있다면 통합 문제가 덜 발생하겠지만, 실제 인터페이스를 표준화하기 이전에 정형화하기도 어려운 경우가 많다. 그런 경우에는 모듈별로 독립적으로 개발하지 못하고 상호의존적으로 개발된다.

(3) 창의성 부족

기존에 만들어서 판매하고 있는 모듈을 조합해서 제품을 만들거나, 이미 증명된 기술을 활용한 모듈로 제품을 만들다 보면 커스터마이징(맞춤화)할 여지를 오히려 줄이고 설계자의 창의력을 제약할 수도 있다.

이미 언급했던 것처럼 모듈 단위의 혁신과 아키텍처 단위의 혁신을 분리하여 추진할 수 있다. 아키텍처를 바꾸지 않고, 모듈 단위의 개선에 매몰될 가능성도 있다는 것이다.

모듈화는 모듈 간의 인터페이스를 표준화하고, 어느 정도 정형화된 틀에서 모듈을 활용하는 방식을 취한다. 이 경우 외관 디자인에 대한 제약을 어쩔 수 없이 가하게 되는데, 이 부분이 지나칠 경우에는 오히려 제품의 경쟁력을 약화시키는 결과를 부를 수 있다. 실제로 LG전자의 그램과 같은 울트라노트북의 경우 모듈러 아키텍처를 가지고 그런 제품을 만들 수 있을까?

(4) 조직적 이슈

모듈 단위로 기획하고 개발하기 위해서는 제품 단위의 개발보다 시스템 통합을 위한 지식과 경험이 필요하다.

게다가 여러 외부 조직이 참여할 경우, 이를 조율할 조직과 시스템도 필요할 수 있다. 제품 단위로 기획하고 개발하는 경우보다 모듈 단위로 기획하고 개발할 경우 이를 조율하고 통합하는 조직이 별도로 필요하게 되고, 실제로 의사소통이 원활하게 이루어지지 않을 경우에는 제품의 품질이 저하될 수 있다.

또한 모듈을 내부에서 만드는 것이 아니라 외부에서 구매하는 경우라면 그 조율 과정이 더욱 복잡해서 제품의 완결성에도 영향을 미칠 수 있다.

(5) 비용 증가

위와 같은 이슈들로 인해 오히려 모듈화 과정에서 비용이 증가할 수 있다. 즉, 모듈화 때문에 발생하는 제품의 성능, 복잡성, 경쟁력 등에 대한 비용, 프로세스 복잡성으로 인한 비용, 조직의 복잡성으로 인한 비용 등으로 제품 단위로 개발할 때보다 오히려 비용이 더 증가할 수 있다.

Box 9. 모듈화의 함정(Modularity Trap)

"제품 모듈화에 맞춰서, 조직과 프로세스까지 모듈화전략에 맞춰서 최적화를 시켜놓은 시점에서 제품 혁신이 일어나서, 모듈러 아키텍처의 제품이 인테그럴 아키텍처로 재편되면서 기존의 효율적인 조직구조와 프로세스가 혁신을 가로막는 부채로 작용하는 현상"을 '모듈화의 함정(Modularity Trap)'이라고 한다.

일반적으로 제품의 라이프사이클에서 모듈러 아키텍처가 적합한 시점은 바로 '지배적인 제품구조(dominant design)'가 나오는 시점으로, 대략 성장기 이후부터 성숙기 중기 사이다. 그런데 시장 환경이나 기술은 그 변화 속도에 차이가 있을 뿐이지 정적이지는 않다.

　제품 아키텍처가 큰 폭으로 변화하는 아키텍처 혁신이 일어나는 시점에서 기존에 효율적으로 작동하던 '모듈러 아키텍처'를 보유한 기업들이 뒤처지는 현상이 발생할 수 있다. 그런데 이것은 모듈러 아키텍처에 한정된 현상이 아니라, 제품 아키텍처에 따라서 최적의 조직구조, 프로세스, 학습 자산 등이 효율적으로 구성된 기업이라면 어디서나 발생할 수 있는 문제이다.

　예를 들어, 피처폰에서 스마트폰으로 전환되는 시점에서 노키아는 피처폰에 대한 플랫폼을 통해서 최고의 운영효율을 자랑했었으나, 스마트폰으로 전환되던 시점에서 플랫폼, 공급구조, 조직구조, 운영 프로세스 등이 자산이 아닌 청산되어야 할 부채로 작용하여 휴대폰 업계에서 부동의 1위를 자랑하다가 마이크로소프트에 매각되는 수모를 겪었다.

　결과적으로 어느 기업이든 현재 시장 환경에 맞춰서 자신들이 보유한 제품 아키텍처, 조직, 프로세스를 최적화하지만 이는 결국 제품 아키텍처의 변혁 시점에는 위기에 처할 수 있다. 그런 의미에서 '전략적 지연'에 대해서 다뤘던 것처럼 제품 아키텍처의 혁신을 조합 혁신, 컴포넌트 혁신, 아키텍처 혁신 등으로 체계화하여 스스로 변화하는 것이 모듈화의 함정에 빠지지 않는 최선의 방안이다. 변화하지 않는 것은 오직 모든 것이 변화한다는 사실뿐이다. 이에 대응하는 최선안은 스스로 변화하는 것이다.

사례 1. 모 전자 회사가 모듈화 콘셉트로 만든 스마트폰의 후속작에도 과연 모듈화 콘셉트를 적용할 것인가가 화두가 되었다. 결국 후속작은 모듈화 콘셉트를 버리기로 결정함으로써 여러 이견이 분분했다. 이전에 스마트폰을 구매했던 사람들은 그들이 몇십만 원의 추가 비용을 들여서 구매한 모듈들을 재사용할 수 없다는 데 아쉬움을 표하기도 했다.

사례 2. 프린터 토너를 시중에서 쉽게 구할 수 없어서 화가 난 고객이 항의 표시로 시위하는 것을 다룬 기사를 본 적이 있다. 고객이 프린터를 구매한 지 꽤 오래되었고, 프린터를 만든 회사가 프린터 사업을 접으면서 토너 공급이 끊긴 것이다.

두 사례는 모두 제품 라이프사이클과 모듈 라이프사이클 간의 관계 때문에 발생한 문제라는 공통점이 있다. 모듈화전략을 사용하겠다고 결정했다면, 제품 라이프사이클뿐만 아니라, 모듈 라이프사이클까지 고민해야 한다. 특히, 제품 라이프사이클보다 모듈 라이프사이클이 짧은 프린터 같은 경우에는 어느 프린터와도 호환되는 토너 모듈이 지속적으로 공급되지 않는다면, 고객의 지탄을 받을 수 있다.

또는 추가되는 모듈의 가격이 제품 대비 저렴하지 않고, 모듈의 라이프사이클이 긴 경우에는 제품 라이프사이클이 짧아짐에 따라서 기존의 모듈이 후속 제품과 호환이 되지 않는다면 그 또한 이전 버전의 제품을 구매한 고객에게 불신을 주는 요소가 된다.

결국 제품 라이프사이클과 모듈 라이프사이클의 문제가 아니라, 제품 아키텍처의 라이프사이클을 충분히 길게 가져갈 수 있는가를 고민해봐야 한다. 즉, **제품 내 모듈 간의 인터페이스를 변경하지 않고 유지할 수 있는지가 중요하다. 그럴 자신이 없다면, 모듈화전략을 함부로 도**

입하면 안 된다. 오히려 고객에게 불신만 주는 요인이 될 수 있기 때문이다.

요점 정리

- 모듈화는 좀 더 향상된 품질, 단축된 개발 기간, 유연성과 다양성, 리스크 절감, 비용 절감에 기여한다.
- 모듈화는 악화된 품질, 통합 이슈, 창의성 부족, 조직 이슈, 비용 증대에 따른 약점을 가지고 있다.

3. 모듈화의 분류
– 모듈화는 내·외부에서 어떻게 분류되는가?

제품 아키텍처를 기업 외부에 공개하느냐 여부에 따라서 분류하려고 한다. 제품 아키텍처를 기업 외부에 공개하지 않는 모듈화를 '내부 모듈화(Internal Modularity)'로, 기업 외부에 공개하여 기업 외부에 있는 주체를 참여시키는 모듈화를 '외부 모듈화(External Modularity)'로 칭한다.

외부 모듈화는 제품 아키텍처 안의 설계 규칙(디자인룰Design Rules), 인터페이스 등 모듈 개발에 필요한 정보를 외부 기업에 공개하여 외부 기업이 모듈의 기획부터 개발, 생산, 판매를 도맡는 경우

		기획	개발	생산	판매
내부 모듈화	개발 모듈화	○	○		
	생산 모듈화			○	
	개발/생산 모듈화	○	○	○	
외부 모듈화	–	○	○	○	○

표 4. 모듈화 분류: 내부와 외부

이다. 외부 기업들의 참여로 다양한 모듈을 고객에게 제공할 수 있고, 제품을 중심으로 생태계가 구축될 수 있다. 만약 구글의 아라 프로젝트가 성공했다면, 구글의 아라폰이 가장 대표적인 예가 되었겠지만, 현재는 IBM 호환 PC가 대표적인 예이다.

IBM이 PC 아키텍처를 공개한 후에 CPU, 메모리, 메인보드, 파워 등 개별 컴포넌트들에 대한 전문 기업들이 참여하여 IBM 호환 PC에 대한 생태계가 구축됐다. 외부 모듈화는 제품 아키텍처를 모두 공개하여 주도권이 하나의 기업이 아니라, 다수의 기업이 나누게 되는 '협력형 외부 모듈화'와, 제품 아키텍처는 하나 또는 소수의 기업이 보유한 채 개별 참여 기업에는 각각 기획·개발할 모듈에 필요한 정보만 제공하는 '주도형 외부 모듈화'로 나눌 수 있다.

내부 모듈화는 총 조립 라인에 입고되는 어셈블리 단위를 모듈화하여 총 조립 라인을 단순화·최적화하는 생산 방식인 '생산 모듈화'와, 기능 단위의 서브시스템을 모듈화하여 모듈에 대한 기획·개발을 내부에서 병행 또는 선행 전개하여 개발효율성을 높이는 '개발 모듈화'로 나눌 수 있으며, 이 2가지를 동시에 적용할 경우에는 입고 단위인 어셈블리는 생산 모듈로, 어셈블리 내부의 기능 단위 모듈인 서브어셈블리는 개발 모듈로 활용되곤 한다.

내부 모듈화의 대표적인 예는 폭스바겐 자동차의 모듈러툴킷전략이다. 총 조립 라인에 입고되는 어셈블리는 1차 협력 회사에서 생산되도록 생산 모듈화를 적용하고, 1차 협력 회사에 입고되는 서브 어셈블리는 기능 단위로 개발 모듈화를 적용했다.

최근 전자제품은 하나의 기업에서 모든 컴포넌트와 모듈을 만드는 경우가 드물다. 예를 들어, LG전자 스마트폰의 카메라 모듈은 이노텍에서, 배터리는 LG화학에서, 마이크로프로세서(MPU)는 퀄컴에서 만든다면 외부 업체를 참여시킨 것이니 외부 모듈화로 봐야 하는 것 아니냐고 물을 수도 있다.

그런데 이 경우는 제품이라는 시스템이 모듈화된 것이 아니라면, "모듈을 활용하고 있다"고 표현해야 맞다. 이노텍의 카메라 모듈을 활용하고 있을 뿐이지 제품 자체가 모듈화된 것이 아니기 때문이다. 카메라 모듈을 스마트폰 내의 다른 부분에 많이 의존하도록 개발하거나, 그 자체를 LG전자의 요청에 따라서 개발하는 경우, 스마트폰이 모듈화되었다고 볼 수는 없다. 다만 스마트폰이 카메라 모듈을 활용하는 것일 뿐이다. 카메라 모듈은 독립적인 인터페이스와 기능적인 무결성을 가지고 있기 때문이다. 또한 총 조립 라인의 경우 사내에서 입고 모듈을 생산하는 서브라인은 협력 회사가 보유하고 있다면, 이는 내부 모듈화로 볼 수 있을까? 개발·생산을 어디서 하느냐는 중요하지 않다. 그 모듈을 만드는 기획을 어디서 하느냐가 중요하다. 개발과 생산은 그 자원을 협력 회사에서 빌릴 수 있지만, 기획은 설계자의 의도가 포함되므로, 기획을 내부에서 하느냐 외부에서 하느냐로 구분하면 된다.

외부 모듈화에 대해서, 외부 모듈화로 오해하기 쉬운 사례를 소개하겠다. 이어폰, 헤드셋, 케이스와 같은 액세서리와 스마트폰은 모듈화의 사례일까? 이어폰, 헤드셋과 케이스는 따로 봐야 한다. 케이스는 스마트폰의 외관에 따라서 만들어진다.

케이스는 일반적으로 스마트폰 제조업체가 아닌 다른 조직에서 기획·개발되며, 스마트폰 개발 프로세스에서 독립하여 만들어지지만, 스마트폰 출시 전 또는 출시 후에 스마트폰 외관의 크기, 버튼, 카메라 같은 주요 컴포넌트의 위치에 따라서 케이스를 만들게 되므로 스마트폰에 의존적이다. 그래서 기능의 응집성은 만족시킬지 모르지만, 물리적 인터페이스에 의존하게 되는 바, 이는 모듈화와는 거리가 멀다. 이어폰이나 헤드셋은 스마트폰과 표준화된 인터페이스와 연결되고, 대부분 독립적인 업체에서 제조하고 판매한다. 그래서 기능의 응집성과 모듈 간의 독립성은 만족시킨다고 볼 수 있다. 하지만 모듈화는 아니라고 생각하는 이유가 몇 가지 있다.

첫째, 모듈화의 대상이 스마트폰이다. 그래서 스마트폰 전체 또는 일부가 모듈화되어야 하는데, 이어폰과 연결되는 표준화된 인터페이스만 제공했을 뿐, 스마트폰이라는 시스템은 무엇 하나 변한 게 없다.

둘째, 모듈화의 타입 중 하나인 시스템과 시스템 간의 모듈화로 판단할 수 있지 않을까? 여기서 말하는 시스템은 독립적으로 작동할 수 있는 객체로, 시스템과 시스템이 결합해서 새로운 기능을 제공하는 모듈화 타입을 시스템과 시스템 간의 모듈화로 지칭했다. 그런데 스마트폰은 하나의 시스템으로 생각할 수 있겠으나, 이어폰은 독립적으로 작동하는 시스템으로 볼 수 있을까? 이어폰은 스마트폰의 기능을 보조하는 역할을 담당하므로, 여기서 말하는 독립적인 객체로 볼 수 없다.

셋째, 이어폰을 모듈화했다고 생각하자. 그래서 무슨 차별적 요소를 소비자에게 줬을까? 어느 제품이나 당연하게 제공하는 기능·특징을 모듈화한 건 아무런 의미가 없다.

자, 1가지 더 있다. 예전에 모듈러 스마트폰 케이스에 대해서 소개한 적이 있다. 이것은 모듈화 사례로 볼 수 있을까? 그 제품은 케이스 자체를 모듈화한다. 그래서 케이스가 장착되는 스마트폰과 관계없이 그 제품 자체를 모듈화한 것으로 생각할 수 있다.

요점 정리

- 제품 아키텍처를 기업 외부에 공개하느냐 여부에 따라서 내부 모듈화와 외부 모듈화로 분류할 수 있다.
- 외부 모듈화는 제품 아키텍처 안의 설계 규칙(디자인룰Design Rules), 인터페이스 등 모듈 개발에 필요한 정보를 외부 기업에 공개하여 외부 기업이 모듈의 기획부터 개발, 생산, 판매까지 도맡는 경우로, 외부 기업들의 참여로 다양한 모듈을 고객에게 제공할 수 있고, 제품을 중심으로 생태계가 구축될 수 있다.

4. 모듈화의 수준 – 어디까지 모듈화할 것인가?

모듈화가 이루어지는 제품·시스템 내의 범위에 따라서 실행용이성·차별성이 달라진다. 그 범위가 '모듈화의 수준'이다. 모듈화전략을 활용하고자 한다면, 어느 수준에서 모듈화를 실행할지를 먼저 고려해야 한다.

먼저 제품이 가지고 있는 기능으로 구분하는 기능 단위와 제품을

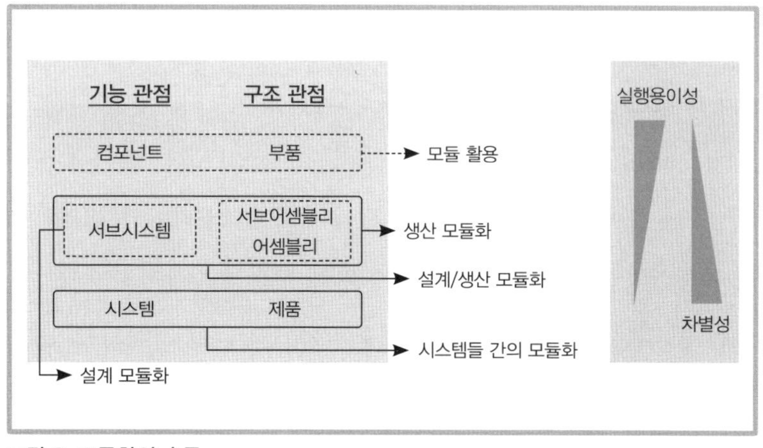

그림 6. 모듈화의 수준

물리적으로 구하는 구조 단위로 제품을 나눈다고 해보자. 이때 기능 단위의 컴포넌트, 구조 단위의 부품으로 모듈화가 이루어졌다면 시스템 자체를 모듈화했다고 보기 보다, 시스템에서 모듈을 활용한다고 봐야 한다. 예를 들면, 스마트폰에서 사용되는 AP 칩, 블루투스 칩, 와이파이Wifi 칩 등의 주요 컴포넌트 그 자체가 기능 단위로 모듈화된 시스템이라고 봐야 하지만, 스마트폰 자체로 볼 때는 시스템이 모듈화됐다고는 볼 수 없다. 단, 스마트폰이 모듈을 활용하고 있다고 봐야 한다.

그다음 단계는 기능 단위로 서브시스템을 모듈화하는 설계 모듈화(Modularity in Design)이다. 이는 구조 단위로 서브어셈블리 또는 어셈블리로 모듈화하는 경우는 생산 모듈화(Modularity in Production)를 요구한다. 또는 기능 단위와 구조 단위 모두 활동 범위일 때는 개발 모듈화와 생산 모듈화 둘 다 요구한다. 본 단계부터 모듈화를 적용했다고 볼 수 있다.

마지막으로 시스템 단위로 모듈화되는 경우는 시스템 간의 모듈화(Modularity in 'System of Systems')를 요구한다. 최근 들어 시스템에 소프트웨어가 탑재되고, 그 비중이 커지고, 더 나아가 네트워크를 통해서 다른 시스템과 연결됨에 따라 시스템 각각이 더욱 큰 시스템 중 하나의 구성 요소로 모듈화되는 사례들이 소개되고 있다. 특히 IoT(사물인터넷)의 경우, 스마트홈Smart Home이라는 상위 시스템 내에서 개별 디바이스는 하나의 모듈로서 작동을 한다.

　캐나다의 토론토 대학에서 곤충의 군집 활동을 연구하기 위해서 고안한 시스템인 MROBerTO(〈그림 7〉 참조)는 단일 시스템도 메인보드 모듈, 이송운동 모듈, 주 센서 모듈, 보조 센서 모듈, 파워 모듈 등 5개의 모듈로 구성되어서 이들 모듈의 조합에 따라서 다양한 기능을 담당할 수 있다. 그뿐만 아니라 개별 시스템이 전체 군집 시스템을 구성하는 모듈 역할을 함으로써 토론토 대학에서 하고 있는 곤충의 군집 활동 연구를 진행하는 데 도움을 준다. MROBerTO 시스템은 시스템들 간의 모듈화를 활용한 대표적인 사례로 볼 수 있다.

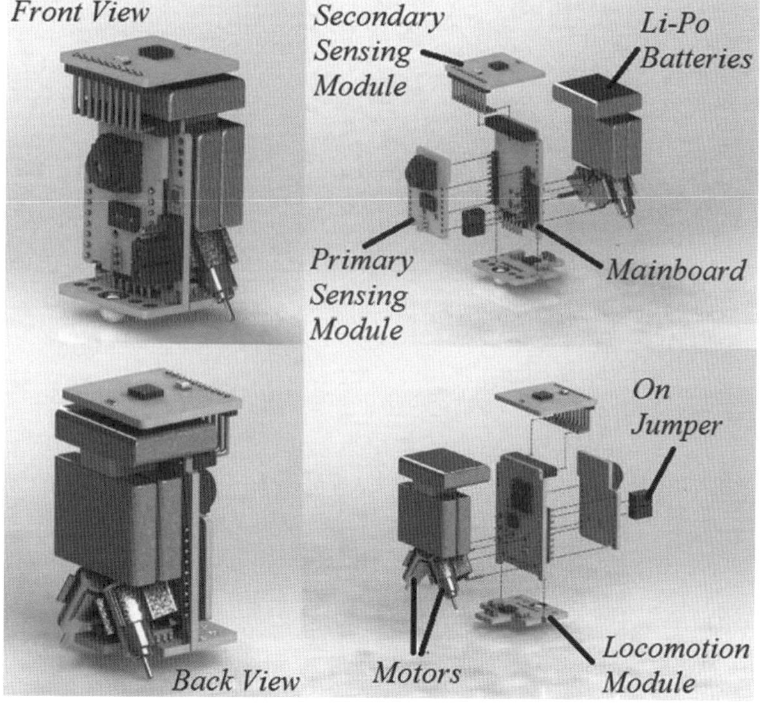

그림 7. MROBerTO
출처: commons.wikipedia.org

- 컴포넌트/부품에서 시스템/제품으로 이루어질수록, 실행의 어려운 정도는 올라가지만, 제품에 대한 차별성은 커진다. 즉, 모듈화가 어려울수록 효과는 크다.
- 단순히 모듈을 활용하는 것과 시스템을 모듈화하는 것은 구별해야 한다.

5. 모듈화의 대상 – 무엇을 모듈화할 것인가?

최근 몇 년간 '플랫폼'이라는 용어가 자주 사용되고 있다. 사실 플랫폼이라는 용어는 이전부터 사용되어왔으나, 사용되는 컨텍스트(적용 대상)가 확장됨에 따라 그 의미도 확대되고 있다.

플랫폼이란 용어만큼 '모듈화'라는 개념도 오랫동안 사용되어왔고, 플랫폼과 마찬가지로 사용되는 컨텍스트에 따라 그 의미가 확대된다. 즉, "무엇을 대상으로 모듈화하는가?"에 따라서 모듈화의 개념이 확장되기도 하고, 축소되기도 한다.

지금까지 우리가 다뤘던 모듈화의 대상은 '제품'이다. 제품을 대상으로 한 모듈화가 회사 내부에서 이루어지는가 외부에서 이루어지는가로 '내부 모듈화'와 '외부 모듈화'로 나누지만, 제품 모듈화의 시점이 언제인가에 따라서 '개발 또는 설계 모듈화', '생산 모듈화', '사용 시점의 모듈화' 등으로 나누기도 한다.

모듈화전략에서 다루고자 하는 모듈화의 가장 작은 단위가 바로 '제품'이다. 그런데 모듈화의 대상이 꼭 제품에만 국한되는 것은 아니다. 문헌에 따라서 모듈화의 대상을 달리 표현하고 있기도 하지만, 대체로 다음과 같이 3가지 정도로 모듈화의 대상을 나눈다.

① **제품**

② **조직**

③ **산업구조, 가치사슬 또는 지식**

첫 번째, 제품에 대한 모듈화는 지금까지 우리가 다뤄온 주제이다. 제품을 기능과 구조 관점에서 '모듈 내의 응집성', '모듈 간의 독립성'을 기준으로 '모듈'이라는 구성 요소로 나누는 것을 의미한다. 이후에 모듈화 활동의 대상은 별도 언급이 없다면 그 대상이 제품이다.

※ 기본적으로 모듈은 '기능과 구조 단위의 기본 요소'이지만, 생산 모듈화의 경우 기능보다는 구조 단위를 중심으로 나눈다. 그래서 '구조 모듈화' 또는 작업의 의존성에 따라서 모듈을 나누기 때문에 '프로세스 모듈화'로 구분하기도 한다.

두 번째, 조직의 모듈화는 조직의 형태가 주어진 과업에 따라서 분화되는 형태를 의미한다. 기본적으로 제품에 대한 모듈화가 조직의 모듈화와 맞춰지는 것이 가장 이상적이다. 만약 제품에 대한 모듈화와 조직의 모듈화가 맞춰지지 않는다면 제품이나 조직에서 문제가 발생할 수 있다.

세 번째, 지식의 모듈화, 산업구조의 모듈화, 가치사슬의 모듈화는 산업구조가 진화됨에 따라서 제품구조가 변화되고, 그 변화에 맞춰서 기업 간의 지식의 흐름이 생기고, 기업 간의 분업구조가 확립되고, 그 분업구조에 맞춰서 산업 내 가치사슬이 바뀌는 형태를 의미한다.

대체로 이 내용은 산업구조의 변화와 제품 아키텍처 간의 관계를 살펴볼 때 언급된다. 모듈화의 대상을 이해하는 것은 제품, 조직, 산업구조의 변화가 어떠한 관계를 갖게 되는지 알아볼 수 있는 좋은 힌트가 된다.

제품을 개발할 때 지속적으로 협업이 이루어져야 하는 다른 부품 또는 시스템의 개발을 다른 부서 또는 회사 외부에서 하다 보면 협업이 원활하게 이루어지지 않을 수 있다. 특히 통합 작업이 필요한 경우, 제품의 품질이나 성능에 영향을 주는 문제가 발생할 수도 있다. 또는 하나의 부서에서 특성이 서로 다른 두 개의 모듈을 동시에 개발하면, 그 모듈들 간의 경계가 희미해진다. 이런 경우에는 모듈들 간의 인터페이스가 표준화되었어도 유명무실해진다. 이처럼 제품 아키텍처와 조직구조는 서로 연관되어 있어서, 일반적으로 제품 아키텍처의 특성과 조직구조(제품 개발 방식)의 특성은 〈표 5〉와 같

통합적인 조직구조 (integrated organization)	↔	인테그럴 아키텍처 (integral product architecture)
분산적인 조직구조 (distributed organization)	↔	모듈러 아키텍처 (modular product architecture)

표 5. 조직구조와 제품 아키텍처의 관계

이 서로 맞춰주는 것이 효과적이다. 즉, 제품 아키텍처의 특성에 맞춰 조직구조가 갖춰져야 가장 효과적으로 제품을 개발할 수 있다는 것이다.

반대로 조직구조에 따라서 제품 아키텍처의 특성이 자연스럽게 변화하기도 한다. '조직의 모듈화'는 바로 제품 아키텍처가 모듈러 아키텍처로 변화했을 때, 그에 맞춰서 조직구조가 분산되는 식으로 변화하는 것을 의미한다. 제품 아키텍처가 변화함에 따라서 제품을 구성하는 부품·모듈 간의 관계가 바뀌고, 그 요구되는 제품 개발 관련 업무 형태도 달라지기 때문에 조직에서의 변화도 불가피하다. 예를 들어, 과거에는 자동차의 차체를 만들던 부서와 엔진을 만들던 부서가 하나의 설계실에 존재했지만, 엔진 관련 기술이 복잡해지고, 엔진이 상대적으로 차체보다 공용성도 높고, 차체의 개발주기와 엔진의 개발주기가 다르다 보니 제품 아키텍처에서 차체와 엔진을 서로 독립적으로 개발할 수 있도록 인터페이스 표준을 수립했고, 부서 또한 별개 조직으로 구분했다가, 엔진은 분사한 회사에서 담당하는 것으로 변경했던 경우가 그러하다.

차체 내에서도 프런트 엔드를 담당하는 부서, 콕핏을 담당하는 부서 등으로 다시 구분되고, 제품 아키텍처가 모듈화되는 수준에 맞춰서 조직구조가 분산되는 것이 '조직의 모듈화'이다. 물론 제품 아키텍처가 모듈화되고, 그에 맞춰서 조직구조가 분산되는 것만이 올바른 것은 아니다. 그 반대로 인테그럴 아키텍처가 변화하고, 그에 맞춰서 통합 조직구조로 바뀌는 것처럼 제품 아키텍처의 변화에 맞춰서 가장 효과적인 조직구조를 맞춰가는 것도 올바르다.

그런데 이론과 같이 제품 아키텍처의 변화에 따라서 조직구조가 맞춰지지 못하는 것은 상대적으로 조직구조가 변경하기 어려운 경성과 관성을 가지고 있기 때문이다. 제품 아키텍처가 모듈화에서 통합화 형태로 가고 있다고 하여 한순간에 유관 부서를 하나로 만들 수는 없으며, 부서 내에 있는 구성원의 보직을 바꾸거나, 그 효용에 맞춰서 구성원의 이동이 자유롭게 이루어지도록 할 수도 없다.

게다가 조직은 살아있는 유기체이다. 그 자체는 구성원들의 집합이지만, 많은 구성원들과 일하는 방식, 업무 프로세스가 그 안에 내재되어있다. 그래서 조직구조를 바꾼다는 것은 달리던 기차의 정해진 경로를 바꾸는 것만큼 어려운 일이다.

1. 모듈화(Modularization or Modularity)

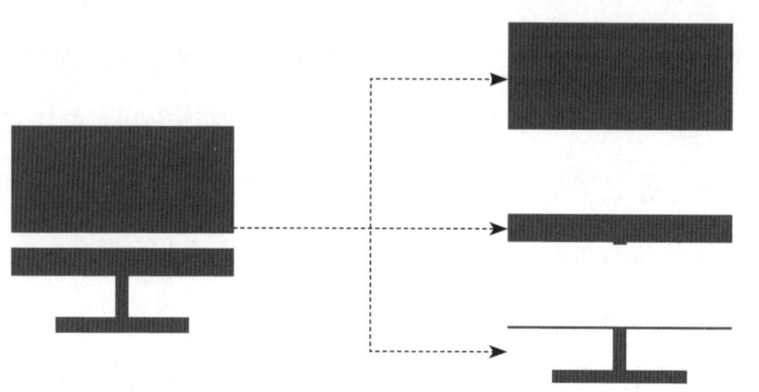

　지금까지 다룬 주요 주제이다. 모듈화는 제품이나 시스템을 '모듈' 단위로 나누고, 모듈들 간의 인터페이스를 표준화하는 활동으로 정의된다. 명확히 영어로 표현하면, 'Modularization'이 맞겠지만, 'Modularity'라는 용어도 많이 사용한다.

　'분할(Decomposition)'이라는 기법을 이용하며, '모듈러디자인(모듈 기반의 설계/개발)', '모듈 기반의 생산' 등 전반적으로 모듈을 활용하는 설계/개발/생산/판매 등의 활동의 기반을 만드는 활동이다. 모듈화는 모듈러디자인의 핵심 원리 중 하나로 설명한 바 있다. 모듈화의 결과로 모듈러디자인에서는 기존의 제품 아키텍처를 '모듈 기반의 아키텍처(모듈러 아키텍처)'로 변환하게 된다. 결론적으로는 모듈화는 '전체를 나누는 것'이다.

2. 모듈(Module)

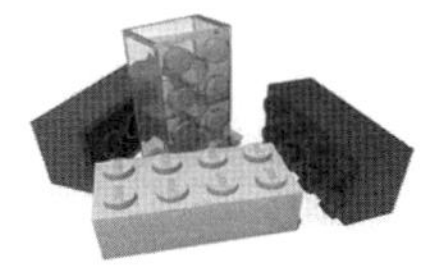

모듈에 대해서는 아래와 같이 정의를 내린 바 있다.

"고유의 기능성을 가지고, 모듈들 간의 표준화된 인터페이스로 연결된 제품의 기능적·구조적 구성 요소""

위에서 설명한 모듈화를 통해서 제품 전체는 모듈 기반의 아키텍처로 변환되고, 제품은 모듈들로 재정의된다. 단, 한 가지 유념해야 할 것은 모듈화의 범위가 반드시 제품 또는 시스템 전부일 필요는 없다는 점이다. 제품 또는 시스템 일부만 특정 목적에 맞춰 모듈화할 수 있고, 그 부분에서만 모듈이 정의될 수 있다.

3. 모듈성(Modularity)

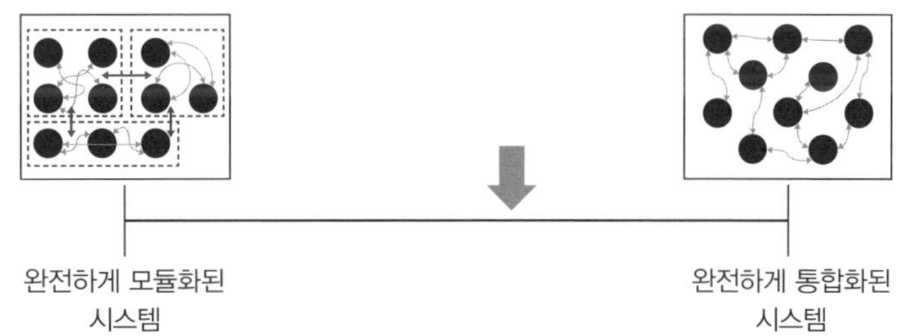

모듈성은 시스템의 속성 중 하나로, 통합성(Integrity)과 상반되는 개념이다. 그런데 이 2가지 속성은 상대적인 수치다. 그래서 어떠한 시스템도 이 2가지 속성을 가지게 된다. 즉, 극단적으로 모듈성을 가진 상태와 극단적으로 통합성을 가진 상태 사이에 모든 시스템이 머물게 된다는 것을 뜻한다.

사람도 소심한 성격과 대담한 성격을 모두 가지고 있다. 그래서 어떤 사람은 완벽하게 소심하고, 어떤 사람은 완벽하게 대담한 경우는 없다. 시스템도 그 상대적인 수치만 다를 뿐 모듈성과 통합성을 갖게 된다.

그렇다면, 모듈화와는 어떠한 관계가 있을까? 모듈화는 그 활동의 결과로 대상이 되는 시스템이 가지고 있는 모듈성은 높이고, 통합성은 줄이게 된다. 모듈성이 높다는 것은 시스템이 가지고 있는 기능 요소와 시스템을 구성하는 구조 요소가 가급적 1 대 1로 대응하고, 요소들 간의 의존성을 최소화한다는 것을 의미한다. 즉, 모듈 내부의 기능적 응집성은 높이고, 모듈들 간의 의존성은 낮추는 것을 모듈성을 높이는 것이라고 보면 된다.

4. 모듈러(Modular)

모듈러(Modular)는 형용사로 '모듈 기반의'라는 뜻이다.

모듈 기반으로 설계를 하면 '모듈러디자인'
모듈 기반으로 생산을 하면 '모듈러생산'
모듈 기반으로 판매를 하면 '모듈러판매'

로 시스템이 가지고 있는 모듈로 설계/개발/생산/구매/판매를 한다는 의미다. 이 정도만 이해해도 일반 미디어에 나오는 모듈화 관련 용어를 이해하는 데 문제가 없다.

마지막으로 4가지 용어를 혼합해서 사용해보겠다.

A라는 시스템은 '모듈성' 10, 통합성 90(이를 수치화하기 어렵지만, 이해를 돕기 위해서 수치화할 수 있다고 가정하겠다)의 속성을 가지고 있다. 회사에서는 비즈니스모델을 혁신하기 위해서 '모듈러디자인'을 도입하기로 한다. 가장 먼저 한 일은 A 시스템을 '모듈화'한 것이다. 그러자 A 시스템은 '모듈성' 70, 통합성 30으로 속성이 변화된 '모듈러 아키텍처'로 전환됐다. 그리고 A 시스템은 내부적으로 a, b, c라는 '모듈'로 구성되었다.

물론 이를 위해서 조직도 모듈 단위로 재구성하고, 프로세스도 모듈 기획-개발-생산 프로세스를 신설하고, 제품도 모듈을 조합하여 개발하는 등 제품 프로세스 최적화를 실행했다.

요점 정리

- 모듈화의 대상은 크게 ① 제품, ② 조직, ③ 산업구조나 가치사슬 또는 지식으로 나눌 수 있다.
- 제품의 모듈화는 제품을 기능과 구조 관점에서 '모듈 내의 응집성', '보듈들 간의 독립성' 등을 기준으로 '보듈'이라는 구성 요소로 나누는 것을 의미한다.
- 조직의 모듈화는 조직의 형태가 주어진 과업에 따라서 분화되는 것을 의미한다.
- 지식의 모듈화, 산업구조의 모듈화, 가치사슬의 모듈화는 산업구조가 진화됨에 따라 제품구조가 변화되고, 그 변화에 맞춰서 기업들 간의 지식의 흐름이 생기고, 기업들 간의 분업구조가 확립되고, 그 분업구조에 맞춰서 산업 내 가치사슬이 바뀌는 형태를 의미한다.

제4장

플랫폼전략이란 무엇인가?

본격적으로 모듈화전략을 다루기 전에 플랫폼전략에 대해서 짧게나마 짚고 넘어갈 필요가 있다. 플랫폼전략에 대해서 자세히 다루려면 그것만으로도 책 한 권 분량이 필요하다. 게다가 플랫폼전략에 대해서는 꽤 괜찮은 참고도서가 많다. 그래서 이 책에서는 모듈화전략을 다루는 데 꼭 필요한 부분만 선별해서 설명하겠다. 엄밀히 따지면 관점에 따라서 플랫폼전략과 모듈화전략의 관계는 다음과 같이 다르게 볼 수 있다.

1. 모듈화전략은 플랫폼전략의 진화된 형태이다.
2. 플랫폼전략은 모듈화전략의 특수한 형태로, 모듈화전략에 포함된다.
3. 플랫폼전략과 모듈화전략은 서로 독립적인 형태이며, 복합하여 사용할 수 있다.

1번 관점의 대표적인 사례가 폭스바겐의 모듈러툴킷전략이다. 자동차 산업에서 일반적으로 **제품 간의 공통성을 강화**하기 위하여 세그먼트별로 활용되던 플랫폼전략이, **제품 간의 변동성을 최대한 적극적으로 관리**하기 위해서 세그먼트 간의 공용화를 시도했던 모듈러툴킷전략으로 진화되었다고 봐야 한다. 여기서 **플랫폼은 모듈들의 집합**으로 봐야 하며, 이것이 모듈러디자인방법론의 주된 관점이다.

2번 관점은, 플랫폼전략은 모듈화전략의 특수한 형태로서 모듈화전략에 포함된다는 관점이다. 플랫폼전략의 경우, **플랫폼을 시스템의 핵심 기능을 담당하는 모듈**로 봐야 하며, 플랫폼이라는 특수한 형태의 모듈에 파생 제품을 결정하는 파생 모듈 또는 일반 컴포넌트를 정해진 설계 규칙을 통해서 결합하는 식으로 제품을 개발 또는 파생하게 된다. 플랫폼전략의 경우, 기본적으로 제품 내부에 모듈성(Modularity)이 있다는 것을 전제로 한다.

플랫폼전략을 모듈화 범위가 시스템의 일부인 모듈화전략으로 볼 수 있다. 모듈화전략은 몇 가지 타입으로 구분할 수 있으나, 시스템을 하나 이상의 모듈로 나누고 다양한 종류의 모듈을 조합하여 제품을 개발 또는 파생하는 방식을 취한다. 최근 모듈화전략이 활용되는 사례는 이와 반대로 시스템의 핵심 기능보다 부가적인 기능이나 보완적인 기능을 하는 부분을 모듈화하는 경향이 강하다.

모듈화전략 ⊃ 플랫폼전략

다시 정리하면, 2번 관점에서는 모듈화전략이 플랫폼전략을 포함한다고 볼 수 있다. 그런데 현실에서는 완벽하게 모듈화된 제품을 보기가 어렵다. 일반적으로 제품 중 특정 모듈은 그 제품의 핵심이 되는 플랫폼 역할을 담당할 수밖에 없다. 그래서 보통 플랫폼 기반의 모듈화전략을 많이 추진한다.

3번 관점은, 플랫폼전략과 모듈화전략은 서로 독립적인 제품전략의 형태로서 둘을 서로 독립적으로 복합하여 사용할 수 있다는 관점이다. 대표적인 사례가 지금은 취소된 구글의 아라 프로젝트이다. 소프트웨어에서 안드로이드라는 소프트웨어 플랫폼을 활용했다는 점은 차치하더라도, 전체적으로 완전 모듈화 형태를 갖췄지만, 스켈레톤(Skeleton)이라는 플랫폼을 활용하는 부분이 있어서 하드웨어 주도권을 유지하기 위해 플랫폼전략을 활용하고, 고객맞춤형 제품을 만드는 메커니즘으로 모듈화전략을 활용하고 있다고 볼 수 있다. 물론 스켈레톤이라는 플랫폼 자체를 모듈로 볼 수도 있다는 점에서는 2번 관점으로도 볼 수 있기 때문에 세 가지 관점은 서로 배타적으로 구분하기는 어렵다.

① 플랫폼전략이란 무엇일까?

② 플랫폼전략을 잘 활용한 제품 사례는 무엇일까?

③ 플랫폼전략으로 얻을 수 있는 이점은 무엇일까?

④ 플랫폼전략에 따르는 약점은 무엇일까?

⑤ 플랫폼전략을 성공시키기 위해서 꼭 준수해야 하는 활동은 무엇일까?

1. 플랫폼전략의 정의

플랫폼전략은 제품 플랫폼을 활용한 제품전략이다.

플랫폼전략은 **'제품 플랫폼을 활용한 제품전략'**을 의미한다. 즉, **성공할 수 있는 제품을 기획하고, 개발하고, 출시하기 위해서 제품 플랫폼을 활용한다**는 것을 의미한다. 미국의 기업 컨설턴트인 마이클 E. 맥그래스가 쓴 《첨단 기술 기업을 위한 제품전략(*Product Strategy for High Technology Companies*)》에 따르면, 플랫폼전략은 제품전략, 특히 공통 기술로 연계된 다수의 제품들을 가지고 있는 첨단 기술 기업의 제품전략의 기본으로, 제품 플랫폼전략에는 비용구조, 기업의 역량, 파생 제품의 차별화 요인이 포함되어있다. 그렇다면 플랫폼은 무엇을 의미할까?

제품 플랫폼(Product Platform)은 제품을 이루는 구성 요소 중 제품 간에 공통으로 활용하여 효율성을 높일 수 있는 동 세대 제품 간, 세대 간 변화가 크지 않은 핵심 기술, 공정 기술, 판매채널 등의 자산을 효

율적으로 활용한 제품전략이다.

제품 플랫폼은 다수의 제품에서 적용되고 활용되는 공통 기술, 부품, 컴포넌트, 서브시스템 등 그리고 공통 요소와 변동 요소 간의 설계 규칙, 전개 규칙 등의 인터페이스 규칙을 의미한다. 그리고 제품 플랫폼에서 공통 요소, 변동 요소, 인터페이스 규칙은 제품 아키텍처로 표현된다. 즉, 제품 아키텍처를 기반으로 제품 플랫폼이 구현된다.

이 제품 플랫폼을 활용하여 만들어진 제품들을 '파생 제품'이라고 하며, 이들의 집합은 '제품 패밀리(Product Family)'이다. 여기서 제품 패밀리와 제품 포트폴리오(Product Portfolio)를 구별할 필요가 있다. 제품 패밀리는 한 가족처럼 공통적인 부분을 공유하고 있는 제품들이다.

예를 들어, 한 가족은 (어머니를 제외하고는) 동일한 본관과 성씨를 공유한다. 제품 패밀리도 이와 마찬가지로 제품들이 하나의 가족, 제품 플랫폼이라는 공통적인 요소를 공유한다. 즉, 제품 패밀리라는 개념은 제품 플랫폼이라는 개념이 있어야만 성립할 수 있다.

반면에 제품 포트폴리오는 하나의 비즈니스적인 가치와 목적으로 묶여있는 제품들의 집합이다. 굳이 공통점을 가질 필요가 없다. 팀, 조직, 회사 같은 느낌이다. 예를 들어, 햄버거 가게는 햄버거, 탄산음료, 감자튀김을 판매한다. 치즈버거, 치킨버거, 새우버거 등은 윗면과 아랫면에 빵이라는 공통 요소를 가진 제품 패밀리로 볼 수 있다. 그러나 이들 버거와 탄산음료, 감자튀김은 각각의 역할을 가진 제품 포트폴리오로 볼 수 있다.

예를 들어, 버거는 손님을 끌어들이고 경쟁사와 직접 경쟁하면서 매출을 올리는 대표 선수의 역할을 담당하고, 탄산음료는 버거에 번들로 팔리면서 수익을 올리는 역할을 담당하고, 감자튀김은 중간 정도의 수익을 올리면서 구색을 맞추는 역할을 담당할 수 있다. 이들 모두가 모였을 때, 수익성 극대화라는 비즈니스적 목적을 가진 제품 포트폴리오가 될 수 있다. 참고로 이 책에서 말하는 플랫폼은 비즈니스 플랫폼으로, 이에 대한 정의도 위와 유사한 맥락으로 표현될 수 있다.

1) 성공적인 플랫폼전략이 갖춰야 할 조건

어떻게 하면 성공적인 플랫폼전략을 수립할 수 있을까?《첨단 기술 기업을 위한 제품전략》에서는 플랫폼전략의 성공 요인으로 다음을 꼽고 있다. 하나씩 살펴보자.

> 1. 플랫폼의 구성 요소가 명확하게 정의되어 있다.
> 2. 플랫폼을 정의하는 핵심 기술과 다른 플랫폼 요소를 명확하게 구별할 수
>   있다.
> 3. 플랫폼 고유의 차별화 요인이 지속적인 경쟁우위를 가져다준다.
> 4. 하나 이상의 제품 플랫폼이 하나의 시장에 대응해서는 안 된다.

먼저, 플랫폼을 구성하는 요소가 명확히 정의되어야 한다. 일반적으로 제품의 라이프사이클보다 플랫폼의 라이프사이클이 길다. 그리고 플랫폼은 플랫폼을 정의하고 운영하는 과정에서 상당한 비용이 투자되기 때문에 최대의 효과를 얻기 위해서는 다수의 제품에 적용되어야만 한다. 그렇기 때문에 다세대, 다수의 모델에 적용될 수 있는 요소가 플랫폼의 구성 요소로 명확히 정의되어야 한다. 만약 시장 변화에 따라서 모델마다 바뀔 수 있는 특성, 모듈, 기술이 플랫폼의 구성 요소가 된다면 그렇게 정의된 플랫폼은 몇 모델에밖에 적용하지 못하고 단종될 수밖에 없다.

**최대한 많은 모델에 적용할 수 있는 요소, 적용했을 때 최대한
큰 효과를 볼 수 있는 요소를 플랫폼의 구성 요소로 정의해야만 한다.**

두 번째, **플랫폼을 정의하는 핵심 기술과 다른 플랫폼 요소를 명확하게 구별할 수 있어야 한다.** 일반적으로 플랫폼은 그것이 적용될 제품이 가지고 있는 가장 중요한 핵심 기술을 포함하고 있으며, 그 핵심 기술은 그 제품의 대표 특장점이 된다. 예를 들어, 디지털 TV의 가

장 중요한 핵심 기술 중 하나가 화질에 관한 것이고, 화질에 따라서 디지털 TV의 플랫폼을 정의했다면, 플랫폼을 정의하는 핵심 기술은 화질에 대한 기술이 된다. 그리고 그 외의 플랫폼을 구성하는 요소들과는 구별하여 관리해야 한다. 플랫폼을 정의하는 요인이다 보니 플랫폼에 대한 플랫폼 로드맵 수립, 기술 로드맵에 반드시 그 기술에 대한 계획이 포함되어야 한다. 그리고 플랫폼의 세대를 바꾸거나 신규, 대체, 단종과 같은 플랫폼 라이프사이클과 관련된 결정은 반드시 그 플랫폼을 정의하는 핵심 기술을 중심으로 이루어져야 한다.

플랫폼을 정의하는 핵심 기술, 요소와
다른 구성 요소는 차별화하여 관리해야 한다.

세 번째, **플랫폼의 차별화 요인이 지속적인 경쟁우위를 가져다준다.** 결국 플랫폼은 제품의 경쟁력을 높이기 위한 수단으로 만들어져야 한다. 단지, 다수의 제품에 적용할 수 있는 요소들을 플랫폼으로 정의하는 것은 효율성만 높이고자 하는 활동에 그치기 마련이다. 퍼스널컴퓨터(PC) 시대의 강자인 마이크로소프트가 윈도우즈 운영체제를 만들었을 때, 유저 인터페이스나 편의 기능은 애플에 뒤진다는 평이 있었다. 그러나 버전을 거듭함에 따라서 윈도우즈는 퍼스널컴퓨터를 이용하는 사람에게는 꼭 필요한 소프트웨어가 되어버렸고, 사실상 경쟁자가 없는 상황까지 이르렀다. 윈도우즈는 사용자에게 최상의 소프트웨어였던 걸까? 마이크로소프트 내부에는 윈도우즈에 대한 플랫폼이 있었겠으나, 이미 윈도우즈를 사용해온 사용자들, 그들에게 익숙한 유저인터페이스, 윈도우즈 기반으로 만들어진 소프트웨어, 하위 버전에 대한 호환성, 시스템 영역에 대한 캡슐화 등이 쌓이고 쌓여서 윈도우즈의 지속적인 경쟁우위를 만들어준 셈이다. 이처럼 플랫폼은 단일 제품이 아니라, 그 플랫폼을 적용하면 적용할수록 경쟁사가 쉽게 따라잡지 못할 경쟁우위를 가져다줄 차별화 요인을 포함해야만 한다.

플랫폼은 경쟁사와 차별화할 수 있는 요인을 포함해야만 하며, 그것은 지속적으로 자사의 제품에 경쟁우위를 가져다줄 수 있어야만 한다.

네 번째, **하나 이상의 제품 플랫폼이 하나의 시장에 대응해서는 안 된다.** 제품 플랫폼의 효과를 얻기 위해서는 하나의 플랫폼이 최대한 다수의 모델에 적용되어야만 한다. 이는 자사 플랫폼 간에 경쟁이 일어나는 것은 지양해야 함을 의미한다. 만약 자사 플랫폼끼리 하나의 시장을 두고 경쟁하고 있다면, 플랫폼을 효율적으로 정의하지 못했음을 뜻한다. 단일 제품을 위한 플랫폼을 만들어두고 있거나, 제품의 라이프사이클과 동일한 플랫폼을 정의해놓고 있는 건 아닌지 점검해봐야 한다.

플랫폼은 최대한 많은 시장, 세그먼트, 모델에 적용해야만 한다.

이와 별개로 **플랫폼전략이 성공하기 위해서는 반드시 플랫폼을 관리할 별도의 체계, 즉 프로세스와 조직이 구성되어야 한다.** 플랫폼은 모델보다 장기적인 관점과 시야를 가지고 정의, 운영, 관리되어야 한다. 그런데 일반적인 모델개발팀에서 플랫폼에 대한 활동을 병행하거나 아니면 임시 조직에서 운영한다면, 잠깐 유행했다가 없어질 활동으로 그칠 가능성이 높다. 그러므로 모델개발팀과는 별도의 조직에서 별도 프로세스를 가지고 지속적으로 운영될 수 있도록 해야 한다. 그리고 **이런 체계하에서 경영진의 관심과 지원을 받아서 추진되어야 한다.** 반복해서 이야기하지만, 플랫폼전략은 모델 단위에 따라 단기간으로 효과를 판단해서는 안 되고, 전체 제품군에 따라 장기간으로 효과를 산출해야만 하는 활동이다. 그런데 모델개발팀 간의 이해관계, 단일 모델의 손익, 투자 주체, 발생 비용 배분, 기술 투자 등의 여러 부문 등을 팀이 조율해야만 하는 상황이 벌어질 경우, 이것을 효과적으로 풀 수 있는 것은 경영진의 관심과 지원밖에 없다.

2) 플랫폼전략의 이점

왜 플랫폼전략을 활용하는 걸까? 아래 적힌 내용은 《첨단 기술 기업을 위한 제품전략》에서 설명된 플랫폼전략의 이점이다. 이 내용을 포함하여 경영 전반적인 관점에서 플랫폼전략의 이점을 설명하도록 하겠다.

1. 경영진이 적시에 핵심 의사결정에 집중할 수 있도록 한다.

2. 제품들이 빠르고 일관성 있게 파생될 수 있도록 한다.

3. 제품전략의 장기적인 관점을 갖도록 한다.

4. 운영상의 상당한 효율성을 이끌어낸다.

5. 제품 플랫폼에 대한 원칙은 경영진이 주요 제품 플랫폼을 적기에 대체할 수 있도록 하는 것이다.

한 사업체의 경영진은 거친 파도와 끝없는 어둠을 헤치고 목적지에 도달해야 하는 한 선박의 선장과 같이 기업의 성장을 위해서 경쟁의 파고와 시장의 변화에 맞서 끊임없이 싸워야 하는 역할을 담당하고 있다. 경영진이 자신의 역할을 다하기 위해서는 먼저 자신의 기업이 가고 있는 방향과 기업의 위치를 알아야만 한다. 그리고 경영자는 경영을 통해서 만들어지는 수많은 수치들과 지표들을 통해서 이를 알 수 있다.

그런데 너무 많은 수치들과 지표들은 오히려 경영자의 판단에 혼란을 더할 뿐이다. 특히 자사에서 만들어져서 시장에 내놓는 제품에 대한 수치가 작을 경우에는 큰 문제가 없겠으나, 인지하기 어려울 정도로 큰 경우에는 이를 통해서 어떤 경영상의 인사이트를 얻어내기도 어려울 뿐만 아니라, 직접 의사결정을 하는 데 활용하기도 어렵다. 그때 활용되는 것이 바로 플랫폼이다. 플랫폼을 활용하겠다는 것은 시장에 출시되는 무기인 제품의 정보를 큰 틀에서 확인하고 조정하겠다는 의미이다.

선장은 자신이 가야 할 목적지까지의 지형지물, 경로, 위치를 알아야만 하지만, 그것을 원래 척도로 파악하는 것은 물리적으로 불가능하다. 그래서 사용하는 것이 나침반과 지도 또는 내비게이션이다. 선장은 모든 것을 상세하게 알 필요는 없지만, 현 상황을 전체적으로 파악할 수 있어야 한다. 이를 위해 선장은 다양한 도구를 활용한다. 그리고 큰 선박을 그 목적지로 움직이게 하려고 조타기를 활용하는 것처럼, 사업가도 플랫폼을 시장 내에서 기업의 전 제품을 원하는 위치로 이동시키는 데 사용할 수 있다.

이것은 다른 의미로는 **경영진이 적시에 핵심 의사결정에 집중할 수 있도록 한다는 것을 의미한다.** 망망대해에 수많은 정보가 담겨있듯이 매해 수많은 모델이 개발되며, 개발되는 모델이 다수의 시장에 파생되는 상황에서 경영진이 이 모든 과정을 상세하게 결정할 여유가 없다. 그 대신, 플랫폼을 통해서 제품에 대한 핵심 기술, 핵심 요소, 이를 적용할 시장에 대한 의사결정에 집중할 수 있게 된다. 그리고 제품전략에 대해서 장기적인 관점을 갖게 해준다. 즉 선장이 선박을 목적지까지 무사히 이끄는 데 집중하듯이, 기업이 자신들이 설정한 비전에 도달하는 데 집중할 수 있도록 플랫폼전략이 장기적인 관점에서의 제품전략으로 작용하는 것이다. 이 과정에서 경영진은 주요 제품 플랫폼을 적기에 대체할 수 있다.

그 외에 **플랫폼전략은 제품들이 빠르고 일관성 있게 파생될 수 있도록 한다.** 이미 상당한 부분에 대한 의사결정이 끝났고, 미리 개발되고, 여러 제품에 적용·검증이 되었기 때문에 그만큼 빠르게 제품을 만들 수 있는 것이다. 그리고 플랫폼을 공통적으로 사용하게 되기 때문에 제품들이 일관성 있게 파생된다. 이 과정에서 **상당한 운영상의**

효율성을 얻게 된다.

요점 정리

- 플랫폼전략은 제품 플랫폼을 활용한 제품전략이다.
- 제품 플랫폼은 제품을 이루는 구성 요소 중 제품 간에 공통으로 활용하여 효율성을 높일 수 있는 동 세대 제품 간, 세대 간 변화가 크지 않은 핵심 기술, 공정 기술, 판매채널 등의 자산을 의미한다.
- 최대한 많은 모델에 적용할 수 있는 요소, 적용했을 때 최대한 큰 효과를 볼 수 있는 요소를 플랫폼의 구성 요소로 설정해야만 한다.
- 플랫폼을 설정하는 핵심 기술·요소와 다른 구성 요소는 차별화하여 관리해야 한다.
- 플랫폼은 경쟁사와 차별화할 수 있는 요인을 포함해야만 하며, 지속적으로 자사의 제품에 경쟁우위를 가져다줄 수 있어야만 한다.

2. 플랫폼전략의 핵심 활동

플랫폼전략을 효과적으로 전개하기 위해서는 다음 핵심 5단계 활동을 이해해야 한다.

> 정의 – 운영 – 관리 – 파생 – 효과

1) 플랫폼의 정의 – 무엇을 플랫폼으로 정의할 것인가?

효과적인 모듈화전략을 위해서는 제품을 모듈 기반의 제품 아키텍처로 정의해야 하듯이, 효과적인 플랫폼전략을 위해서는 제품 플랫폼을 제대로 정의하는 것이 선행되어야 한다. 일반적으로 플랫폼의 라이프사이클이 제품의 라이프사이클보다 길고, 플랫폼 적용 범위가 다수의 파생 제품이 될 가능성이 높다. 제대로 된 플랫폼의 이점만큼 잘못된 플랫폼의 리스크도 크다. 그렇다면 제대로 된 플랫폼은 무엇이고, 그것을 정의하기 위해서는 어떻게 해야 할까?

플랫폼이 제대로 정의되었는지 파악하기 위해서는 제품 간의 공통성과 차별성 두 축을 중심으로 판정해야 한다. 플랫폼이 제품 간의 공통성에 너무 치우치면 플랫폼이 커버해야 하는 제품의 범위를 축소해야 할 것이고, 이렇게 되면 플랫폼을 적용함으로써 얻을 수 있는 효과가 미비하다. 그렇다고 제품 간의 차별성에 치우치면, 플랫폼을 적용할 수 있는 파생 제품의 수가 적어질 것이고, 플랫폼 수가 증가할 가능성이 높다. 플랫폼전략을 정의하는 방법 2가지를 소개하겠다.

Step 1. 플랫폼에 대한 전략적 의도를 파악한다.

왜 플랫폼전략을 활용하는가? 즉, 플랫폼을 통해서 무엇을 하고자 하는지 목적을 명확히 해야만 한다. 플랫폼전략의 가장 일반적인 목적은 비용을 절감하고, 운영효율성을 높이는 것이지만, 사업 상황에 따라서 플랫폼전략의 목적은 다음과 같이 다를 것이다.

Step 1. 플랫폼에 대한 전략적 의도를 파악한다.
Step 2. 시장 세그먼트를 구성한다.
Step 3. 시장 세그먼트 중 성장 영역을 정의한다.
Step 4. 현재 활용하는 제품 플랫폼을 정의하고, 시장 세그먼트에 표기한다.
Step 5. 신규 제품 플랫폼을 정의한다.
Step 6. 시장에서의 경쟁력을 확보한다 – 고객의 니즈와 경쟁사 제품에 대한 심층 분석
Step 7. 운영효율성을 확보한다 – 생산 공정, 유통채널 현황 파악과 분석
Step 8. 신규 제품 플랫폼의 핵심 경쟁력을 이해한다.

목적	효과
시장 진입 시 매출 효과	– 새로운 기술 도입 – 니치마켓 진입 – 타임투마켓(신제품 개발 기간) 단축
비용 절감	– 개발비 공유 – 공통의 시험용·검증용 장비 활용 – 규모의 경제 달성 – 고정비 절감 – 재고비 절감
리스크 절감	– 기술적 리스크 절감 – 높은 품질의 제품 생산 – 가동 중지 시간 단축

표 1. 플랫폼전략의 효과

처음 시장 진입 시에는 플랫폼전략을 통해서 매출을 향상시키는 효과, 즉 새로운 기술 도입, 니치마켓 진입, 시장 출시 기간 단축과 같은 효과를 얻고자 할 것이다.

이후 성장기에서 성숙기의 제품인 경우에는 플랫폼전략을 통해서 개발비, 시험용 장비 공유 등으로 고정비와 재고비를 절감하는 식으로 비용 절감 효과를 얻고자 할 것이다. 아울러 이미 검증된 플랫폼을 활용하여 리스크를 절감할 수도 있다.

플랫폼전략을 통해서 비용 절감을 추구했다면, 먼저 제품 개발에 대한 비용구조를 파악해야 한다. 다음에는 비용구조에 따른 플랫폼전략의 효과를 정리해뒀다.

1. 개발비 중심의 제품: 개발비 및 테스트비용 공유
2. 생산비 중심의 제품
   (1) 구매비 중심: 벌크 구매
   (2) 자본비 중심: 규모의 경제, 오버헤드비용 공유
   (3) 노무비 중심: 학습효과 증대

개발비 비중이 큰 제품이라면 개발비를 절감하거나 제품 시험·검증에 사용되는 테스트비용을 최소화하는 데 플랫폼전략을 활용할 수 있다. 제품 플랫폼을 다수의 파생 제품에 적용하면, 제품 플랫폼에 대한 개발과 테스트비용을 파생 제품 개발비용에서 절감할 수 있다. 반면에 생산비 비중이 큰 제품이라면 구매비, 고정비, 노무비의 비중에 따라 플랫폼을 통해 얻을 수 있는 효과가 달라진다.

생산비 중에서 구매비 중심인 제품은 플랫폼을 대량의 제품에 적용함으로써, 플랫폼의 구성 요소에 대한 구매 단가를 낮출 수 있다. 공급업체 입장에서도 같은 물량의 주문이라고 해도 다종의 부품보다 단일 종류의 부품을 주문해주는 것이 구매비를 줄일 수 있는 동인이 된다.

고정비 비중이 큰 산업은 최대한 많은 제품에 대해 투자비를 공유하면 전체적으로 투자비를 절감하는 효과를 낼 수 있다. 자동차 산업의 경우, 플랫폼전략을 실행하는 이유 중 하나가 바로 대규모 투자가 필요한 라인투자에 대한 비용을 최대한 긴 세대의, 다수의 모델이 공유할 수 있도록 자동차의 플랫폼을 공용화하기 위해서이다.

노무비 비중이 큰 산업은 동일 플랫폼으로 제품을 만들면, 투입되는 부품, 작업 방식, 사용하는 도구, 장비, 시험 방식 등이 동일하기 때문에 학습효과로 인해 작업 효율이 증대되는 효과를 얻을 수 있다.

Step 2. 시장 세그먼트를 구성한다.

플랫폼을 시장의 어느 포지션에, 어떤 경쟁사 제품과 대응하도록 배치할 것인가를 결정하기 위해서 그 기준이 되는 시장 세그먼트를 구성해야 한다. 《모듈러디자인》을 집필할 때 시장 세그먼트가 무슨 뜻인지 질문한 적이 있다. 예를 들어 설명하자면, 장기를 두기 위해서 장, 차, 포, 마, 졸을 장기판 위에 위치시키고 자기 차례에 장기말을 정해진 규칙에 따라 움직이게 하는데, 이를 바둑의 용어로 표현하면 포석이다. 그런데 장기판에 줄이 그어져 있지 않다면 어떨까? 장기말을 둘 곳이 모호해지지 않을까?

시장이라는 개념도 마찬가지다. 시장을 통째로 보면 동일하면서도 복잡하게 느껴지겠지만, 시장이란 지역, 나이, 소득, 국가, 문화 등 다양한 기준으로 구획이 지어지게 마련이다. 바로 이 기준에 따른 동질적인 영역을 '시장 세그먼트'라고 부른다. 이 개념은 동질적인 영역인 세그먼트 안에서 소구되는 제품 또한 어느 정도 동질화될 수 있다는 점 때문에 중요하다.

플랫폼이라는 장기말을 포석하기 위해서 장기판에 줄을 긋는 것, 이것이 바로 시장 세그먼트를 구분하는 것이다. 이를 위해서 가장 먼저 할 일은 전체 시장을 세그먼트로 나눌 기준을 선정하는 것이다. 연령, 사양, 지역, 사용목적 등 시장을 나누는 기준은 제품을 파생하는 데도 필요한 기준이 된다. **효과적인 시장 세그먼트의 구성 여부**

	아시아/ 오세아니아	북미	유럽
고사양 (~$4000)	세그먼트 A	세그먼트 B	세그먼트 C
중사양 ($1000~4000)	세그먼트 D	세그먼트 E	세그먼트 F
저사양 (~$1000)	세그먼트 G	세그먼트 H	세그먼트 I

표 2. 우리 회사가 속해 있는 산업 영역은 어떻게 나눌 수 있는가?

가 추후 플랫폼전략의 효과를 결정하는 기본이 된다.

예를 들어, 현재 스마트폰 시장을 사양과 기능, 지역으로 세그먼트화한 것과 달리, 만약 시장을 사용자 연령대나 성별로 나눴다고 생각해보자. 연령대별로 선호하는 스마트폰이나 사용 형태가 다르긴 하겠지만, 과연 연령대별로 자사의 제품들을 배치하는 것이 큰 의미가 있을까?

Step 3. 시장 세그먼트 중 성장 영역을 정의한다.

자원이나 시간은 한정적이다. 그래서 시장 세그먼트 전체를 내가 만든 제품으로 커버할 수는 없다. 그렇다면 어느 시장 세그먼트를 선택할지, 어느 시장 세그먼트에 집중할지를 결정해야 한다. 즉, 마케팅 분야에서 말하는 '타기팅'을 하는 것이다.

프라다나 구치 같은 명품 브랜드는 여성용 패션의류, 가방, 구두 전 분야, 전체 가격대에 진입하지는 않는다. 자신의 브랜드가 최대한 이익을 낼 수 있고, 브랜드 아이덴티티를 유지할 수 있는 최고가

	아시아/ 오세아니아	북미	유럽
고사양 (~$4000)	세그먼트 A ✓ 성장성 ● 수익성 ●	세그먼트 B 성장성 ○ 수익성 ○	세그먼트 C 성장성 ◐ 수익성 ◐
중사양 ($1000~4000)	세그먼트 D 성장성 ○ 수익성 ◐	세그먼트 E 성장성 ○ 수익성 ○	세그먼트 F 성장성 ◐ 수익성 ◐
저사양 (~$1000)	세그먼트 G ✓ 성장성 ● 수익성 ○	세그먼트 H 성장성 ○ 수익성 ○	세그먼트 I 성장성 ○ 수익성 ●

– 현재 타깃으로 하는 세그먼트: 세그먼트 C, E, F
– 체크된 세그먼트: 향후 진출 고려 중인 세그먼트

표 3. 우리 회사가 타깃으로 하고 있는 시장 세그먼트는 무엇이고, 향후 진출할 세그먼트는 무엇인가?

의 세그먼트에 집중한다. 또한 유니클로, 자라, 갭과 같은 의류회사가 고가 의류 시장에 진입하지는 않는다. 그들에게는 그들 나름대로 선택하고 집중할 영역이 있는 것이다.

이처럼 우리 제품이 최고의 매출과 최고의 이익을 낼 수 있는 영역이 어디인가를 고민해야 한다. 그리고 진입해야 할 세그먼트와 집중하여 공략해야 할 세그먼트를 결정해야 한다. 현재 집중해야 할 시장 세그먼트가 어디인지, 그 이유는 무엇인지, 우리가 가지고 있는 역량과 매칭이 되는지를 살펴봐야 한다. 그뿐 아니라 추후에 신규로 진입해야 할, 확장해야 할 세그먼트는 어디인지, 왜 진입하려고 하는지, 그렇게 하기 위해서는 어떤 역량이 보강되어야 하는지를 검토해야 한다. 여기서 나오는 결과물이 플랫폼 정의와 파생 전략의 핵심이 된다.

Step 4. 현재 활용하는 제품 플랫폼을 정의하고, 시장 세그먼트에
표기한다.

이상적인 제품 플랫폼을 정의하기 전에, 의도되었든 그렇지 않든
현재 보유하고 있는 제품에서 활용하고 있는 플랫폼이 있을 것이다.
만약 없다면 출시되어 판매 중인 제품 하나하나가 플랫폼 역할을
담당한다고 봐야 한다.

이렇게 정의된 플랫폼의 활용 현황을 파악한다. 플랫폼이라고 별
도로 정의하지 않았더라도 각 부문별로 효율적인 업무 처리를 위해
서 암묵적으로 활용되던 공통 자산, 즉 플랫폼의 구성 요소들이 있
을 가능성이 높다. 본 단계에서는 그것을 파악하고자 표준화하고 형
식화할 준비를 한다.

	아시아/ 오세아니아	북미	유럽
고사양 (~$4000)	세그먼트 A ✓ 성장성 ● 수익성 ●	세그먼트 B 성장성 ○ 수익성 ○	세그먼트 C 성장성 ◐ 수익성 ◐ Platform I, II
중사양 ($1000~4000)	세그먼트 D 성장성 ○ 수익성 ◐	세그먼트 E 성장성 ○ 수익성 ○ Platform III, IV	세그먼트 F 성장성 ◐ 수익성 ◐ Platform V, VI, VII
저사양 (~$1000)	세그먼트 G ✓ 성장성 ● 수익성 ○	세그먼트 H 성장성 ○ 수익성 ○	세그먼트 I 성장성 ○ 수익성 ●

– 현재 운영 중인 플랫폼: Platform I~VII

표 4. 현재 운영 중인 제품 플랫폼 현황은 어떠한가?

공식적으로 플랫폼전략을 활용한 회사가 아닌 이상, 진출해있는 시장 세그먼트상에서 하나 이상의 플랫폼을 운영하고 있을 것이다. 이후에는 플랫폼전략으로 현재 플랫폼 운영 현황을 개선해야 한다.

Step 5. 신규 제품 플랫폼을 정의한다.

그렇다면 무엇을 제품 플랫폼으로 설정해야 할까? 플랫폼을 처음 설정했을 때의 목적에 맞춰서 공용화할 수 있는 또는 세대 간에 재사용할 수 있는 공통 자산을 찾는다. 그것이 무엇일지는 이 책에서 예단하기 어렵다. 실질적인 설계 결과물일 수도 있고 제품의 일부일 수도 있다. 기술특허나 디자인 아이덴티티처럼 무형의 자산일 수도 있다. 여기서는 먼저 초기에 설정한 목적에 부합하는지, 과거의

	아시아/ 오세아니아	북미	유럽
고사양 (~$4000)	세그먼트 A ✓ 성장성 ● 수익성 ●	세그먼트 B 성장성 ○ 수익성 ○	세그먼트 C 성장성 ◐ 수익성 ◐ Platform I, II
중사양 ($1000~4000)	세그먼트 D 성장성 ○ 수익성 ◐	세그먼트 E 성장성 ○ 수익성 ○ Platform III, IV	세그먼트 F 성장성 ◐ 수익성 ◐ Platform V~VII
저사양 (~$1000)	세그먼트 G 성장성 ● ✓ 수익성 ○	세그먼트 H 성3장성 ○ 수익성 ○	세그먼트 I 성장성 ○ 수익성 ●

– 현재 공용화할 플랫폼: Platform I~VII
– 플랫폼은 제품의 <u>구동부 모듈</u>로 정의함

표 5. 기존에 운영 중인 플랫폼을 최적화하고, 신규 플랫폼을 정의한다.

결과물에 지나치게 얽매이지 않는지 주의한다. 플랫폼은, 정의하는 순간 현재 제품이 아니라 미래의 제품에 기반이 된다. 지나치게 과거의 결과에 얽매이는 것은 결국 플랫폼의 경쟁력을 떨어뜨리고 더 나아가 제품의 경쟁력을 갉아먹는 결과를 초래한다.

1. 수준(Level): 제품 플랫폼을 어느 수준까지 정의할 것인가?
   예) 기술, 주요 컴포넌트, 서브시스템, 핵심 모듈, 브랜드, 하드웨어, 소프트웨어, 기구, 비즈니스모델 등
2. 라이프사이클(Lifecycle): 플랫폼의 생성부터, 보완, 파생, 단종까지의 과정을 어떻게 정할 것인가?
3. 파생 범위(Variant scope): 플랫폼이 적용될 세그먼트의 범위, 파생모델의 범위를 의미하며, 이는 결과적으로 최적의 플랫폼 수 도출에도 활용된다.

수준, 라이프사이클, 파생 범위는 제품 플랫폼의 규모를 결정하는 데 핵심 요인이 된다. 그래서 제품 플랫폼을 설정할 때 고려해야 할 가장 기본적인 요건이기도 하다.

Step 6. 시장경쟁력을 확보한다 – 고객의 니즈와 경쟁사 제품에 대한 심층 분석

첫 번째, 플랫폼 자체에 경쟁사 대비 자사 제품이 경쟁력을 가질 수 있도록 어떤 특성을 부여할 것인가와 두 번째, 고객의 니즈에 최대한 부합할 수 있도록 플랫폼에 어떤 변동 메커니즘을 갖도록 할 것인가를 여기서 결정한다.

플랫폼 명	비교	시장경쟁력	운영효율성
Platform I	≤ (열위)	●	●
Platform II	≥ (우위)	◐	◐
Platform III	= (동등)	○	○
Platform IV	> (우위)	●	●
Platform V	< (열위)	◐	◐
Platform VI	= (동등)	○	○
Platform VII	> (우위)	●	●

표 6. 플랫폼별로 시장경쟁력을 평가한다.

첫 번째 항목은 폭스바겐의 고급 차량에 들어갈 기능을 수직으로 하방전개하여 중저가 차량도 그러한 기능을 갖게 함으로써 전체 제품군, 즉 플랫폼 자체의 경쟁력을 높이되 생산물량으로 전체 비용을 줄이는 방안을 쓴 것이 대표적인 예이다. 플랫폼에 적용할 공통 기술, 컴포넌트, 모듈, 서브시스템 등으로 플랫폼의 경쟁력을 확보한다.

두 번째는 플랫폼으로 공통성을 극대화했다면 여기에서 어떤 방식으로 고객의 다양한 니즈를 만족시킬 수 있도록 변동성을 관리할 것인가에 대한 변동 메커니즘을 고민한다. 자동차에서처럼 옵션을 활용하든지, 사용자가 세부 기능 인자를 조율할 수 있는 기능을 추가하든지, 모듈화를 통해서 플랫폼 내외에서 모듈 교체가 가능하도록 만드는 등 변동 메커니즘을 고민하는 것이다.

Step 7. 운영효율성을 확보한다 – 생산 공정, 유통채널 현황 파악

과 분석

다음에는 플랫폼별 운영효율성을 평가한다. 즉, 플랫폼을 통해서 얻게 될 운영효율성에 대해서 고민해야 한다. 플랫폼별로 생산 공정을 표준화하거나 최적화하여 제품별 생산 공정상의 변화가 최소화되도록 하거나 이를 자동화하여 비용 측면에서의 이점을 취할 수도 있다. 아니면 유통 단계에 따라서 최대한 고객 변동사항을 뒤로 미루어 재고나 운송에 대한 로드를 최소화할 수도 있다. 기본은 플랫폼을 통해서 어떻게 운영효율성을 극대화할 수 있을까 고민하는 것이다.

Step 8. 신규 제품 플랫폼의 핵심 경쟁력을 이해한다.

마지막으로 새로운 제품 플랫폼이 이전에 운영되던 플랫폼과 대비하여 어떤 면에서 경쟁력을 가지고 있는지를 고민하고, 이를 향후 플랫폼 전개와 진화 단계에서 활용하도록 한다. 이전에 활용되던 플랫폼과 대비하여 좋아지는 것이 없다면 그 플랫폼은 잘못 설정된 것이며 지속될 수 없는 결과물이다. 그 플랫폼을 적용할 제품은 어떤 측면의 장점을 가지게 될지, 향후에는 어떻게 진화시켜야 할지 등에 대해 로드맵을 작성해보는 등의 기획이 필요하다.

본 단계 외에 제품전략을 변경할 경우에 대비하여 경쟁사에 대한 동향을 모니터링하는 계획을 세워야 하며, 시장에서 플랫폼이 성공했다는 점을 측정할 수 있도록 경제적 지표를 정의하고 관리한다.

마지막으로 플랫폼전략과 그를 통해서 만들어지는 파생 제품은

자사 내의 가치사슬 단계에 있는 전략과 전체적으로 정렬되도록 관리해야만 한다.

2) 플랫폼의 운영과 파생
– 제품 플랫폼을 어떻게 운영하고 파생할 것인가?

(1) 플랫폼의 운영

이 장 초반에서 **플랫폼은 공통성과 차별성 측면에서 판단해야 한다**고 언급한 적이 있다. 공통성을 지나치게 강조하면 다수의 제품에 적용 가능하겠지만 그 효과는 미비하다. 그렇다고 차별성을 강조하면 적용할 모델 수가 줄어들고 효율성이 떨어진다. 결국은 공통성과 차별성이라는 두 기준을 조율하는 것이 플랫폼 설정의 핵심이며 이에 따라 운영할 필요가 있다.

▤ 플랫폼의 운영

① 제품 계획(Product Plan): 언제 어떤 제품을 출시할 것인가?

② 공용화 계획(Commonality Plan): 어떤 구성 요소/모듈을 공용화할 것인가?

③ 차별화 계획(Differentiation Plan): 어떻게 제품들을 차별화할 것인가?

출처: Robertson and Ulrich(1998)

《첨단 기술 기업을 위한 제품전략》에서는 공용화 계획과 차별화 계획에 대해서 다음과 같이 설명하고 있다.

첫째, 공용화 계획을 통하여 플랫폼이 가져야 하는 제품들 간의 공통적인 요인을 무엇으로 할지, 어떻게 언제 만들어야 할지를 결정하도록 한다.

둘째, 차별화 계획을 통하여 제품들이 각자 가져야 할 차별화 요인을 무엇으로 할지, 어떻게 언제 만들어야 할지를 결정하도록 한다.

최종적으로 공용화 계획과 차별화 계획을 활용하여 제품 출시 계획을 만들어야 한다. 이는 결국 제품별 차별화 요인을 계획할 제품 로드맵과 플랫폼 내에 공통적으로 보유할 요인과 플랫폼 간 차별화 요인을 계획할 플랫폼 로드맵을 구분하여 운영해야 함을 의미한다.

플랫폼 로드맵에 명시될 차별화 요인은 일반적으로 제품이 가지는 가장 핵심적인 사양, 기능, 기술적인 특징이다. 예를 들어, TV의 경우 가장 중요한 소구 포인트인 인치, 스마트 기능, 패널의 종류 등이 플랫폼 로드맵에 명시될 후보군이다.

공용화 계획(Commonality Plan) ⇒ 플랫폼 로드맵(Platform Roadmap)
차별화 계획(Differentiation Plan) ⇒ 플랫폼 로드맵, 제품 로드맵
제품 출시 계획(Product Plan) ⇒ 제품 로드맵(Product Roadmap)

산출물로 설명하자면, 플랫폼이 가지는 공통 요인과 차별화 요인을 기획한 결과는 플랫폼 로드맵으로 표현된다. 플랫폼 로드맵은 기본적으로 이를 포함하여 신규, 단종, 대체, 파생에 대한 개별 플랫폼

에 대한 라이프사이클을 표현한다. 그리고 제품 계획은 플랫폼을 적
용하여 파생된 모델에 대한 제품 로드맵으로 표현한다.

(2) 플랫폼의 파생

플랫폼의 파생은 플랫폼을 적용하는 제품을 개발함을 의미한다.
효과적인 플랫폼전략은 결국 효과적인 제품 파생으로 발휘된다. 결
국 플랫폼을 만드는 목적은 효과적으로 제품을 파생하는 것이다. 다
음은 효과적으로 제품을 파생하는 조건과 이를 관리하는 방안이다.

---

1) 효과적인 제품 파생 조건

  (1) 파생되는 제품들이 대상으로 삼고 있는 주요 시장 세그먼트들
    을 모두 커버한다.

  (2) 파생되는 제품들은 해당 시장 세그먼트에 충분히 집중한다.

    - 지나친 제품 파생은 선택된 세그먼트에 집중하는 것에 실패한
    결과다. 이는 고객에게 과도하게 집중했을 때도 발생할 수 있다.

**※ 결국 SKU 문제는 시장을 세그먼트로 나누고, 타기팅 하고, 포지셔닝
하는 데 실패했기 때문에 발생하는 문제이다.**

  (3) 파생 제품 개발 스케줄은 시간을 기반으로 작성한다.

  (4) 유사한 제품들을 조정한다.

2) 파생되는 제품들의 관리

  (1) 공통 플랫폼으로부터 파생될 제품들을 정의한다.

  (2) 해당 시장 세그먼트에 특정 파생 제품들을 선정한다.

  (3) 파생 제품들의 개발 순서를 배치하고 조정한다.

출처: Product Strategy for High Technology Companies(McGrath,
McGrawHill)

---

3) 플랫폼의 관리
– 현재 운영 중인 플랫폼을 어떻게 최적화할 것인가?

Box 12. 플랫폼 레버리지전략의 유형

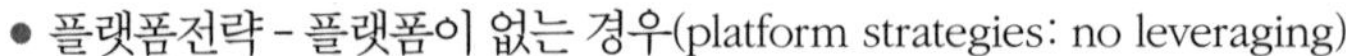

- 플랫폼전략 – 플랫폼이 없는 경우(platform strategies: no leveraging)

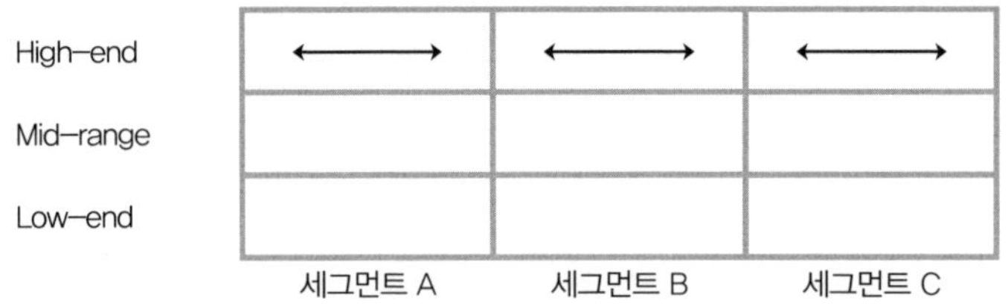

- 플랫폼전략 – 플랫폼의 수평전개(horizontal leveraging)

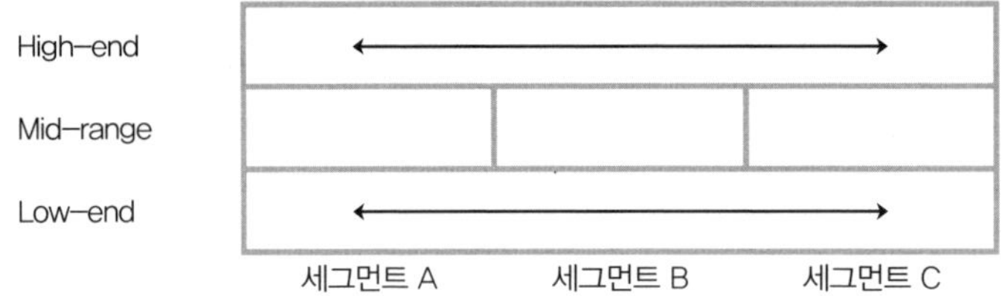

- 플랫폼전략 – 플랫폼의 수직전개(vertical leveraging)

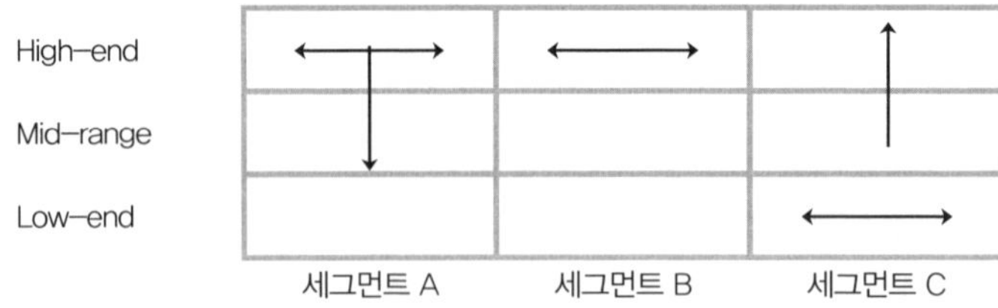

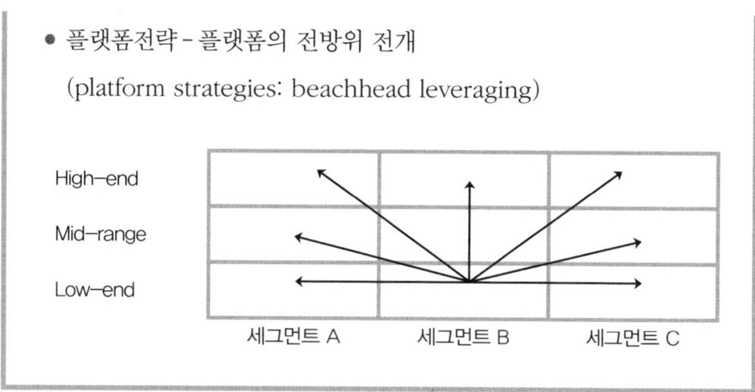

여기서 말하는 '플랫폼의 관리'란 플랫폼의 라이프사이클과 복잡성 관리를 의미한다. 보기에 따라서 플랫폼의 운영·파생과 구분이 안 될 수 있으나, 실제로는 그 구분이 명확하다. 운영과 파생이 플랫폼의 미래에 대한 업무라면, 관리는 플랫폼의 과거와 현재에 대한 업무이다. 다시 설명하면 플랫폼의 운영과 파생은 어떤 플랫폼을 기획하고 개발하고 제품에 적용할 것인가 등 아직 일어나지 않은 일에 대한 것이라면, 플랫폼의 관리는 현재 생산 중인 제품에 이미 적용된 플랫폼을 어떻게 할 것인가를 고민하는 활동이다.

플랫폼을 최적으로 정의했다고 해서 현재 보유하고 있는 플랫폼 관리 현황을 최적화한 것은 아니다. 효과가 미비하거나 시장 내에서 경쟁력이 약한 플랫폼을 조기에 단종하고, 시장경쟁력을 강화하기 위하여 신규 플랫폼을 기획·개발하고, 기존 플랫폼을 대체하는 등의 라이프사이클 관리가 필요한 것이다. 그리고 최적의 플랫폼 수가 유지되도록 지속적으로 시장 동향과 성과를 파악하고 분석하고 문제를 제기하는 것이 플랫폼 관리 활동이다.

	기존 기술/플랫폼	신규 기술/플랫폼
기존 시장	기존 플랫폼 관리	제품 다각화
연관 시장	신규 세그먼트 인접 시장 확장	제품 다각화
신규 시장	시장 다각화	제품/시장 다각화

표 7. 플랫폼-시장별 제품전략

플랫폼의 수를 최적화하기 위한 방법 중 하나가 바로 〈Box 12〉와 같이 플랫폼 레버리지전략을 활용하는 것이다(참고: Meyer, 1997). 최적화되지 않은 상태는 세그먼트별 플랫폼을 하나 이상 활용하는 것이다. 먼저 세그먼트별 플랫폼 수를 최적화하고, 다음은 세그먼트 간의 플랫폼 레버리지전략을 통해서 전체 세그먼트 수를 최적화한다.

단, 레버리지전략은 무작정 사용하는 것이 아니라, 특정한 방향을 가지고 있어야 한다. 레버리지를 활용한다는 것은 다른 의미로는 역량을 분산한다는 것과 같은 의미이다. 그렇게 역량을 분산하고도 기존 시장에서 경쟁력을 충분히 유지할 수 있는지 평가해보고, 만약 그렇지 않다면 분산이 되지 않도록 방법을 고민해봐야 한다.

지금까지의 내용을 종합하여 다음과 같이 단계적으로 관리할 수 있다.

- 1단계 – 진입 세그먼트 총 수 최적화: 성장률이 낮고, 매출과 순이익 등의 경영 성과가 낮은 세그먼트는 선별해내거나, 다른 플랫폼에

서 레버리지 되도록 한다.

- 2단계 – 세그먼트별 플랫폼 수 최적화: 세그먼트별로 포지션이 중복되거나 성과가 미비한 플랫폼은 단순화하는 식으로 최적화한다.
- 3단계 – 전체 플랫폼 수 최적화: 레버리지전략을 통해서 전체 플랫폼 수를 최적화한다.
- 4단계 – 플랫폼 적용 모델의 수와 구성 요소 최적화: 플랫폼이 적용된 모델, 모듈, 부품 등의 종수를 합리화하여 최적화한다.

다음 내용을 살펴보기 전에 《첨단 기술 기업을 위한 제품전략》에서 다룬 효과적인 제품 플랫폼 관리 방안을 살펴보도록 하자.

1. 제품 플랫폼이 그 라이프사이클에서 어느 위치에 있는지 파악한다.
2. 주요 플랫폼을 교체하고 차세대 플랫폼을 동기화한다.
3. 주요 플랫폼의 수명을 연장한다.
4. 무엇이 플랫폼의 수명 사이클을 쇠퇴하게 만드는지 이해한다.
5. 정기적으로 짧은 수명 사이클을 가진 플랫폼을 교체한다.

결국 앞서 다룬 플랫폼의 라이프사이클 관리에 대한 내용이다. 플랫폼의 라이프사이클은 일반 제품보다 길기 때문에 기업의 경쟁력 관점에서 접근해야만 한다. 단순히 플랫폼을 만들고, 단종하고, 파생하는 관점이 아니라, 보유할 플랫폼에 대한 의사결정을 함에 따라서 기업이 어떻게 경쟁력을 유지, 강화, 보완할 것인지를 고민하는 과정이 되어야 한다.

4) 플랫폼의 효과는 어떨까?

플랫폼 효율성(Platform efficiency) = 파생 제품 및 플랫폼 개발 비용
- 플랫폼을 이용하여 개발될 파생모델이 얼마나 쉽게 개발될 수 있는가?
  → 낮을수록 좋음

플랫폼 효과성(Platform effectiveness) = 파생 제품의 총 매출액 / 파생 제품 개발 비용
- 플랫폼을 이용하여 개발된 파생모델로부터 얻는 비용 대비 매출
  → 높을수록 좋음

플랫폼을 관리하기 위해서는 플랫폼에 대한 효과를 파악해야 하는데, 대표적인 지표가 효율성과 효과성 지표다. 효율성은 플랫폼을 개발하는 비용 대비 파생 제품의 개발 비용이 얼마나 절감되는지에 대한 지표로, 보통은 플랫폼 설정 단계에서 활용될 수 있다. 반면에 효과성은 플랫폼을 적용한 파생 제품 개발 비용 대비 이들 제품이 시장에서 거두는 매출이 얼마나 되는지에 대한 지표로, 플랫폼 운영과 관리 단계에서 활용될 수 있다.

앞서 언급한 것처럼 효율성은 최소의 비용으로 최대의 효과를 내는 것으로, 한번 정의되고 개발된 플랫폼을 최대한 많은 파생모델에 적용한다거나 오랫동안 활용할 때 효율성은 올라간다. 반면에 효과성은 얼마나 많은 매출을 올릴 것인가에 대한 것이다. 적은 수의 플랫폼으로 오랫동안 많은 파생모델에 플랫폼을 적용하면 효율성이 올라갈지 모르지만, 효과성 측면에서는 파생모델 간의 차별성이 떨

어져서 역효과를 낼 수 있다.

　수준 또한 최대한 세부적으로 또는 큰 범위로 설정하면 효율성은 올라가겠지만, 파생모델의 자유도를 해치거나 플랫폼을 파생모델 개발 때마다 수정하는 등의 작업이 필요해지기 때문에 플랫폼 자체의 실효성을 해치는 등 효과성이 좋지 않게 된다.

　라이프사이클 또한 기획하고 관리해야 한다. 라이프사이클을 지나치게 길게 잡으면 플랫폼의 실효성과 효과성이 떨어질 것이고, 너무 짧게 잡으면 효율성이 떨어져서 플랫폼전략을 활용하는 의미가 없어질 수도 있다.

※ 이 책에서 다루고 있지 않은 내용

　이 책은 기본적으로 제품 플랫폼을 공개하지 않고 내부에서 활용하는 것을 전제로 쓰였다. 그렇기 때문에 제품 플랫폼의 공개로 인해서 제품 생태계가 구축되는 부분은 다루지 않았다. 또한 제품 플랫폼 외에 서비스 플랫폼, 비즈니스 플랫폼을 활용한 비즈니스에 대해서는 다루지 않았다. 이 책에서 다루고 있지 않은 플랫폼전략에 관한 내용은 Platform Ecosystem(Morgan Kaufmann Pub.) 또는 Platform Leadership(Harvard Business School Press)을 참고하기를 바란다.

요점 정리

- 플랫폼전략을 효과적으로 전개하기 위해서는 정의 - 운영 - 관리 - 파생 - 효과 5단계 활동을 이해해야 한다.

제5장

모듈화전략이란 무엇인가?

지금까지 제품전략, 제품전략의 성공 요건, 플랫폼전략에 대해서 살펴보았다. 이번 장에서는 모듈화전략에 대해서 알아보겠다. 모듈화전략은 주로 제조업에서 자주 사용하고 있는 제품전략의 한 종류이다. 새로운 콘셉트나 방법론이 아니라는 의미이다. 그런데 모듈화전략을 적용한 제품 중에는 성공한 사례를 찾아보기 어렵다. 왜 그럴까? 모듈화전략을 활용하여 실패한 것이 아니라, 잘못 사용하여 실패할 수밖에 없었거나 우리가 미처 파악하지 못한 형태로 모듈화전략을 활용하고 있기 때문이다. 그래서 본 장에서는 먼저 모듈화전략이 무엇인가부터 살펴보고, 모듈화전략을 어떻게 활용해야 하는지에 대해서 중점적으로 다뤄볼 예정이다.

신문기사에서 모듈화전략을 활용한 중국의 미사일 체계를 소개한 적이 있다. 미사일의 타격 대상, 사용목적, 사거리, 탄두의 종류 등에 따라서 다양한 종류의 미사일을 개발할 필요 없이 소프트웨어, 발사체, 탄두 등을 모듈화하여 하나의 미사일 체계로 대응할 수 있다는 내용이었다. 이런 사례와 같이 모듈화전략을 활용하여 자신들이 이루고자 한 목적을 달성한 사례는 어렵지 않게 찾아볼 수 있다. 그렇다면 어떻게 우리의 목적을 달성할 모듈화전략을 수립할 수 있을까?

생각해보기

① 모듈화전략이란 무엇일까?

② 모듈화전략을 잘 활용한 제품 사례는 무엇일까?

③ 모듈화전략으로 얻을 수 있는 이점은 무엇일까?

④ 모듈화전략에 따르는 약점은 무엇일까?

⑤ 플랫폼전략과 모듈화전략 간의 관계는 무엇일까?

1. 모듈화전략의 정의

모듈화전략이란 모듈화를 활용한 제품전략이다.

모듈화전략을 한마디로 정의한다면, '**모듈화를 활용한 제품전략**'이다. 모듈화를 활용하여 제품이 시장에서 기업이 의도한 사업목적을 달성할 수 있도록 설정하고 기획하는 활동이 모듈화전략인 것이다.

그래서 성공적인 모듈화전략을 만들려면 먼저 성공적인 제품전략을 만들어야 한다. 아무리 좋은 모듈화 콘셉트를 적용했너라도 실패할 수밖에 없는 제품전략을 앞세웠다면 실패할 수밖에 없다. 그래서 먼저 제품전략에 대해서 살펴보았다.

모듈화전략의 정의를 알았다면, 이후에는 먼저 모듈화전략의 핵심인 모듈화에 대해서 살펴봐야 한다. 일단, 이 책은 제품전략으로 시작했다. 그 이후에 제품전략과 관련된 개념을 살피는 방식으로 글을 전개했는데, 이 시점쯤에서 정리할 필요가 있다고 생각된다. 이 책의 주제인 '모듈화전략'의 의미는 무엇일까? 다음과 같이 간단하게 정의하도록 하겠다.

제품전략과 제품 포트폴리오전략은 이전에 다룬 적이 있기에, 자세한 설명은 하지 않겠다. 제품전략인 경우는 제품 변화의 세 개의 축 중에서 구성[제품 내 변화(Configuration, transformation)]에 집중한 단일 제품을 대상으로 하겠고, 제품 포트폴리오전략은 제품 변화의 세 개의 축 중에서 '제품군 내 변화(Variation)' 및 '세대 간 변화(Generation)'에 집중한 다수의 제품들을 대상으로 한다.

Box 13. 제품전략과 플랫폼전략, 모듈화전략의 관계

지금까지 플랫폼전략은 제품전략의 하나의 종류로 설명했다. 엄밀히 말하면, 플랫폼전략은 제품전략의 일부로 보는 것이 정확하다. 플랫폼전략, 플랫폼을 기반으로 한 제품 파생 계획, 제품 포트폴리오전략 등 제품전략 안에 이 모든 것이 포함되어야만 한다. 그런데 이것으로 그치지 않는다.

플랫폼전략은 제품전략의 일부이지만, 기업전략으로서 취급해야 할 경우가 있기 때문이다.

플랫폼은 개발·생산 부서가 아니라, 전략, 기획, 개발, 생산, 구매, 영업/마케팅 등 전사 단위에서, 몇 개월에서 1년 단위가 아니라, 장기적으로 기획하고 운영해야 할 기획, 개발, 운영 단위이자 자산이기 때문이다.

플랫폼전략 그 자체를 제대로 활용하기 위해서는 기업전략의 일부로 다뤄야 할 필요가 있다. 실제로 플랫폼전략으로 성과를 낸 기업들은 대체로 플랫폼전략을 기업전략의 일부로 다루고 있다. 최근 연비 조작으로 주춤했던 폭스바겐 자동차가 대표적인 예이다.

제품전략 ⊃ 플랫폼전략, 기업전략 ⊃ 제품전략, 기업전략 ⊃ 플랫폼전략

족보가 꼬인다. 넓은 의미에서 플랫폼전략과 연결되는 모듈화전략도 동일하다. 다 잊고, 아래 문장만 기억하면 된다.

"The platform strategy should be considered not only as a part of a product strategy but also as a corporate strategy." (플랫폼전략은 제품전략의 일부로서뿐만 아니라 기업전략으로서도 고려되어야만 한다.)

요점 정리

- 모듈화전략이란 모듈화를 활용한 제품전략이다.
- 플랫폼전략은 제품전략의 일부로서뿐만 아니라 기업전략으로서도 고려되어야만 한다.

2. 모듈화전략의 틀 – 모듈화전략 프레임워크

이미 설명했던 것처럼 플랫폼을 특수 형태의 모듈로 보는 관점에서 플랫폼전략을 활용하는 제품 또는 시스템은 모듈성으로 구성 요소와 플랫폼을 결합시킨다. 그래서 플랫폼전략은 모듈화전략의 특수한 형태로 보아야 한다. 다음으로 모듈화전략에서 고려해야 할 사항을 살펴보겠다.

모듈화전략의 핵심은 바로 '**모듈화**'라는 활동이다. 시스템을 다수의 모듈로 나누는 활동으로, 여기서 가장 먼저 해야 할 일은 "왜 모듈화를 하는가?"에 대한 활동목적을 명확히 하는 것이다. 모듈화를 통해서 달성하고 싶은 것이 무엇인가를 먼저 명확히 해야만 모듈화 타입, 수준, 라이프사이클, 파생 범위를 결정할 수 있다. 대부분의 모듈화전략을 활용한 또는 모듈화를 활용한 제품이 실패한 이유는 달성하고자 하는 명확한 목적이 없었기 때문이다. 이는 제품전략과 동일하다. 그것을 통해서 달성하고자 하는 비즈니스의 가치와 목적을 명확히 해야만 실효성 있는 제품전략이 나온다.

모듈화전략의 핵심인 모듈화에 대한 내용이 워낙 방대하다 보니, 콘셉트를 명확히 알고 있어도 활용하기가 어려울 수 있다. 이 책에서는 모듈화전략 수립의 기준이 될 수 있는 **모듈화전략 프레임워크**를 제안하도록 하겠다.

모듈화전략 프레임워크는 **비즈니스모델 구성 요소**[ⓐ **가치 제안**(Value Proposition), ⓑ **이익 메커니즘**(Profit Mechanism, 이익을 만들어내는 방법), ⓒ **운영 프로세스**(Operation Process)] 그리고 **제품 변화의 타입**[ⓐ **제품 내 변화**(Configuration), ⓑ **제품군 내 변화**(Variation), ⓒ **세대 간 변화**(Generation)] 등 두 축을 활용하여 9가지 타입으로 모듈화전략을 분류하고 그에 따른 효과를 나열했다. 9가지 타입으로 구분했으나, 중복되어 적용할 수 있다는 점에 주의하면서 활용한다.

먼저 비즈니스모델 구성 요소는 모듈화전략을 통해서 달성하고자 하는 목적과 관련이 있다. 모듈화를 통해서 어떠한 요소를 개선 또는 혁신하기를 의도하는지에 따라서 가치 제안, 수익모델, 운영 프로세스로 구분할 수 있다. 그다음은 모듈화전략 제품이 가지고 있는 제품 변화의 특성이 어디에 해당하는지, 아니면 의도하느냐에 따라서 조정, 파생, 세대로 나눠볼 수 있다.

		비즈니스모델		
		Value Proposition (가치 제안)	Profit Mechanism (수익모델)	Operation Process (운영 프로세스)
제품 변화	Configuration (조정)	[Type 1] 사용상의 유연성 제공 ex) 조합 형태에 따라서 소파·침대가 되는 맞춤형 가구	[Type 2] 비즈니스모델 전환 ex) 면도날의 모델	[Type 3] 생산, 구매, 서비스 비용 절감
	Variation (파생)	[Type 4] 맞춤형 제품 제공 고객의 선택폭 증가	[Type 5] 시장에 대한 대응력 향상을 통한 판매 증대	[Type 6] 규모의 경제 달성
	Generation (세대)	[Type 7] 빠른 출시 업그레이드 용이 하위 호환성 제공 ex) 메인보드가 분리된 스마트TV	[Type 8] 생태계 구축 락인(Lock-In) 효과 ex) 아이폰의 iOS, 앱	[Type 9] 개발비, 투자비 절감

표 1. 모듈화전략 프레임워크

두 축으로 결정된 타입이 바로 모듈화전략을 통해서 얻을 수 있는 주 효과이다. 그것이 모듈화전략을 통해서 얻고자 하는 효과와 일치한다면, 이에 맞춰서 모듈화 타입을 결정해야 한다.

1) 제품 변화에 대한 이해

제품전략 수립 시 제품 변화에 대한 이해는 필수적이다.

제품전략은 결국 시장과 기술의 변화 등 다양한 이유로 발생하는 제품 변화를 다루고 있다. 그런 점에서 제품 변화에 대한 이해는 제품전략을 수립하는 데 핵심이 된다. 제품에서 변화할 수밖에 없는 요인과 그것에 대응해나가는 방법은 제품전략을 수립할 때 반드시 숙지해야 한다.

제품이 처음 기획된 뒤 변화하지 않고 그대로 유지되는 경우는 극히 드물다. 그 정도, 범위, 시점에 차이가 있을 뿐 **"제품은 변한다"**는 사실을 인정하자. 그리고 그 변화에 대한 유형을 이해하는 것은 나중에 모듈화전략을 진행하는 데 도움이 된다. 이 책에서는 와튼스쿨의 칼 울리히 교수가 분류한 제품 변화의 유형을 기준으로 설명하도록 하겠다.

제품 변화는 크게 특정 제품이 라이프사이클 내에서 변화하는 경우와 제품의 세대 간에 변화하는 경우로 나눌 수 있다.

(1) 특정 제품의 라이프사이클 안에서의 변화
ⓐ **업그레이드**

기본 기능을 갖춘 제품이 있고, 그 기능 중 일부를 더 나은 성능, 더 나은 물리적 조건을 갖추게 하기 위해서 업그레이드할 수 있다. 대표적인 예가 퍼스널컴퓨터이다. 처음 구입한 컴퓨터를 성능을 향상시키기 위해서 용량이 큰 메모리로 교체한다거나 하드디스크를 교체할 수 있는데, 바로 이것이 업그레이드를 통해서 제품이 변화하는 사례이다.

ⓑ 애드온

　기본 기능은 있지만 추가적인 기능을 덧붙이는 형태로, 대표적인
예는 모토로라의 모듈형 스마트폰인 '모토Z'이다. 기존 스마트폰 기
능 외에 프로젝터 기능을 더하기 위해서 애드온 모듈을 추가하여
기능 확장을 꾀했기 때문이다. 업그레이드와의 차이점은 기능 확장
이 아니라 기능 추가라는 점이다.

ⓒ 조정

　기존 제품이 가진 특정치를 제조자 또는 사용자가 특정 목적에
따라서 바꾸는 것을 의미한다. 대표적인 예가 바로 바지와 같은 기
성복이다. 표준 사이즈로 구입한 제품을 사용자의 기장에 맞춰서 밑
단을 줄이기도 하고 늘리기도 하는 식으로 조정한다. 오디오를 구입
한 사용자가 자신에게 맞도록 튜닝하는 것도 조정이다.

ⓓ 마모

　제품의 일부가 물리적·화학적으로 기능을 발휘하지 못할 정도로
훼손되면 교체하는 것을 말한다. 대표적인 사례가 자동차의 타이어
나 밥통의 코르크이다.

ⓔ 소비

　마모와 비슷하지만, 정해진 제품의 사용량에 따라서 재료의 일부
를 활용하는 경우를 의미한다. 대표적인 사례가 프린터의 카트리지,
캡슐커피의 캡슐이다.

제품 변화의 타입	의미	사례
업그레이드	더 나은 성능·기능을 강화하기 위하여 제품의 일부를 변경	퍼스널컴퓨터
애드온	제품의 기본 기능이 아닌, 새로운 기능을 특정 부품 또는 모듈로 추가 제공	스마트폰 액세서리
조정	제조사 또는 사용자가 특정 목적에 따라서 제품이 가진 특정치를 변경	라디오, 오디오 튜닝, 양복
마모	제품 사용에 따라서 제품의 일부가 물리적·화학적으로 훼손	자동차 타이어, 밥통의 코르크
소비	정해진 제품의 사용량에 따라서 제품의 일부를 활용	잉크젯/레이저 프린터
사용상의 유연성	사용자가 자신의 기호에 따라서 제품을 변형	모듈형 소파, 접이식 침대

표 2. 제품 변화의 타입

ⓕ **사용상의 유연성**

사용자가 자신의 기호에 맞게 제품을 변형하는 것으로, 대표적인 사례는 모듈형 소파이다. 사용자가 기본 컴포넌트를 활용하여 소파, 테이블, 간이침대 등으로 자신에게 맞게 제품으로 변화시키는 것이다.

(2) 제품의 세대 간의 변화

시간이 지남에 따라 기술의 변화, 시장 환경의 변화, 경쟁자의 출현/대응 등으로 인해서 제품들이 세대 간에 변화하는 것이다. 제품이 변화하는 메커니즘을 이해하면, 향후에 모듈화전략을 다룰 때 그 필요성과 유형을 이해하는 데 도움이 된다. 꼭 숙지하기 바란다.

2) 제품 변화에 대한 이해 – 일반론

이전 챕터에서 제품 변화에 대한 칼 울리히 교수가 분류한 내용에 대해서 살펴보았다. 앞서 이야기한 것처럼 제품 변화를 이해하는 것은 제품전략, 특히 효과적인 모듈화전략 수립 시 핵심이다. 반드시 이해하고 숙지하기를 권장한다.

제품의 종류에 따라서 제품의 변화 요인, 변화 속도, 변화 강도가 다르다. 변화에 대한 효율적·효과적 대응이 제품전략의 핵심이고, 그 메커니즘을 잘 이해하면 제품전략을 수립하는 데 큰 도움이 된다.

제품 변화의 속성은 크게 2가지로 분류할 수 있다.

> 1. 제품 변화 속도(rate of change)
> 2. 다양화에 대한 요구 강도(intensity of variety)

고무장갑과 같은 가정용품은 몇 년이 지나도 그 형태나 재질이 변화하지 않을 수 있고, 소비자의 관여도가 낮은 제품의 경우는 시장에 출시된 제품의 종류가 몇 종 안 될 수도 있다. 반면에 스마트폰처럼 시장에 수십 개의 다양한 모델이 출시되고, 매년 새로운 모델도 출시되는 제품도 있다.

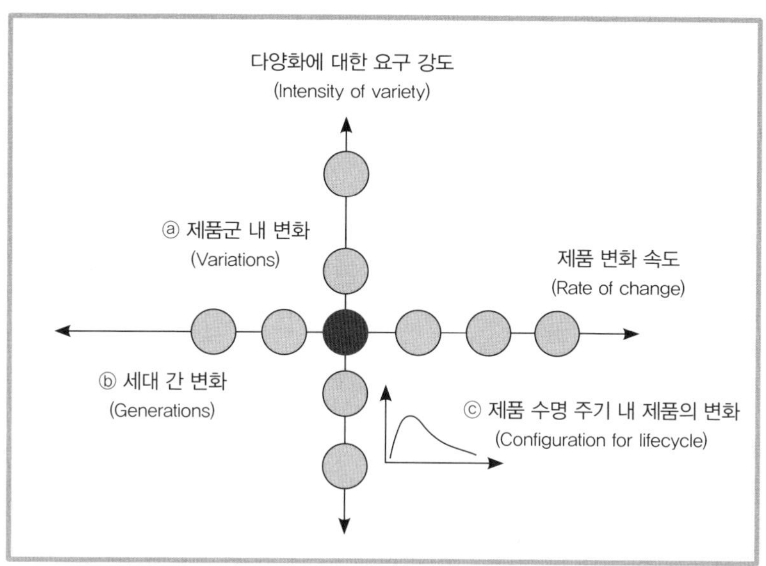

그림 1. 제품 변화에 대한 이해

일반적으로,

① 제품 변화 속도(rate of change)에 따라서 제품의 세대전략을 결정하고,

② 다양화에 대한 요구 강도(intensity of variety)에 따라서 제품의 파생전략을 결정한다.

3) 제품 변화의 3가지 차원

지금까지 살펴이 제품 변화에 대한 내용을 일반화하는 프레임워크를 소개하겠다. 칼 울리히 교수가 소개한 제품 변화는 일반적으로 하나의 제품이 라이프사이클상에서 발생할 수 있는 제품 변화에 대해서 다뤘고, 그다음에 소개한 내용은 제품군들의 변화인 파생 (variation)과 세대(generation)에 대해서 중점적으로 다뤘다.

다시 정리하면, 마지막 2가지는 다수의 제품에 대한 변화 요인이 다. 단일 제품은 그 라이프사이클에 따른 변화 요인을 고려해야 한 다. 예를 들어, 마모가 심하게 되는 부품이 있는 제품 또는 소모성 부품이 있는 제품인 경우에는 교체나 수리가 편하도록 제품을 만들 어야 한다. 또는 소비자가 자신의 기호나 환경 변화에 맞춰서 파라 미터 또는 옵션을 변경할 수 있도록 제품을 만들어야 한다. 정리하 면, **세대 간의 전개, 동시계열의 파생 전개, 단일 제품의 라이프사이클을 고려한 구성을 제품전략으로 수립해야 한다.**

4) 제품 포트폴리오

이전에 설명한 내용 중에서 생소할지도 모를 제품 포트폴리오에 대해서 잠깐 설명하고 넘어가겠다. 그와 함께 유사한 개념에 대해서 도 같이 정리하도록 하겠다.

시장에서 독점력을 가지고 있거나 시장 성숙도가 높지 않아서, 또는 관여도가 크지 않아서 단일 제품으로 시장에 대응하는 경우가 아니라면, 기업은 하나 이상의 제품으로 시장 대응을 할 것을 요구 받는다. 일반적으로 이렇게 기업의 비즈니스 가치 또는 목적을 달 성하기 위해서 만들어진 제품의 집합을 제품 포트폴리오(Product

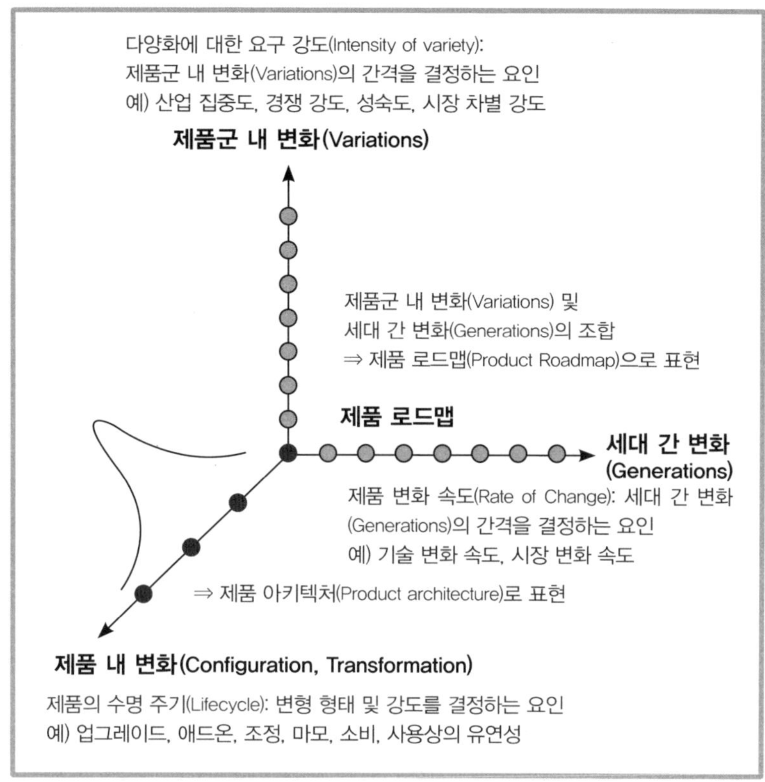

그림 2. 제품 변화의 3가지 차원

Portfolio)라고 한다. 제품 포트폴리오는 크게 3가지 조건을 요구받는다.

ⓐ 전체적인 비즈니스 가치의 극대화

ⓑ 자원의 효율적인 활용

ⓒ 제품 간의 올바른 균형

하나씩 설명해보겠다.

① 전체적인 비즈니스 가치의 극대화

제품 하나하나가 시장에서의 전투를 의미한다면, 제품 포트폴리오는 전쟁을 의미한다. 한두 개의 전투에서는 지더라도, 전쟁은 이겨야 한다. 그러기 위해서 어떤 제품은 로스모델loss model(판매해도 이익이 나지 않는 모델)로, 어떤 제품은 구색 맞춤 제품으로 출시해야 할 수 있다. 모든 모델에서 승리하기를 원한다는 것은 오히려 전쟁에서 패하는 지름길이 될 수 있다. 전체 모델들이 각자 자신에게 부여된 역할을 다하고, 비즈니스 가치를 극대화하는 방향으로 구성되어야 한다는 뜻이다.

② 자원의 효율적 활용

기업의 자원은 유한하다. 그래서 기업이 가진 자원을 효율적으로 활용하여 제품 포트폴리오를 구성해야 한다. 기업의 자원을 놀려서도 안되지만, 식빵에 잼을 넓게 펴서 바르듯 모든 모델에 자원을 분배하는 것은 시장에서의 가장 기본적인 실패 원인이 된다.

그렇다면 어떻게 해야 할까? 제품 포트폴리오의 기획 시점부터 자원을 효율적으로 활용하는 방안을 고민해야겠지만, 제품 개발 과정에서도 실패 가능성이 높은 모델은 과감하게 게이트gate(개발 프로세스상의 활동을 평가하고 그대로 진행할지, 투자를 얼마나 할지 등을 결정하는 단계)상에서 취소시키는 용기도 필요하다.

③ 제품들 간의 올바른 균형

멤버들 전원이 스트라이커인 축구팀이 있다고 해보자. 이 팀이 과연 골을 많이 넣고 경기에서 승리할 수 있을까? 스트라이커는 기회가 주어졌을 때 반드시 골을 넣어야 하고, 미드필더는 공 점유율을 높이면서 스트라이커에게 적절한 시점에 공을 공급해줘야 한다. 수비수는 안정적으로 경기를 운영하면서 골키퍼가 가급적 위기에 빠지는 일이 없게 해야 한다. 골키퍼는 동물적인 감각을 발휘하여 골에 집중하여 실점을 막아야 한다. 이와 같이 제품 포트폴리오 내의 모델들도 각각 자신의 역할을 다해야 한다. 자신에게 주어진 역할을 제대로 담당할 수 있는 제품 포트폴리오가 필요한 것이다. 그래서 다음과 같은 제품들이 가장 위험하다.

① 고사양 제품 - 경쟁사 대비 가격은 싸지만, 기능이나 성능이 떨어지는 하이티어모델
② 대량 판매 제품 - 쓸데없이 기능만 많고, 가격이 하이티어모델과 별 차이 없는 볼륨존모델
③ 저사양 제품 - 기능이나 성능은 어중간하고, 가격 경쟁력도 없는 로티어모델

앞서 글에서 언급했던 것처럼 제품전략은 기업이 가진 비즈니스 가치와 목적을 달성하기 위하여 시장에서 승리할 수 있는 차별적 요소와 기능을 가진 제품을 설정하고 전개하는 활동을 의미한다. 그런데 특수한 상황(시장 변화가 없는 경우, 독점적인 위치 등)을 제외하고는 하나 이상의 제품을 만들어야 한다고 했던 바, 이 제품들이 제품 포트폴리오이다.

즉, 제품전략은 몇몇 경우를 제외하고는 제품 포트폴리오로 표현되어야 한다. 전체적으로 비즈니스 가치를 달성하기 위해서 결합된 기이 제품과 파생 제품들의 모임인 제품 포트폴리오는 제품 자체의 라이프사이클이 길지 않다면 그 세대의 변화도 고려해줘야 한다. 또한 앞서 언급했듯이 제품의 특성에 따라서 단일 제품의 라이프사이클상에서의 변화도 고민해야 한다.

제품전략을 확립한 상태에서 제품 변화(ⓐ 세대 간 변화, ⓑ 동 세대 간의 파생, ⓒ 단일 제품의 라이프사이클상의 변화)에 효율적이고 효과적으로 대응하기 위해서 '공통성과 변동성'에 대해서도 고민해봐야 한다. 이에 대한 대표적인 대응 방안이 바로

① 공통성의 강화 – 플랫폼전략
② 변동성의 적극적 관리 – 모듈화전략

2가지이다. 다시 한 번 강조하지만, 위 2가지는 '제품전략의 일부, 제품전략하'에서 정의되고 실행되어야 한다.

5) 비즈니스모델의 혁신과 모듈화의 이해

모듈화전략의 목적은 크게 3가지로 ⓐ '제품 혁신을 통한 차별화', ⓑ '복잡성 개선을 통한 개발/운영효율 향상', ⓒ '비즈니스모델 혁신'

등이다. 이외에도 학습효과, 민첩한 시장 대응 등이 있으나, 이것들은 큰 틀에서 보면 위에 포함될 수 있다.

많은 모듈화 적용사례가 실패하는 이유는 명확한 목적 없이 '모듈화'라는 콘셉트에만 매달렸기 때문인 경우가 많다. 콘셉트가 아무리 좋아도 의도하고자 하는 바가 뚜렷하지 않으면 필연적으로 실패할 수밖에 없다. 자, 그런데 모듈화전략의 목적 중 '비즈니스모델 혁신'을 하나하나 뜯어보면, 다른 목적을 포함하는 것을 알 수 있다. 즉, 위의 3가지의 목적은 서로 배타적이지 않으며, 상호 연계되어있다는 의미이다. 그런데 3가지로 분류한 것은 결국 비즈니스모델 혁신은 모듈화를 통해서 비즈니스모델 내의 개별 단위 항목에 대한 변화에 그치지 않고, 비즈니스모델 자체를 바꾸는 데 영향을 준다는 것을 의미한다.

이제 《모델Model》(다산3.0)이라는 책의 내용을 기초로 모듈화와 비즈니스모델 혁신과의 관계를 다뤄보도록 하겠다. 먼저 비즈니스모델에 대한 정의를 살펴보자. 비즈니스모델은 고객에게 가치를 제공하면서 지속적으로 이익을 창출할 수 있는 구조를 의미한다. 즉, 비즈니스 설계도이다.

기본적으로 기업의 역량과 자산 등을 이용해 고객에게 가치를 제공하면서 이익을 얻기 위해서 유관 프로세스를 구축하는 활동의 결과물이 비즈니스모델이며, 비즈니스모델 혁신도 이 결과물을 혁신시키는 것을 의미한다. 비즈니스모델의 구성 요소는, 방법론마다 표현이 조금씩 다르지만,《모델》에서는 아래의 3가지로 나눴다.

① 고객 가치 제안: 고객이 해결해야 할 일과 그에 딱 맞는 솔루션
② 이익 설계: 수익을 만들어내는 메커니즘
③ 프로세스 구축: 비즈니스를 실현시키는 프로세스 작성

모듈화는 위 3가지 항목에 개별적으로 영향을 미칠 수도 있고, 모두에 영향을 미칠 수도 있다.

(1) 모듈화 → 고객 가치 제안(Value Proposition)

첫 번째, 모듈화가 고객 가치 제안에 영향을 미치는 것은 모듈화의 목적 중 하나인 '제품 혁신을 통한 차별화'와 관련이 있다. 모듈화를 통해서 고객에게 다양한 제품이나 개인화된 제품 등 경쟁사 대비 차별화된 가치, 주로 다양성과 개인화에 관련된 가치를 제공하는 것과 관련되어있는 것이다. 본 주제와 관련된 몇 가지 사례를 소개하겠다.

ⓐ 모듈화를 통하여 맞춤형 디자인 구현

스위스의 고급 시계 브랜드인 태그호이어는 '커넥티드 모듈러 45(Connected Modular 45)'라는 스마트워치를 출시했다. 태그호이어는 시계를 본체, 모듈, 스트랩, 러그로 모듈화했고, 본체를 제외하고 모듈, 스트랩, 러그를 홈페이지상의 'TAG HEUER CON-

NECTED WATCH SELECTOR'라는 페이지에서 선택하여 자신이 원하는 디자인의 스마트워치를 구입할 수 있게 했다.

모듈, 스트랩, 러그를 개별적으로 선택할 때마다 다른 모듈 중 선택 가능한 옵션이 제약된다. 그래서 사용자가 선택하는 시계 디자인이 불균형하지 않도록 조정했다. 일반적으로 모듈형 스마트워치라고 하면, 모듈화를 통해서 기능을 차별화하는 형태를 생각하겠지만, 태그호이어는 스마트워치가 패션 아이템임을 잊지 않았던 것이다. 태그호이어의 스마트워치는 모듈화를 통해서 디자인을 차별화하는 데 집중한 사례이다.

ⓑ 모듈화를 통하여 제품을 차별화

닌텐도의 가정용 게임기인 '닌텐도 스위치'(그림 3)는 일반적인 콘솔게임기 형태를 띤 것처럼 보이지만, 조이스틱에 모듈화가 적용되었다. 조이스틱으로 콘솔게임을 즐기다가 본체에 포함된 휴대용 스크린과 조이스틱을 연결하면 휴대용 게임기로 활용할 수 있다. 더욱더 뛰어난 점은 콘솔게임기일 때 즐겼던 게임을 휴대용 게임기에서도 동일하게 즐길 수 있다는 점이다.

ⓒ 모듈화로 제품의 다기능화를 구현

마지막으로 킥스타터에서 펀딩하고 있는 '스냅메이커'라는 제품은 개인 개발자가 사용할 수 있는 3D 프린터이다. 그런데 모듈화를 활용하여 구성 요소를 새롭게 조합하거나 교체하면 3D 프린터뿐만 아니라 CNC 머신의 기능과 레이저 각인기의 기능도 담당할 수 있

그림 3. 닌텐도 스위치
출처: flickr.com

다. 개인 개발자는 기업보다 자금력이 상대적으로 약하기 때문에 필요한 장비를 모두 구입하기가 어렵다. 그런 개인 개발자에게는 이렇게 한정된 투자로 다양한 기능을 담당할 수 있는 장비가 매력적일 수밖에 없다.

태그호이어는 모듈화를 통하여 고객맞춤형이라는 고객 가치를 실현했고, 닌텐도는 모듈화를 통하여 콘솔게임기와 휴대용 게임기를 동시에 이용할 수 있는 새로운 가치를 실현했다. 스냅메이커는 모듈화를 통해서 하나의 기계가 3D 프린터, CNC 머신, 레이저 각인기를 담당하게 만들어서 고객에게 적은 비용으로 3가지 장비를 구입하는 식의 가치를 제공한 것이다. 3가지 사례 모두 모듈화를 통해 고객에게 새로운 가치를 제공했다는 좋은 사례이다.

(2) 모듈화 → 이익 설계(Profit Mechanism)

모듈화가 이익 설계에 영향을 미친다는 것은 모듈화가 이익을 만들어내는 방법을 바꾼다는 것을 의미한다. 제품 자체로 이익을 내는 것이 아니라, 제품을 통해서 만들어지는 서비스 기회에서 이익을 얻는다거나, 제품이 아니라 제품에 애드온 또는 추가되는 하드웨어, 소프트웨어, 서비스 모듈에서 이익을 얻는다거나, 단지 제품에서 이익을 얻는 구조에서 다른 방법으로 이익을 만들어내는 것 등도 모듈화가 연계될 수 있는 것이다.

ⓐ 모듈화를 통한 이익 설계의 변화

모듈화를 통한 이익 설계에 영향을 준 가장 대표적인 사례가 바로 면도기이다. 면도기가 발명된 직후 일반적인 면도기 회사의 수익모델은 면도기를 판매하는 것이었다. 사용자 입장에서는 면도기의 일부분인 면도날이 마모되면 면도기 전체를 버려야 했다. 그런데 질레트에서 면도날 부분을 모듈화했다. 이후 질레트의 수익모델은 변했다. 면도기는 싸게 팔고 면도날을 비싸게 받는 수익모델로 말이다. 즉, 면도기를 구입한 사용자는 면도날만 새롭게 바꾸면 되는 것이다. 질레트 입장에서는 면도기를 싸게 팔아서 소비자를 락인하는 효과도 얻을 수 있었다.

ⓑ 모듈화로 대응하는 가격대의 다양화

레노보 씽크패드 노트북 X1의 기이 제품은 태블릿으로 판매된다. 만약 사용자가 노트북 사용을 원하면 키보드 모듈을 구매하면 된다.

그림 4. 질레트 면도기
출처: flickr.com

여기에 3D 이미징 모듈 또는 프로젝터 모듈을 구매하면 기능이 확장된 노트북을 사용할 수 있다. 생산성 향상 모듈을 구매하면 데스크탑처럼 사용할 수 있다. 이 사례는 모듈화를 통해 대상 고객층과 대상 가격대를 확대할 수 있는 좋은 사례이다. 즉, 노트북 구매를 원하는 고객에서 태블릿, 저사양 노트북, 고사양 노트북, 데스크탑 구매를 원하는 고객으로 확대하고, 저가격대에서 고가격대까지 대상 고객군을 확대한 사례이다.

질레트 면도기의 사례는 모듈화를 통해서 수익모델 자체가 바뀐 사례이고, 레노보 씽크패드 노트북 X1의 사례는 대상 고객군과 가격대를 확대해 매출 신장을 시도한 사례이다. 2가지 사례 모두 이익 설계를 바꾼 좋은 사례이다.

(3) 모듈화 → 프로세스 구축(Operation Process)

모듈화가 프로세스 구축에 영향을 미치는 것은 학습역량을 키우고, 내부적으로 체계적인 혁신방법론을 갖추는 것 그리고 복잡성 관리를 통해서 효율적인 프로세스 역량을 갖추는 것과 연결되어있다. 위에서 제시된 '모듈화'의 목적 중 '복잡성 개선을 통한 개발/운영효율 향상'에 해당한다고 볼 수 있다.

모듈화를 통해서 프로세스 구축에 영향을 미치는 대표적인 사례가 바로 폭스바겐을 포함한 자동차 회사들이 추진하는 모듈화전략 사례이다. 모듈화를 통해서 다양한 시장에 다양한 모델을 출시하면서 발생하는 복잡성을 개선하고, 개발/운영효율을 높일 수 있는 내부 프로세스를 구축하고자 한 것이다.

자동차 회사의 사례를 제외한 다른 사례를 찾아본다면, 하니웰의 산업용 계측기인 '스마트라인 레인지SmartLine Range'에 적용한 모듈화 사례를 늘 수 있다. 산업용 계측기는 다른 제품 대비 수명이 길다. 대신 유지보수가 필요한 경우가 그 제품의 수명 주기 내에 자주 발생한다. 그런데 제품을 적용한 공장마다 다른 부품이나 서비스 방법이 필요하다면 그 부품의 재고, 서비스 방법, 인원 교육, 관리 등을 유지하기가 어렵다. 그래서 수리가 필요한 부분을 표준화하고 모듈화하여 제품을 유지보수하면서 발생하는 비용을 최소화하는 체계를 갖췄다.

이렇게 모듈화가 비즈니스모델의 개별 항목의 개선 또는 혁신에 관여할 수 있다. 그런데 비즈니스모델 혁신이라는 것은 개별 항목 대상의 활동이 아니라, 이 3가지가 유기적으로 연계되어있음을 의미한다. 그래서 개별 사례가 비즈니스모델의 1가지 요소에만 해당되지 않는다. 다시 강조하지만, 모듈화로 달성할 수 있는 효과를 명확히 알아야만 기업 스스로 의도한 목적을 명확히 할 수 있으며, 그 결과물이 성공할 수 있는 기본 요건도 갖출 수 있다.

Box 14. 모듈러디자인의 키워드

모듈러디자인에 대한 체계가 확실히 잡혀있다면 생산자는 모듈의 종류만큼 운영에 대한 복잡성을 갖게 된다. 예를 들어, 제품의 종류와 관계없이 제품을 구성하는 모듈 A, 모듈 B, 모듈 C에 대한 종류를 모두 더한 수만큼 운영의 복잡성을 갖게 된다.

소비자 입장에서는 모듈 A, 모듈 B, 모듈 C의 다양한 조합만큼 여러 종류의 선택지를 갖게 되므로, 곱하기의 효과를 얻게 된다.

더하기와 곱하기 효과로 인해서 생산자 입장에서는 다양한 모델을 만드는 것에 비하여 운영효율성이 향상되는 효과를 얻고, 소비자 입장에서는 다양한 선택을 갖게 되는 효과를 얻게 된다.

"모듈러디자인은 더하기와 곱하기이다"라고 되뇌어보라.

6) 모듈화의 타입 결정

(1) 모듈화의 타입

학문적으로 모듈화를 분류하는 다양한 방식이 있다. 제품의 가치사슬상에서 모듈화가 이루어지는 시점에 따라 나누는 '설계 모듈화', '생산 모듈화', '사용 시점의 모듈화', 모듈화가 이루어지는 제품의 위치에 따라 나누는 '수평적 모듈화', '수직적 모듈화', '분산형 모듈화' 등이 그것이다. 또는 그 형태에 따라서 조합(combinational), 컴포넌트 교체(component-swapping), 컴포넌트 공유(component-sharing)로 구분하는 방식, 조립(sectional), 슬롯(slot), 버스(bus)로 구분하는 방식이 있다. 본 글에서는 앞의 분류 방법에서 벗어나고자 한다. 물론, 저자가 소개한 모듈화 타입을 결정한 후에는 위에 정리된 분류를 활용할 수 있다.

기준	분류
모듈화 시점에 따른 구분	설계 모듈화 생산 모듈화 사용 시점의 모듈화
모듈화의 위치	수평적 모듈화 수직적 모듈화 분산형 모듈화
모듈화의 형태	조합(combinational) 컴포넌트 교체(component-swapping) 컴포넌트 공유(component-sharing)
	조립(sectional) 슬롯(slot) 버스(bus)

표 3. 모듈화의 기준과 분류

먼저 모듈화는 크게 시스템 내에서 이루어지는가, 시스템들 간에 이루어지는가로 나눌 수 있다. 그다음에는 모듈화되는 수준, 모듈들 간의 비중 등에 따라서 '완전 모듈화'와 '부분 모듈화'로 구분할 수 있다. 이외에 기존 제품 또는 시스템에 추가 기능, 강화 기능, 완화 기능, 제거 기능을 담당할 애드온 모듈이 추가되는 '추가 모듈 결합' 타입이 있다. 마지막으로 시스템 간의 모듈화는 여러 시스템들이 모여서 더욱더 광범위한 시스템을 만들어내는 경우를 의미한다. 결론적으로 모듈화는 다음과 같이 분류된다.

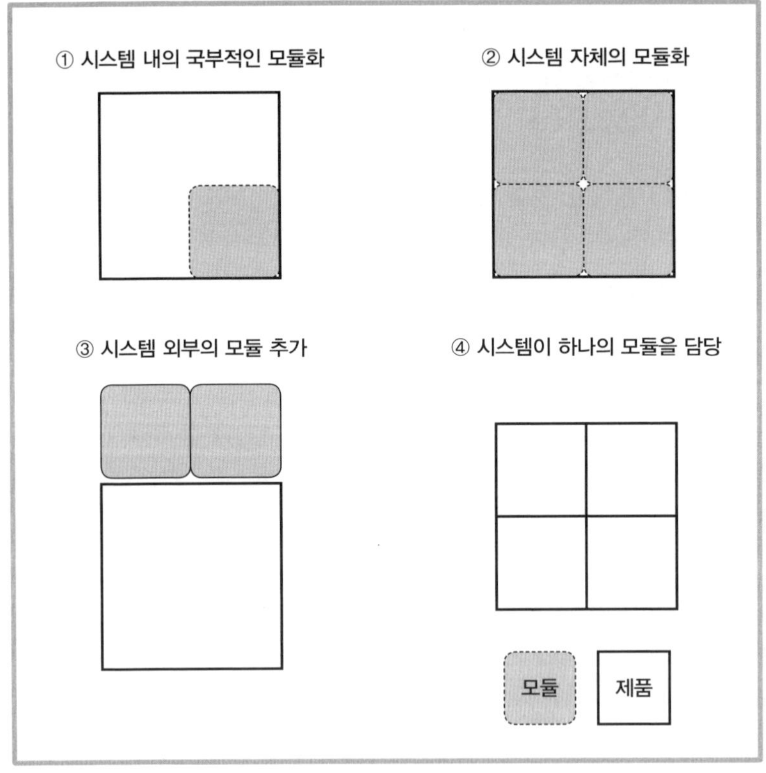

그림 5. 모듈화의 분류

완전 모듈화(fully-modularized) 타입은 실제 사례를 많이 찾아보기 어려운 타입으로, 기능으로 구분된 모듈 간의 비중이 거의 동일하고, 전체 모듈의 결합이 시스템을 이루게 되는, 완전한 형태로 모듈화되는 타입이다. 부분 모듈화(semi-modularized) 타입은 대부분의 실제 사례가 여기에 속한다. 특정 모듈의 비중이 커서 사실상 플랫폼 역할을 하거나, 시스템의 일부만 모듈화된 타입이다. 플랫폼전략은 여기에 해당된다고 볼 수 있다.

모듈화 대상의 기능의 중요성에 따라 기본 모듈, 보조 모듈, 조정 모듈, 비모듈 등으로 구분할 수 있다. 이들 중 조정 모듈을 활용하는 제품은 아예 모듈화가 되지 않은 통합형 제품이거나, '기능 추가, 강화, 완화, 제거'를 위해서 추가 모듈을 활용하는 일부 모듈화가 이루어진 제품이다. 시스템들 간의 모듈화는 IT(정보통신) 기술이 발전하면서 종종 사례가 소개되는 타입이다.

모듈화의 타입에 대한 이해를 높이기 위해서 본 분류를 기준으로 스마트TV를 설명해보자. 스마트TV는 내부 스마트 기능을 독립된 모듈로 분리시켰다. 기본 디스플레이 패널과 두뇌에 해당하는 코어 부분을 분리한 것이다(ⓐ **시스템 내의 국부적인 모듈화, 내부**). 스마트TV는 안드로이드 또는 웹OS 등의 플랫폼상의 앱이라는 모듈을 추가하여 기능을 추가하거나 보완한다(ⓑ **시스템 자체의 모듈화, ⓒ 시스템 외부의 모듈 추가, 외부**). 최근에는 TV의 사운드 기능을 보완하기 위하여 사운드바를 추가 설치한다. 이는 TV 입장에서 보면, TV의 기능을 강화하기 위한 사운드바라는 모듈을 추가한 경우이다(ⓒ **시스템 외부의 모듈 추가, 내부/외부**). 또한 스마트TV 기능을 잘 사용하기 위하여 기능이 강화된 리모컨을 추가할 수 있다(ⓒ **시스템 외부의 모듈 추가, 내부/외부**). 사운드바 입장에서 보면, 사운드바의 중저음 출력을 보강하기 위하여 우퍼 스피커라는 모듈을 추가할 수 있다(ⓒ **시스템 외부의 모듈 추가, 내부/외부**). 여기서 보면 무엇을 기이 제품으로 보느냐에 따라서 제품이 모듈이 될 수 있고, 모듈이 제품이 될 수 있다. 샤오미가 만든 TV의 경우, TV의 코어 부분을 사운드바로 옮김으로써 TV는 단지 디스플레이 역할만 담당하고, 사운드바를 교체함으로써 스마트TV를 업그레이드할 수 있는 콘셉트의 제품을 내놓았다. 이 경우는 기이 제품이 재정의된 경우이다. TV는 단지 디스플레이 역할만 하는 디바이스이고, 스마트 기능은 사운드바의 기본 기능이 된다. TV, 스마트폰, 리모컨이 결합하여 하나의 시스템을 구성하게 되는 것이다(ⓓ **시스템이 하나의 모듈 담당, 내부**).

(2) 모듈화 타입 사례

여기서는 실제 사례를 가지고 위에서 언급된 모듈화 타입을 적용해보고, 주요 특징과 이점을 살펴보겠다. 사례를 보면서 자신의 기업이 만드는 제품이나 서비스에 어떻게 활용할 수 있을지 생각해보기 바란다.

사용 형태	시스템의 일부가 모듈화되어 구분이 가능함
사용목적	시스템의 특성(업그레이드용이성, 수리용이성, 국부적 품질 보완 등)을 강화
대표적 사례	프린터의 카트리지, 자동차의 타이어, 노트북의 배터리 다수의 모델에 적용되는 제품 플랫폼

표 4. 국부적인 모듈화의 사용 형태/목적 및 사례

ⓐ 시스템 내의 국부적인 모듈화

이는 시스템의 일부분만 모듈화하는 경우이다. 아마도 가장 흔하게 볼 수 있는 사례가 아닐까 생각한다. 프린터의 카트리지나 토너, 캡슐커피의 커피캡슐, 전기밥통의 밥솥과 고무 패킹, 자동차의 타이어, 면도기의 면도날 등 일부는 단순 부품과 모듈을 명확히 구분하지 않았지만, 시스템 내의 모듈 외 부분과 차별되는 특성으로 유지보수 용이성, 업그레이드용이성 등을 높이기 위해서 모듈화한 경우이다. 또 다른 경우로 산업용 장비나 전자기기를 업그레이드하기 위해서 메모리상의 데이터를 업그레이드하는 것 또한 메모리 내부의 데이터를 모듈화했다고 볼 수 있다.

이 타입은 여러 사례에서 볼 수 있듯이, 작게는 유지보수성이나 업그레이드성을 높이는 데 활용할 수 있으며, 크게는 면도기, 캡슐커피처럼 비즈니스모델을 변화시키는 데 활용할 수도 있다.

참고) 부품과 모듈의 차이

모듈은 일반적으로 부품과 구조적·기능적 차이를 갖는다.

구조적으로 하나 이상의 부품으로 구성된 서브어셈블리 형태를 띠고, 기능적으로는 하위의 구성 요소가 공통된 하나의 주 기능을 직접 제공, 보완, 지원하는 역할을 담당하는 서브시스템 형태를 띤다. 여기서는 부품과 모듈을 따로 구별하지 않고, 제품 기획 시 분리, 분해, 차별성 제공에 대한 의도 여부로 부품과 모듈로 나눴다.

사례 1. 하니웰의 산업용 계측기 '스마트라인 레인지SmartLine Range'

출처: http://www.arcweb.com/Blog/Post/566/Honeywell%E2%80%99s-
SmartLine-Range-Features-Modularity-to-Simplify-Maintenance
(Source: Honeywell Process Solutions)

하니웰에서 만든 산업용 계측기이다. 산업용 계측기는 한번 설치하면 오랜 기간 사용하게 되고, 장기간 사용하면 오래된 모델인 경우 유지보수나 업그레이드를 할 때 곤란을 겪을 수 있다. 이런 경우에 대비하여 교체나 업그레이드할 부품들을 표준화하고 모듈화함으로써 수리하는 방법과 업그레이드하는 방법을 단순화시킨 사례이다. 이때 수리 부품에 대한 재고 절감, 서비스 인원 수 절감, 교육비 절감, 수리 비용 절감 등의 효과를 볼 수 있다. 이 경우는 제품 중에서 특정 부분, 즉 교체나 업그레이드가 잦은 부분을 모듈화하여 운영상의 효과를 얻었다.

사례 2. 웨어러블 스마트밴드 '미스티^{Misty}'

출처: https://www.wareable.com/misfit/misfit-ray-specs-price-release-date-details-2109

　기존 웨어러블 스마트밴드와 달리 밴드 부분과 기능을 담당하는 본체 부분을 분리했다. 이런 경우 스타일은 밴드 부분에, 기능은 본체 부분에 집중하여 업그레이드용이성, 서비스용이성, 모듈별 기능이나 그 역할을 강화할 수 있다는 장점이 있다. 물론, 본체 모듈과 밴드 모듈로 나눴다고 생각할 수 있으나, 본체 부분의 모듈화를 강조했다고 생각해 첫 번째 분류에 포함시켰다.

사례 3. 아수스 크롬북^{Asus Chrome Book}

출처: http://www.techradar.com/news/mobile-computing/laptops/asus-c202-is-a-rugged-modular-chromebook-designed-for-education-1312355

　공공 교육용으로 사용되는 아수스 크롬북은 개인용이 아니라, 공용으로 사용되다 보니 상대적으로 파손되는 경우를 고려했다. 서비

그림 6. 아수스 크롬북
출처: en.wikidepia.org

스 용이성을 높이기 위해서 파손 가능성이 높은 파워 소켓, 배터리,
키보드를 모듈화했다.

사례 4. 삼성 스마트TV의 에볼루션 키트

출처: http://www.samsung.com/sec/consumer/accessories/tv-
accessories-2/tv-accessories-2/SEK-1000

스마트TV의 두뇌에 해당하는 CPU, GPU, 메모리 등의 하드웨어를
모듈화하여 TV 교체 시점에 패널을 제외하고 에볼루션 키트만 교체
하면 TV 자체를 교체하지 않더라도 신규 스마트TV를 가질 수 있다
는 콘셉트의 제품이었다.

ⓑ 시스템 자체의 모듈화 – 모듈의 조합으로 제품 구성

이는 제품 자체를 모듈화하고 조합하여 제품을 구성하는 경우이
다. 이 경우의 가장 큰 목적은 모듈들의 다양한 조합을 통해 소비자
에게 선택의 자유를 제공하는 것이다. 대표적인 사례는 개인의 취향
과 목적에 따라서 컴포넌트들을 조합하여 만드는 조립형 퍼스널컴
퓨터(PC)이다.

사용 형태	시스템 전체가 모듈화되어 모듈의 집합이 시스템을 구성
사용목적	모듈을 조합하여 다양한 모델들을 파생시키는 것이 용이함 사용자가 자신의 필요에 따라 맞춤형 제품을 활용하는 것이 가능함
대표적 사례	폭스바겐의 모듈러툴킷전략 모듈형 헤드셋 AIAIAI TMA

표 5. 시스템 자체의 모듈화의 사용 형태/목적 및 사례

이 경우에는 개별 모듈들이 가지고 있는 특징을 차별화하고, 조합 후에 제품의 다양성을 높이고, 사용자 맞춤형 제품으로 경쟁력을 강화할 수 있다는 이점이 있다.

사례 1. 모듈형 스마트폰 케이스 '넥스팩Nexpaq'

출처: nexpaq 사이트
https://www.kickstarter.com/projects/nexpaq/nexpaq-the-first-truly-modular-smartphone-case

모듈화 콘셉트를 활용한 구글의 아라폰보다 현실성이 있다고 생각되는 모듈형 케이스는 현재 판매 중이다. 스마트폰의 제조사, 스마트폰의 크기와 관계없이 사용할 수 있고, 기존 스마트폰에도 적용할 수 있다는 장점을 가지고 있다.

사례 2. 모듈형 스마트워치 '블록스BLOCKS'

BLOCKS

YOUR DEVICE. YOUR WAY.

그림 7. 블록스 로고

출처: en.wikidepia.org

출처: TrustedReviews
  http://www.trustedreviews.com/news/blocks-is-the-project-ara-
  of-the-modular-smartwatch-world

아라폰의 스마트워치 버전이다. 스마트워치의 핵심 모듈은 시계 본체가 담당하고, 블록스의 시계줄의 블록마다 센서 등의 기능을 가지고 있어서 모듈들을 더하거나 뺄 수 있어 기능을 커스터마이징할 수 있다는 장점이 있다.

사례 3. 모듈형 소파 '문 체어 라운지Moon Chair Lounge'

출처: http://www.designboom.com/
  http://www.designboom.com/design/moon-chaise-lounge-lina-
  lovethesign-05-28-2015/

모듈화 콘셉트를 활용한 재미있는 제품이다. 찾아보면 이처럼 모듈러디자인 콘셉트를 활용한 인테리어 관련 제품이 많다. 이 제품은 몇 가지 표준화된 모듈을 조합하여 실내 환경에 맞춰서 테이블, 소파, 의자 등을 만들어낼 수 있다. 합쳐놓으면 직육면체를 이루는 3가지 컴포넌트를 어디에 어떻게 배치하느냐에 따라 원하는 인테리어의 가구를 만들 수 있다. 사용자의 요구사항이 기획·개발 단계에 투영되는 것이 아니라 제조자가 만든 표준화된 컴포넌트를 구입하여 사용자가 필요에 따라 조립하는 경우이다. 레베카 듀레이의 매스커스터마이제이션(Mass Customization) 분류에 따르면, 사용자의 관여는 조립/사용(Assembly/Use) 단계에 이루어졌고, 모듈화의 타입은 설계 모듈화 타입이므로, 매스커스터마이제이션의 타입은 모듈라이저(Modularizers)에 해당한다고 볼 수 있다.

사례 4. 스노우슈즈 제작자 '로컬 스노우 메이커Local Snow Maker'

출처: http://www.benningtonbanner.com/ci_29436053/local-snowshoe-maker-prospers-new-design

지금까지 모듈러디자인 적용사례는 어느 정도 규모가 있는 기업의 제품이었다. 하지만 지금 소개할 스노우슈즈는 개인사업자의 제작 사례이다. 스노우슈즈는 단일 사이즈로 판매할 수 없는 제품으로, 사용자별로 커스터마이징이 필요한 제품이다. 그런데 개인사업자로서는 사용자마다 커스터마이징하여 제품을 판매하다 보면 효율이 떨어진다. 그래서 여기서도 모듈화 개념을 활용했다. '디온 스노우 슈즈'의 사이트(http://www.dionsnowshoes.com)에 들어가면, 스노우슈즈의 구성부품을 선택·주문할 수 있다. 사이트에는 이렇게 적혀있다.

- No more "one size fits all". Even the straps are interchangeable(더 이상 한 사이즈로 모두 대응하지 않는다. 신발끈마저 교환 가능하다).
- Our modular system provides a custom-fit and can adapt to changes in terrain or snow conditions in seconds(우리의 모듈러 시스텐은 고객맞춤형 제품을 제공하고, 짧은 시간에 토양과 눈의 상태의 변화에 적응할 수 있게 한다).
- The interchangeable Frames, Bindings and Cleats can eliminate the need to purchase a 2nd pair snowshoes(상호 교체할 수 있는 프레임, 바인딩, 밑창은 스노우슈즈를 더 구매할 필요가 없게 만든다).

고객 입장에서는 디온 스노우슈즈에서 구입한 스노우슈즈가 자신에게 딱 맞을 뿐만 아니라, 고장난 부분만 구입해서 갈아 끼우면 되니 유지보수도 편하다.

사례 5. 모듈형 헤드셋 'AIAIAI TMA-2 해드폰'

AIAIAI 사의 TMA-A은 모듈러디자인 콘셉트가 적용된 헤드폰이다. 모듈형 헤드폰인 TMA-A는 헤드밴드(Headerband), 스피커 유닛(Speaker Unit), 이어패드(Ear pads), 케이블(Cable) 등 총 4가지 모듈로 이루어져있다. 4가지 모듈별로 사용자는 다양한 종류의 모듈을 선택하여 자신이 원하는 사양의 헤드폰을 구입할 수 있다

AIAIAI 사의 웹사이트에서는 모듈 옵션에 따른 성능과 사양을 미리 알아볼 수 있는 컨피규레이터를 제공한다(http://aiaiai.dk/configurator). 사용자는 컨피규레이터를 통해서 모듈을 선택·조합하는 것은 물론 구입까지 할 수 있다. 즉, 마켓플레이스까지 구축된 셈이다.

컨피규레이터는 ⓐ 모듈 조합에 대한 'BASS, MIDS, TREBLE'의 성능을 시뮬레이션 해볼 수 있고, ⓑ 조합으로 만들어진 헤드폰에 대

그림 8. AIAIAI TMA
출처: flickr.com

한 설명, ⓒ 스펙을 제공한다. 참고로 이것이 가능했던 것은 모듈화를 잘했기 때문이다. 모듈 조합에 대한 성능은 스피커 유닛이, 크기·길이·감촉과 같은 사용자와의 인터페이스는 헤드밴드, 이어패드, 케이블이 담당하도록 구분했기에 가능했다.

이것만으로 끝나는 것이 아니라, 대표 조합 사례(Preset combination)를 제공하고 판매한다. 초보자인 경우는 많은 선택이 오히려 부담으로 다가올 수 있다. 전문가는 자기가 원하는 스펙으로 조합해서 쓰지만, 초보자인 경우나 추천해주는 조합을 쓰길 원하는 사용자는 AIAIAI 사가 제공하는 사전 조합된 제품을 쓰면 된다.

다양한 선택을 제공한다는 점 외에 또 하나의 장점은 각각의 모듈을 별도로 판매하여 유지보수나 업그레이드를 용이하게 만들었다는 것이다. 예를 들어, 케이블이나 이어패드가 망가진 경우 그것만 별도로 구입 가능하고, 처음에는 초보자용으로 또는 'BASS'가 강조된 음악을 듣다가 취향이 바뀌거나 청취 수준이 올라가면 그에 맞춰서 모듈을 교체할 수 있다. 이처럼 AIAIAI의 모듈형 헤드폰은 소비자에게 다양한 선택, 유지보수성과 업그레이드용이성을 제공한다.

그러면 장점만 있을까?

모듈 간의 인터페이스를 사전에 통일하고, 조합에 대한 성능, 특히 음질에 대한 튜닝에 비용과 시간을 써야 한다. 개별 모듈의 품질을 확보하는 데도 자원을 써야 한다. 그러다 보면 오버스펙이 될 가능성이 있다. 물론 음질 관련 부분을 스피커 유닛이 담당하고 있더라도 음질은 다양한 요인에 의해서 영향을 받으니, 노이즈 부분을 제거하기 위해서 어느 정도 오버스펙을 감수할 수도 있다.

그리고 사용자가 조립하기 편하도록 조립용이성을 제공해야 하는데, 이 또한 비용과 시간을 요하는 일이다. 무엇보다도 제품아키텍처를 정의하는 데 시간이 든다.

　마지막으로 사이트에서 헤드폰을 보면, 디자인이 단순하다. 트렌디한 디자인을 좋아하는 사람에게는 거부감이 들 수도 있다. 모듈러 디자인을 적용하기 위해 조립용이성과 모듈 품질 확보 등의 이유로 디자인은 약간 희생됐다. 정리하면 다음과 같다.

ⓐ 단순한 디자인
ⓑ 조립용이성, 모듈 품질 확보를 위한 시간과 비용 부담
ⓒ 제품 아키텍처 정의를 위한 시간과 비용 부담
ⓓ 조합으로 인한 성능 저하를 감수하기 위한 모듈들의 오버스펙

사례 6. 모듈형 키즈 랩탑 '엑스오-인피니티XO - infinity'

　랩탑의 기본 모듈인 코어, 배터리, 카메라, 스크린, 무선랜 등을 선택·조합하여 원하는 성능, 원하는 기능을 가진 교육용 랩탑을 만들 수 있다.

그림 9. 엑스오-인피니티 랩탑을 사용하는 학생들
출처: flickr.com

사례 7. 모듈형 키즈 스마트워치 '링키츠^{Linkitz}'

마이크로폰, 가속센서, 스피커 모듈 등의 옵션 모듈들을 활용하여 스마트워치의 기능을 추가할 수 있다. 게다가 이 옵션 모듈들을 활용하여 새로운 기능을 만들 수 있도록 프로그램을 직접 만들어서 입력할 수 있다.

ⓒ 시스템 외부의 모듈 추가

이 사례에서 보듯이 기본적으로 제공되는 제품은 말 그대로 기본 기능만 갖추고 있지만, 이외에 추가되는 모듈은 신규 기능 추가, 기존 기능 강화, 기존에 있던 역기능을 보완하는 데 사용된다. 이 경우는 기이 제품에 대한 접근성을 높이기 위해서 활용된다. 기본 기능만 제공하는 제품으로 가격 저항을 낮추고, 더 높은 성능을 원하는 고객에게는 확장 또는 추가 기능을 제공해 고객 스펙트럼을 넓힐 수 있다.

사용 형태	기존 시스템의 기능을 추가, 보완, 강화하기 위하여 외부 모듈을 추가
사용목적	신규 기능 추가, 기존 기능 강화, 기존 역기능 보완 가격접근성 강화
대표적 사례	모듈러 노트북 레노보 씽크패드 X1 LG전자 트윈워시

표 6. 시스템 외부에서 추가되는 모듈의 사용 형태/목적 및 사례

기능 추가	기능 강화	역기능 보완
블루투스 스피커인 BRAVEN BRV-PRO 모듈러 노트북인 레노보 씽크패드 X1 미니 PC인 에이서 레보 빌드	삼성 카메라 모듈 특허	배터리팩 스마트폰 케이스

표7. 모듈의 추가로 인한 확장 효과를 추구한 제품들

사례 1. 블루투스 스피커 'BRAVEN BRV-PRO'

출처: http://www.trustedreviews.com/opinions/5-pieces-of-modular-tech-to-get-excited-about

이 제품은 추가 기능에 대한 확장성을 높이기 위해서 모듈화 콘셉트를 활용했다. 기이 제품은 140달러 정도의 가격에 판매하면서, 태양광 패널, 글루 데크, 추가 배터리 팩 등 확장에 필요한 요소들을 모듈러디자인 콘셉트를 활용해 장착할 수 있도록 설계했다.

사례 2. 미니 PC '에이서 레보 빌드Acer Revo Build'

이 제품도 이전 사례 제품과 비슷한 목적으로 모듈화 콘셉트를 활용했다. 차이가 있다면 확장성을 높이는 데 중점을 두었다는 점이다. 기이 제품을 저렴하게 판매하면서 파워, 그래픽칩, 외장 디스크 등 다양한 추가 기능을 담당하는 모듈을 구입하여 기본 PC의 성능을 높일 수 있도록 했다.

사례 3. 모듈러 노트북 '레노보 씽크패드 X1^{Lenovo ThinkPad X1}'

CES(국제전자제품박람회, The International Consumer Electronics Show) 2016에 소개된 레노보의 태블릿이 모듈화 콘셉트를 활용했다. 물론, 모듈화 콘셉트가 적용된 부분이 태블릿 전체가 아니다. 모듈화 콘셉트를 활용한 부분은 태블릿의 본체가 아닌, 태블릿에 결합되는 옵션인 액세서리들이다. 옵션 모듈(Optional Module)은 다음과 같다.

1. 생산성 향상 모듈(Productivity Module): 배터리 지속시간 16시간까지 확장, 포트 확장
2. 프로젝터 모듈(Projector Module): 프로젝트 기능 제공
3. 3D 이미징 모듈(3D Imaging Module): 3D 촬영
4. 키보드 모듈(Keyboard Module): 키보드, 랩탑으로 활용

위 옵션 모듈들은 태블릿의 기능을 강화 또는 보완하는 역할을 담당한다. 향후에도 지속적으로 옵션 모듈들이 추가되고, 태블릿 기능

그림 10. 레노보 씽크패드 X1
출처: commons.wikidepia.org

의 확장성이 커질 것이다.

여기서 중요한 것은 본체와 모듈 간의 인터페이스를 표준화하는 것과, 향후 확장성을 고려해야 한다는 점이다. 이런 식으로 제품 전체가 아니라 제품의 기능을 보완·강화하는 식으로 모듈러디자인 콘셉트가 활용될 가능성이 높다.

사례 4. 삼성전자 카메라 특허 사례

구글의 아라폰처럼 폰 전체에 모듈화를 적용한 것이 아니라, 카메라 모듈을 교체하거나 카메라의 렌즈를 교체하여 기능을 강화하는 식의 특허이다. 아직까지는 이런 접근 방식이 현실적이면서 유용하지 않을까 생각된다. 완벽한 모듈형 스마트폰이 나오기 전까지는 부분적으로 모듈화를 활용한 스마트폰이 유용하다.

"핵심 모듈에 대한 교체와 기능 확장을 위한 모듈화"

사례 5. LG전자의 트윈워시

최근 세탁기를 두 대 사용하는 경우가 늘고 있다. 아기 빨래를 분리해서 하기 위해 그런 경우도 있으나, 세척력을 이유로 아직도 통돌이, 상측 투입 타입의 세탁기(Top Loader)를 선호하는 집이 있다. 〈동아비즈니스리뷰〉에서도 우수 경영사례로 소개되었던 LG전자의 트윈워시는 기존 드럼 세탁기에 통돌이의 장점을 가진 세탁기 모듈을 추가할 수 있도록 만들었다.

트윈워시라는 제품으로 판매되고 있지만, 아래쪽 미니워시라는 통돌이 세탁모듈만 구입하여 기존 드럼세탁기에 추가할 수도 있다. 이 또한 기존 제품에 추가 기능을 제공하는 모듈을 확장하는 좋은 사례로 볼 수 있다.

ⓓ 시스템이 하나의 모듈을 담당

마지막 사례는 제품들이 각각 하나의 모듈을 담당하여 더 큰 시스템을 구성하는 사례이다. 이것은 하나의 제품에서 '제품들의 집합'으로, 하나의 시스템에서 '시스템들의 시스템'으로 경쟁의 대상이 바뀌고 있음을 보여주는 사례이다. 131페이지에서 소개한 토론토 대학의 MROBerTO가 좋은 사례이다. 개별 시스템이 하나의 모듈 역할을 담당하여 더욱 큰 시스템을 구성하는 타입이다. 또한, 기존 시스템을 구성하던 개별 모듈들이 하나의 시스템으로 발전해가면서 전체 시스템이 보다 복잡한 시스템으로 진화하는 형태도 큰 틀에서 보면 이 타입에 속한다고 볼 수 있다.

사용 형태	개별 시스템이 결합하여 더 큰 시스템을 구성
사용목적	좀 더 복잡한 기능으로 확대
대표적 사례	샤오미 스마트TV 스마트홈

표 8. 시스템이 하나의 모듈을 담당할 경우의 사용 형태/목적 및 사례

사례 1. 삼성 모듈러TV

퀀텀닷 디스플레이를 전면에 앞세운 삼성전자는 170형의 SUHD TV를 선보였다. 이 제품은 여러 개 스크린을 다양한 모양으로 붙이거나 펼쳐 맞춤형으로 제작할 수 있는 모듈러 기술이 적용됐다. 스크린을 감싸는 베젤이 전혀 없어 여러 개를 이어 붙여도 스크린 간의 경계가 보이지 않는다. 삼성전자 관계자는 "모듈러TV는 2년 안에 상용화 예정"이라며 "영화관 스크린이 300인치 정도 되는데 프

삼성이 CES 2016에서 모듈화 콘셉트를 활용한 제품을 내놓았다. 지금까지 스크린을 붙여서 대형 스크린을 만드는 사례와 동일하지만, 스크린을 감싸는 베젤이 없어서 이미지 간의 끊어짐이 없다는 점이 차별점이다. 작은 스크린으로 모듈을 조합하여 위의 〈아시아투데이〉 기사에서 설명한 대로 다양한 모양의 대형 스크린을 만들 수 있다는 점이 모듈화 콘셉트를 잘 활용한 것이다.

사례 2. 샤오미 스마트TV

'샤오미'하면 생각나는 것은 '대륙의 실수'로 불릴 정도의 좋은 성능 대비 낮은 가격의 제품일 것이다. 이에 대한 반응은 극명하게 나뉜다. "중국이니까 통한다. 특허나 규제 다 무시하니까 가능한 것이다." "대단하다. 이 정도 가격이라면 써보고 싶다."

이 제품은 88만 원짜리 TV를 너머 모듈화의 사례로도 볼 수 있다. 보통 TV가 주 디바이스이고 사운드바나 우퍼스피커는 옵션으로 취하는 서브디바이스로 생각하는데, 샤오미는 TV는 단지 스크린만 제공하는 더미박스로 취하고, 원래 TV에 있던 두뇌에 해당하는 메인보드를 사운드바에 위치시켰다. TV에 스마트 기능을 담는다고 해도, 그 교체 주기는 다른 IT기기에 비해 긴 편이다. 게다가 패널을 LG디스플레이와 같은 업체에서 공급받는 입장에서는 하드웨어에서의 차별성도 없다.

샤오미는 TV는 디스플레이를 담당하는 모듈로, 사운드바는 스마트 기능과 사운드를 담당하는 모듈로, 리모컨은 입력에 대한 사용자 경험을 담당하는 모듈로 나눠서 더 큰 시스템에서 접근하는 방식을 취했다. 이런 방식의 접근법을 취하면 먼저 TV 자체의 가격을 낮출 수 있고, 그렇게 되면 샤오미의 TV에 대한 고객들의 접근성을 높일 수 있다. 그리고 TV, 사운드바, 리모컨 각각의 분리 구매 또는 교체를 통해 고객에게 TV 사양에 대한 좀 더 폭넓게 선택권을 부여할 수 있다.

이처럼 기존 제품이 갖는 기본 기능을 재정의하고, 제품들을 하나의 모듈로 정의하고, 또 다른 시스템을 구성함으로써 사용할 수 있는 제품전략을 유연화할 수 있다.

(3) 제품 변화에 따른 모듈화의 타입 선택

제품 변화의 형태를 검토한 후에 모듈화전략 프레임워크 기준으로 적합한 모듈화의 타입을 선택해야 한다. 〈표 9〉 제품 변화에 따른 적합한 모듈화의 타입을 선정해놓았다. 물론, 〈표 9〉에 정리해놓은 모듈화의 타입이 정답은 아니니 참고만 하자.

		모듈화의 타입		
		① 완전 모듈화	② 부분 모듈화	③ 모듈 추가
제품변화	Configuration (조정)	◑	●	○
	Variation (파생)	●	●	○
	Generation (세대)		● 플랫폼전략	

●: 아주 적합 ◑: 적합 ○: 보통

표 9. 제품 변화에 따른 적합한 모듈화의 타입

제품 변화 중 조정(Configuration)은, '사용상의 용이성'에 관한 부분을 제외하고는, 부분 모듈화로 대응하는 것이 적합하다. 예를 들어 마모, 소비, 업그레이드 등에 대비하는 데 필요한 제품의 일부분을 모듈화하여 제품 변화에 효율적으로 대응할 수 있다. 프린터의 카트리지를 분리하기 어렵다고 가정해보자. 잉크가 모두 소비된 후에 카트리지를 교체하기 위해서 그때마다 서비스센터를 방문하거나 서비스기사를 불러야 했을 것이다. 그러나 카트리지 부분만 분리할 수 있도록 부분 모듈화가 실제로 이루어졌다. 사용상의 용이성의 경우는 모듈러 소파인 '문 체어 라운지Moon Chair Lounge'가 대표적인 사례이다. 소파가 몇 가지 모듈로 구성되어 사용자가 원하는 대로 간이침대, 소파, 테이블 등으로 사용할 수 있다.

제품 변화가 파생(Variation)에 해당되는 경우에는 완전 모듈화와 부분 모듈화가 적합하다. '모듈 추가' 타입과는 약간의 연관성만 있다. 미완으로 끝남으로써 아쉬움을 남긴 구글의 아라폰이 완전 모듈화의 대표적인 사례이다. 아라폰은 만들어진 모듈들을 조합하여 다양한 제품을 파생할 수 있었다. 폭스바겐도 모듈화전략을 활용하여 다양한 모델을 효율적으로 파생시켰다. 또한 파생모델에서 차별화되는 부분만 모듈화하여 대응하는 것도 가능하다. 제품은 모듈화되지 않았지만, 필요에 따라서 외부 모듈을 추가하는 타입도 검토 가능하다.

제품 변화가 세대(Generation)에 해당하는 경우는 부분 모듈화와 같은 타입이다. 제품 내부에서 라이프사이클이 다른 부분을 모듈화하여 활용하는 것도 가능하다. 부분 모듈화를 세대 변화에 따라서 활용하는 대표적인 제품전략이 바로 플랫폼전략이다. 플랫폼전략의 핵심은 제품의 라이프사이클 대비 플랫폼의 라이프사이클을 길게 관리하겠다는 것이다.

이 챕터에서는 제품 변화의 형태에 따라서 적합한 모듈화를 정리했으나, 사실상 제품 변화에 대한 이해가 명확하고, 모듈화를 통해서 이루고자 하는 목적이 확실하다면 모듈화의 타입은 중요한 결정사항은 아니다.

"제품 변화 중 조정(Configuration)과 파생(Variation)인 경우 모듈화의 타입 중에서 '완전 모듈화'와 '부분 모듈화'의 적용이 적합하고, 세대(Generation)인 경우 '부분 모듈화'를 통한 플랫폼전략의 적용이 적합하다."

요점 정리

- 모듈화전략 프레임워크는 비즈니스모델 구성 요소[ⓐ 가치 제안 (Value Proposition), ⓑ 이익 메커니즘(Profit Mechanism, 이익을 만들어내는 방법), ⓒ 운영 프로세스(Operation Process)] 그리고 제품 변화의 타입[ⓐ 제품 내 변화(Configuration), ⓑ 제품군 내 변화 (Variation), ⓒ 세대 간 변화(Generation)] 등 두 축을 활용하여 9가지 타입으로 모듈화전략을 분류하고 그에 따른 효과를 나열했다.
- 모듈화는 ⓐ 시스템 내의 국부적인 모듈화, ⓑ 시스템 자체의 모듈화, ⓒ 시스템 외부의 모듈 추가, ⓓ 시스템이 하나의 모듈을 담당으로 구분할 수 있다.

3. 모듈화전략 수립과 운영

제품 변화에 따른 모듈화의 목적과 타입이 결정되었다면, 모듈화 전략을 수립하고 이를 운영하는 문제가 남았다. 다음은 모듈화전략을 수립하기 위한 자가진단과 수립 프로세스를 설명하고 있다.

1) 모듈화전략을 위한 자가진단

모듈화전략을 수립하기 위해서는 먼저 사업 특성, 제품 특성부터 파악해야 한다. 아래 몇 가지 자가진단용 질문을 소개했다. 현 상황을 파악하려면 반드시 파악해야 할 내용들이다. 정답을 찾기 위한 질문들이 아니다. 모듈화전략을 제대로 수립하기 위해서 기본적으로 고려해야 될 질문들이기 때문에 꼭 확인해보기를 바란다.

1. 자사의 제품이 라이프사이클 단계에서 어디에 위치해있는가?

ⓐ 도입기   ⓑ 성장기 초기   ⓒ 성장기 중기

ⓓ 성장기 후기 ~ 성숙기 중기   ⓔ 성숙기 후기 ~ 쇠퇴기

2. 모델의 다양화에 대한 압박 강도는 어느 정도인가?

ⓐ 매우 강하다   ⓑ 강한 편이다   ⓒ 보통이다

ⓓ 약한 편이다   ⓔ 매우 약하다

2-1. 고객맞춤형 제품에 대한 요구가 강한 편인가?

ⓐ 매우 강하다   ⓑ 강한 편이다   ⓒ 보통이다

ⓓ 약한 편이다   ⓔ 매우 약하다

3. 제품에 적용되는 기술 변화 속도, 제품에 요구되는 소비자 요구 변화 속도, 출시 속도가 빠른가?

ⓐ 매우 빠르다 (수개월~1년)   ⓑ 빠른 편이다 (1~2년 이내)

ⓒ 보통이다   ⓓ 느린 편이다   ⓔ 매우 느리다

4. 제품 라이프사이클 내에 ① 마모, 업그레이드, 조정, 소비, ② 애드온, 사용상의 유연성이 요구되는가?

ⓐ ① 항목이 요구된다

ⓑ ② 항목이 요구된다

ⓒ 요구되지 않는다

5. 제품의 성능이나 성능의 안정성에 대한 중요도가 어떤가?

ⓐ 매우 강하다   ⓑ 강한 편이다   ⓒ 보통이다

ⓓ 약한 편이다   ⓔ 매우 약하다

6. 제품의 외관 디자인, 크기, 두께, 중량에 대한 소비자의 소구가 어떤가?

ⓐ 매우 강하다　ⓑ 강한 편이다　ⓒ 보통이다

ⓓ 약한 편이다　ⓔ 매우 약하다

7. 제품의 시스템이 복잡한가? (상대적으로 긴 개발 기간, 많은 구성부품, 복합시스템 등)

ⓐ 매우 복잡하다　ⓑ 복잡한 편이다　ⓒ 보통이다

ⓓ 단순한 편이다　ⓔ 매우 단순하다

8. 해당 제품이 속한 시장의 변화를 예측할 수 있는가?

ⓐ 매우 그렇다　ⓑ 그런 편이다　ⓒ 보통이다

ⓓ 그렇지 않은 편이다　ⓔ 매우 그렇지 않다

9. 산업구조가 집중화되었는가, 분업화되었는가?

ⓐ 매우 분업화되어있다　ⓑ 분업화된 편이다　ⓒ 보통이다

ⓓ 집중화된 편이다　ⓔ 매우 집중화되어있다

10. 부품, 모듈, 서브시스템 단위의 공용화 또는 재사용에 대한 필요성이 큰가?

ⓐ 매우 강하다　ⓑ 강한 편이다　ⓒ 보통이다

ⓓ 약한 편이다　ⓔ 매우 약하다

11. 제품 개발 기간 대비 제품 라이프사이클이 짧은가?

ⓐ 매우 짧다　ⓑ 짧은 편이다　ⓒ 보통이다

ⓓ 긴 편이다　ⓔ 매우 길다

11-1. 제품 라이프사이클이 길어서 서비스와 유지보수가 용이해야만 하는가?

ⓐ 매우 그렇다　ⓑ 그런 편이다　ⓒ 보통이다

ⓓ 그렇지 않은 편이다　ⓔ 매우 그렇지 않다

11-2. 서비스 또는 유지보수 방법이 복잡하여 제품별로 별도 교육이 필요한가?

ⓐ 매우 그렇다　ⓑ 그런 편이다　ⓒ 보통이다

ⓓ 그렇지 않은 편이다　ⓔ 매우 그렇지 않다

12. 당신 회사가 시장에서 독점력을 가지고 있는가?

ⓐ 매우 그렇다　ⓑ 그런 편이다　ⓒ 보통이다

ⓓ 그렇지 않은 편이다　ⓔ 매우 그렇다

13. 대상 제품의 시스템이 기능이 많은가?

ⓐ 매우 그렇다　ⓑ 그런 편이다　ⓒ 보통이다

ⓓ 그렇지 않은 편이다　ⓔ 매우 그렇다

14. 동일 제품 또는 이종 제품과의 결합으로 새로운 기능을 제공할 수 있는가?

ⓐ 매우 그렇다　ⓑ 그런 편이다　ⓒ 보통이다

ⓓ 그렇지 않은 편이다　ⓔ 매우 그렇다

15. 제품에 대한 가격접근성을 높이는 요구가 강한가?

ⓐ 매우 강하다　ⓑ 강한 편이다　ⓒ 보통이다

ⓓ 약한 편이다　ⓔ 매우 약하다

16. 경쟁사가 모듈화전략을 도입해서 성공한 사례가 있는가?

ⓐ 그렇다　ⓑ 아니다

17. 자사 내부의 복잡성으로 인한 비용이 발생하고 있는가? 수익성 확보에 대한 요구가 있는가?

ⓐ 매우 강하다　ⓑ 강한 편이다　ⓒ 보통이다

ⓓ 약한 편이다　ⓔ 매우 약하다

18. 자사 내부의 개발 또는 운영효율성 확보에 대한 요구가 있는가?

ⓐ 매우 강하다　ⓑ 강한 편이다　ⓒ 보통이다

ⓓ 약한 편이다　ⓔ 매우 약하다

19. 시장 변화에 대한 자사의 수준은 어떠한가?

ⓐ 시장 변화를 선도한다

ⓑ 시장 변화에 적절하게 대응하고 있다

ⓒ 시장 변화를 따라가고 있다

ⓓ 시장 변화에 뒤처져있다

20. 경영진을 포함한 구성원들의 변화에 대한 인식은 어떠한가?

ⓐ 매우 유연하다　ⓑ 유연한 편이다　ⓒ 보통이다

ⓓ 경직된 편이다　ⓔ 매우 경직되어있다

전략을 과학이 아니라 예술의 영역으로 표현하는 책들이 있다. 그런 책의 저자는 과학적인 법칙, 공식, 그에 따른 수식으로 전략을 수립하지 않는다고 짐작할 수 있다. 제품전략이라는 영역에 대해서도 동일하게 생각할 것이다. 고민할 것도 없이 법칙과 공식으로 정답을 찾을 수 있는 분야라면, 좀 더 손쉬웠을지 모른다. 하지만 현실은 그렇지 않다. 위의 진단 항목에 따라서 모듈화전략에 대해 무엇을 어떻게 수립하고 실행할지 결정했다면 일일이 "이렇게 수립하고 실행하라"라는 식으로 단언적인 답을 적어두었을 것이다. 하지만 진단 항목은 정답을 찾기 위함이 아니고, 올바른 방향을 찾기 위해서 꼭 고민해야 할 항목들이다. 그런 의미에서 먼저 위 진단 항목에 대해 고민해보고, 아래 적힌 내용을 확인하기를 바란다.

---

1. 자사의 제품이 라이프사이클 단계에서 어디에 위치해있는가?

ⓐ 도입기　ⓑ 성장기 초기　ⓒ 성장기 중기

ⓓ 성장기 후기 ~ 성숙기 중기　ⓔ 성숙기 후기 ~ 쇠퇴기

모듈러디자인을 적용하기에 적합한 제품의 라이프사이클은 지배적인 제품 아키텍처가 수립된 성장기 중기부터 성숙기 중기까지다. 그러나 목적에 따라서 도입기나 성장기 초기에도 적용하는 경우가 있다. 하나의 제품에 다양한 기능을 제공하여 제품의 매력도를 높일 때도 모듈러디자인을 적용하는 경우가 있다. 성숙기 후기부터 쇠퇴기까지는 제품의 변화가 크지 않기도 하고, 제품의 다양성에 대한 소구도 그리 크지 않기에 모듈화전략이 적합하지 않을 수 있다. 그러나 이 경우에도 서비스용이성, 수리용이성, 업그레이드용이성 등 제품의 일부 특성을 강화하기 위해서 모듈화전략을 활용할 수 있다.

2. 모델의 다양화에 대한 압박 강도는 어느 정도인가?

ⓐ 매우 강하다　ⓑ 강한 편이다　ⓒ 보통이다

ⓓ 약한 편이다　ⓔ 매우 약하다

1번 항목의 대답에 따라서 달라지겠지만, 모델의 다양화에 대한 압박 강도가 크다면 모듈화전략을 적용하는 것에 대해 고민해봐야 한다. 그러나

지배적인 제품 아키텍처를 수립하기 전이라면 시스템에 대한 모듈화 수준을 낮춰서 옵션이나 모듈 추가 등으로 다양성을 구현할 것을 검토해본다. 그리고 압박 강도가 보통 이하라면, 플랫폼전략으로 전체 효율성을 높이는 것을 검토해본다.

2-1. 고객맞춤형 제품에 대한 요구가 강한 편인가?

ⓐ 매우 강하다　ⓑ 강한 편이다　ⓒ 보통이다

ⓓ 약한 편이다　ⓔ 매우 약하다

고객맞춤형에 대한 요구가 크다면 제품의 변화에 대해 고민해봐야 한다. 효율적으로 제품을 파생하기 위해서 내부적으로 모듈화전략을 사용할 것인지, 모듈 기반으로 제품을 판매하는 방식으로 고객에게 모듈에 대한 선택권을 줄 것인지 고민하는 것은 다르다. 아무리 효율적으로 제품을 파생해도 고객맞춤형 제품의 소구가 매우 크다면 제품 파생만으로는 감당할 수 없다. 다만, 모듈화전략은 변동 메커니즘 중 하나일 뿐이다. 이보다 좋은 메커니즘을 알고 있다면 굳이 모듈화전략에 얽매일 필요는 없다.

3. 제품에 적용되는 기술 변화 속도, 제품에 요구되는 소비자 요구 변화 속도, 출시 속도가 빠른가?

ⓐ 매우 빠르다　(수개월~1년)　ⓑ 빠른 편이다 (1~2년 이내)

ⓒ 보통이다　ⓓ 느린 편이다　ⓔ 매우 느리다

기술 변화의 속도, 시장 변화의 속도가 크다면 모듈화전략은 물론, 플랫폼전략을 적용하기가 어렵다. 변화 속도에 취약한 제품 아키텍처는 오히려 자산이 아닌 부채로 작용할 가능성이 높다. 이런 경우에는 제품보다 라이프사이클이 긴 서브시스템이나 모듈이 있다면 이를 효율적으로 활용하는 방안을 찾아보는 것, 동 세대 내의 공용화를 극대화하는 방안 등을 고민해봐야 한다. 예를 들어, 제품은 매년 신모델을 출시하지만, 소프트웨어는 그보다 라이프사이클이 길고 기존 개발 자산도 활용할 수 있다는 점에서 소프트웨어에만 플랫폼전략을 적용하는 방안도 있고, 기술 자산과 브랜드 자산을 플랫폼으로 활용하는 방안도 있다.

4. 제품 라이프사이클 내에 ① 마모, 업그레이드, 조정, 소비, ② 애드온, 사용상의 유연성이 요구되는가?

ⓐ ① 항목이 요구된다

ⓑ ② 항목이 요구된다

ⓒ 요구되지 않는다

제품 변화에 따라서 모듈화를 어느 정도 적용해야 할 경우가 있다. 제품의 일부분이 자주 마모되거나 업그레이드가 필요한 경우, 또는 기능을 확장할 때 애드온이 필요한 경우 등 제품의 특정 부분이 모듈화될 필요가 있는지 염두에 둔다. 예를 들어, 프린터의 카트리지는 제품의 변화 중 '소비'에 해당한다. 그런데 카트리지를 제품에서 분해하기 어렵게 만들어놨다면, 카트리지가 모두 소비된 후에 제품의 수명이 끝나거나, 제품 자체를 서비스센터에 가지고 가서 시간과 돈을 들여서 수리해야만 사용이 가능하다. 이처럼 제품의 라이프사이클상에서 발생할 수 있는 제품의 변화를 인지하고, 이를 고려하여 모듈화전략을 적용하는 것이 필요하다.

5. 제품의 성능이나 성능의 안정성에 대한 중요도가 어떤가?

ⓐ 매우 강하다　ⓑ 강한 편이다　ⓒ 보통이다

ⓓ 약한 편이다　ⓔ 매우 약하다

일반적으로 제품의 성능이나 성능의 안정성을 중요시한다면, 모듈화전략을 적용하는 것이 유리하지 않다. 모듈화를 할 경우, 제품의 성능을 어느 정도 포기해야 하는 경우가 발생하고, 다양한 조합도 고민해야 하기 때문에 성능이 안정적으로 발휘된다는 보장을 할 수 없다. 실제로 폭스바겐이 모듈러디자인 콘셉트를 적용한 MQB 플랫폼의 성능과 안정성 문제로 많이 힘들어했다는 보고서가 있다. 다양한 모델 그리고 세대 간에 적용될 가능성을 염두에 두기 때문에, 제품별 최적화보다는 안전 마진을 설정하게 되기 때문이다.

6. 제품의 외관 디자인, 크기, 두께, 중량에 대한 소비자의 소구가 어떤가?

  ⓐ 매우 강하다 ⓑ 강한 편이다 ⓒ 보통이다

  ⓓ 약한 편이다 ⓔ 매우 약하다

위의 설명과 마찬가지로 제품의 외관 디자인, 크기, 두께, 중량에 대한 소비자의 소구가 크다면, 모듈화전략을 적용하지 않는 것을 심각하게 고민해봐야 한다. LG전자에서 출시된 그램과 같은 노트북이 과연 모듈러디자인 콘셉트를 적용했다면, 그 무게와 두께를 유지했을까? 그런 제품들은 그 제품 자체로 최적화해야만 한다.

7. 제품의 시스템이 복잡한가? (상대적으로 긴 개발 기간, 많은 구성부품, 복합시스템 등)

  ⓐ 매우 복잡하다 ⓑ 복잡한 편이다 ⓒ 보통이다

  ⓓ 단순한 편이다 ⓔ 매우 단순하다

제품 자체가 복잡한 시스템이라면, '복잡성 개선'을 위해서 모듈화전략을 활용하는 것을 고민해봐야 한다. 제품 자체가 단순하다면, 굳이 제품을 여러 서브시스템 또는 기능 단위로 모듈화할 필요가 없다. 그 자체를 효율적으로 개발하거나, 세대 간의 제품들의 효율적인 운영을 위해서 플랫폼전략을 고민해볼 필요는 있다. 그러나 복잡한 시스템의 경우, 반드시 모듈화를 하지 않으면 제품 개발이 비효율적으로 이루어질 가능성이 높다.

8. 해당 제품이 속한 시장의 변화를 예측할 수 있는가?

  ⓐ 매우 그렇다 ⓑ 그런 편이다 ⓒ 보통이다

  ⓓ 그렇지 않은 편이다 ⓔ 매우 그렇지 않다

시장 변화를 쉽게 예측할 수 있다면, 제품 단위로 변화에 대응하거나 그 제품을 효율적으로 개발하기 위해서 플랫폼전략을 활용할 수 있다. 그러나 시장 변화 예측이 어려운 경우에는 시스템 내부의 일부를 시장 변화에 유연하게 대응할 수 있도록 모듈화하거나, 시장 변화를 예측할 수 있는 부분은 플랫폼으로 그렇지 않은 부분은 모듈화로 나눠서 대응할 수도 있다.

9. 산업구조가 집중화되었는가, 분업화되었는가?

ⓐ 매우 분업화되어있다　ⓑ 분업화된 편이다　ⓒ 보통이다

ⓓ 집중화된 편이다　ⓔ 매우 집중화되어있다

산업구조가 분업화되어있다면 제품구조도 자연스럽게 모듈화된 형태를 띨 가능성이 높다. 다만, 이때는 제품 자체가 무엇으로 경쟁력을 발현할 것인가를 고민해볼 필요는 있다. 그렇지 않고 집중화되었다면 플랫폼전략 또는 모듈화전략으로 자사의 운영효율성을 높일 수도 있고, 산업구조를 분업화하는 쪽으로 유도하기 위해서 제품구조를 모듈화할 수도 있다. 무엇을 선택하는 경우에든 자사의 제품이 무엇으로 경쟁력을 갖추게 할지 고민하는 것이 가장 중요하다.

10. 부품, 모듈, 서브시스템 단위의 공용화 또는 재사용에 대한 필요성이 큰가?

ⓐ 매우 강하다　ⓑ 강한 편이다　ⓒ 보통이다

ⓓ 약한 편이다　ⓔ 매우 약하다

부품, 모듈, 서브시스템에 대한 공용화 또는 재사용 필요성이 크다면, 그 부분을 모듈화하거나 플랫폼을 구현할 수도 있다. 이때 선행될 활동은 부품, 모듈, 서브시스템에 대한 다양성 관리이다.

11. 제품 개발 기간 대비 제품라이프사이클이 짧은가?

ⓐ 매우 짧다　ⓑ 짧은 편이다　ⓒ 보통이다

ⓓ 긴 편이다　ⓔ 매우 길다

제품 개발에 비해 제품 라이프사이클이 짧다는 것은, 제품에 대한 예측 실패는 곧 제품의 실패로 이어진다는 것을 의미한다. 그렇기 때문에 제품 개발 기간을 단축하거나, 시장 변화에 유연하게 대응할 수 있는 방안이 필요한데, 플랫폼전략 또는 모듈화전략이 해답이 될 수 있다. 플랫폼을 제품

라이프사이클보다 길게 운영되게 함으로써 제품 개발 기간을 단축하거나, 플랫폼 외부 요소를 변화시켜서 시장 변화에 유연하게 대응할 수도 있다. 모듈화전략은 제품의 일부 모듈을 재사용 또는 공용화하여 제품 개발 기간을 단축하거나 신규 모듈 개발, 모듈 조합으로 시장 변화에 유연하게 대응할 수 있다.

11-1. 제품 라이프사이클이 길어서 서비스와 유지보수가 용이해야만 하는가?

ⓐ 매우 그렇다　ⓑ 그런 편이다　ⓒ 보통이다
ⓓ 그렇지 않은 편이다　ⓔ 매우 그렇지 않다

앞서 제품의 변화에 대한 항목에서 다룬 것처럼 서비스나 유지보수를 위하여 모듈화가 어느 정도 필요할 수도 있다. 제품 라이프사이클이 길다면 서비스나 유지보수에 사용되는 비용도 무시할 수 없다. 서비스나 유지보수를 위한 모듈화를 진행하고, 모듈의 종수가 증가되지 않도록 기획해야 한다.

11-2. 서비스 또는 유지보수 방법이 복잡하여 제품별로 별도 교육이 필요한가?

ⓐ 매우 그렇다　ⓑ 그런 편이다　ⓒ 보통이다
ⓓ 그렇지 않은 편이다　ⓔ 매우 그렇지 않다

앞 항목의 질문과 연결된다. 항공기 엔진이나 발전기 등 제품 수명이 길고, 서비스나 유지보수 방법이 복잡한 제품은 제품이 다양화될수록 그에 소모되는 비용도 증가한다. 예를 들어, 10~20년 사용하는 제품의 서비스 방법이나 부품, 모듈이 다양하다면 서비스 교육에 소요되는 비용도 무시할 수 없다. 이런 제품은 서비스가 자주 필요한 부품이나 서브시스템을 모듈화하고, 그런 모듈의 종수를 최대한 적게 유지한다.

12. 당신 회사가 시장에서 독점력을 가지고 있는가?

ⓐ 매우 그렇다　ⓑ 그런 편이다　ⓒ 보통이다
ⓓ 그렇지 않은 편이다　ⓔ 매우 그렇다

시장에서 독점력을 가지고 있는 회사라면, 굳이 모듈화전략을 추진할 필요가 있을까? 물론 서비스용이성, 업그레이드용이성 등의 제품 변화에 맞춰서 모듈화를 추진할 수는 있겠지만, 독점력을 가지고 있는 제품이라면 굳이 다양한 제품을 파생할 필요도 적고, 효율성을 위한 어떤 활동을 할 필요성도 낮을 것이다.

13. 대상 제품의 시스템이 기능이 많은가?

ⓐ 매우 그렇다   ⓑ 그런 편이다   ⓒ 보통이다

ⓓ 그렇지 않은 편이다   ⓔ 매우 그렇다

기능이 많은 시스템이라면 복잡한 시스템일 가능성도 있고, 모듈이 구조 단위요소이자 기능 단위요소를 의미하기 때문에 그 자체로도 모듈화할 여지가 크다. 반면에 기능이 적다는 것은 굳이 모듈화를 할 필요성이 없다는 것을 의미한다.

14. 동일 제품 또는 이종 제품과의 결합으로 새로운 기능을 제공할 수 있는가?

ⓐ 매우 그렇다   ⓑ 그런 편이다   ⓒ 보통이다

ⓓ 그렇지 않은 편이다   ⓔ 매우 그렇다

이 항목은 모듈화 타입 중에서 복합시스템 내에서 제품이 하나의 모듈 역할을 하는 모듈화 타입을 적용할 수 있는지 알아보기 위함이다. 라이프사이클이 길고 시장/기술 변화도 심한 기능은 상대적으로 라이프사이클이 짧은 제품이 담당하게 하고, 하나 이상의 제품이 결합하여 새로운 기능을 담당하게 하는 복합시스템을 구성할 수 있는지 고민해본다.

15. 제품에 대한 가격접근성을 높이는 요구가 강한가?

ⓐ 매우 강하다   ⓑ 강한 편이다   ⓒ 보통이다

ⓓ 약한 편이다   ⓔ 매우 약하다

많은 기능을 가진 제품이 비싸도 많은 소비자가 구매를 원한다면 상관없겠으나, 가격접근성을 낮출 필요가 있다면 모듈화전략을 활용할 것을 검토할 필요가 있다. 기이 제품은 가격을 낮추고 모듈을 추가하거나 교체하여 고사양 제품에 대응할 수 있다.

16. 경쟁사가 모듈화전략을 도입해서 성공한 사례가 있는가?

ⓐ 그렇다　ⓑ 아니다

아무도 도입하지 않은 플랫폼전략 또는 모듈화전략을 새롭게 시도한다는 것 자체가 모험이다. 과거의 실패사례라든가 타 산업에서의 적용사례를 연구하여 성공 가능성을 높여야 한다. 만약 경쟁사가 모듈화전략을 성공적으로 도입하여 실행하고 있다면 서둘러야 한다. 기존 방식으로는 경쟁사에 대응하기가 만만치 않기 때문이다.

17. 자사 내부의 복잡성으로 인한 비용이 발생하고 있는가? 수익성 확보에 대한 요구가 있는가?

ⓐ 매우 강하다　ⓑ 강한 편이다　ⓒ 보통이다
ⓓ 약한 편이다　ⓔ 매우 약하다

18. 자사 내부의 개발 또는 운영효율성 확보에 대한 요구가 있는가?

ⓐ 매우 강하다　ⓑ 강한 편이다　ⓒ 보통이다
ⓓ 약한 편이다　ⓔ 매우 약하다

위 2가지 질문 항목은 한 쌍으로 생각할 수 있다. 내부적으로 복잡성 비용으로 인한 수익성 저하의 문제를 겪고 있다면, 이를 개선하기 위한 방안 중 하나로 플랫폼전략 또는 모듈화전략을 생각해볼 수 있다. 플랫폼전략과 모듈화전략을 통하여 개발 또는 운영효율성을 향상하고 수익성을 높일 수 있다. 복잡성 개선이 아니더라도 개발효율성 또는 운영효율성을 향상시키기 위해 모듈러디자인 활용도 고려해볼 수 있다.

19. 시장 변화에 대한 자사의 수준은 어떠한가?

ⓐ 시장 변화를 선도한다

ⓑ 시장 변화에 적절하게 대응하고 있다

ⓒ 시장 변화를 따라가고 있다

ⓓ 시장 변화에 뒤처져있다

자사가 시장을 선도하는 기업이라면, 자사가 만드는 개발, 생산, 판매 방식 등은 타사에서 따라야 할 룰이 될 가능성이 높다. 반면에 그렇지 않은 경우에는 선도기업과 다른 방식으로 시장에서 플레이하는 것 자체가 위험하다. 그럼에도 다른 방식으로 시장에서 경쟁하는 것은 선도기업이 만들어놓은 룰 자체를 바꾸겠다는 의미로 받아들여질 수도 있다.

20. 경영진을 포함한 구성원들의 변화에 대한 인식은 어떠한가?

ⓐ 매우 유연하다   ⓑ 유연한 편이다   ⓒ 보통이다

ⓓ 경직된 편이다   ⓔ 매우 경직되어있다

플랫폼전략이나 모듈화전략을 도입한다는 것은 개발, 구매, 생산을 포함한 전사의 체계를 바꿔야 함을 의미하고, 경영진을 포함한 구성원들을 설득해야 함을 의미한다. 그런데 변화에 대한 저항이 심하다면, 체계를 갖추기도 전에 포기해야 할 일이 발생할 수도 있다.

2) 모듈화전략 수립 프로세스

> Step 0. 외부 불확실성 요인 분석 (외부 환경 분석)
> Step 1. 전략적 의도(방향성) 설정
> Step 2. 제품의 형태, 제품 변화의 타입 분석
> Step 3. 모듈화전략 수립 단위 설정
> Step 4. 모듈화전략 운영 방안 수립

보통 전략 수립은 정형화된 프로세스를 가지고 있어도, 절대 정형화될 수 없다고 이야기한다. 아마도 정형화된 틀 이상의 내재되어 있는 지식과 통찰이 필요하기 때문이 아닐까 한다. 그래서 전략을 수립하는 것을 아트ART에 비유하는 문헌을 본 적도 있다.

모듈화전략, 모듈화를 활용한 제품전략을 수립하는 과정 또한 그 체계를 만드는 것이 큰 의미가 없을 수는 있으나, 지금까지 다룬 내용을 향후에 계속 발전시킨다는 의미에서 정리하도록 하겠다.

(1) Step O. 외부 불확실성 요인 분석 (외부 환경 분석)

가장 먼저 외부 환경 분석을 통해서 제품에 영향을 미치는 불확실성 요인을 파악해야 한다. 불확실성 요인에 어떻게 대응하느냐에 따라서 제품의 경쟁력이 결정되기 때문에 이를 제대로 분석하는 과정이 필요하다. 만약 기업이 독점력을 가지고 있거나 시장 성숙도가 높아서 외부 환경 변화에 취약하지 않다면 굳이 외부 변화에 민감하게 반응할 필요가 없다. 그러나 일반적인 시장 상황에서는 시장

변화는 제품에 영향을 직간접적으로 미치게 된다. 이러한 시장 변화에 효과적으로 대응하고 그것을 활용하기 위해서 실현 가능성과 영향도 등을 기준으로 외부 환경 변화를 정리한다.

(2) Step 1. 전략적 의도(방향성) 설정

외부 불확실성 요인 분석이 완료된 후에는 사업목적을 달성하기 위한 전략적 의도(방향성)와 그 기대효과를 설정한다. 모듈화를 통한 기대효과는 복잡성 개선을 통한 효율성 향상, 시장 맞춤형 제품 파생을 통한 효과 향상, 외부 환경에 민첩하고 유연하게 대응할 수 있는 유연성 향상 등이다. 이 부분에서는 '모듈화전략 프레임워크'를 활용한다.

앞서 언급한 바와 같이 모듈화전략은 결국 **모듈화를 활용한 제품전략**이다. 제품전략에서 가장 중요한 구성 요소는 바로 사업목적이다. 그 목적을 달성할 수 있도록 활동의 방향을 결정하는 과정이 바로 이 단계이다.

흔히 저지르는 실수 중 하나가 목적과 수단을 혼동하는 것이다. 모듈화 그 자체는 절대로 목적이 될 수 없다. 모듈화를 통해서 얻고자 했던 그 목적에 집중해야지, 모듈화라는 콘셉트에 매몰되면 그것을 적용한 제품은 실패할 수밖에 없다.

(3) Step 2. 제품의 형태, 제품 변화의 타입 분석

이후에는 만드는 제품의 타입과 제품 변화의 타입을 분석한다. 제품의 타입은 복잡계 시스템(Complex System)과 비복잡계 시스

템(Non-Complex System)으로 분류하고, 제품 변화의 타입은 파생
(Variations), 세대(Generations), 구성(Configuration or Transforma-
tion) 등 세 개의 축을 기준으로 파악한다.

먼저 시스템의 타입을 파악해야 '복잡성 개선'이 모듈화를 하는
목적인지를 판단할 수 있다. 복잡성 개선이 모듈화의 목적이라면
'완전 모듈화' 타입을 선택할 가능성이 높다. 그다음에는 제품 변화
의 타입을 판단해 적용할 모듈화의 타입을 결정하기 위한 자료를
준비한다.

(4) Step 3. 모듈화전략 수립 단위 설정

제품 형태와 변화 타입을 파악했다면, 모듈화전략을 제품 단위로
수립할 것인지, 제품 포트폴리오 단위로 수립할 것인지를 결정한다.
예를 들어, 제품 타입이 복잡계 시스템(Complex System)이라서 파
생(Variations)이 많지 않고 세대(Generations)의 주기가 긴 경우, 구
성(Configuration or Transformation)을 기준으로 모듈화전략을 제
품 단위로 수립하게 된다. 반면에 파생(Variations)이 요구되어 파생
제품이 많다면 제품 단위가 아니라 제품 포트폴리오 단위로 모듈화
전략을 수립한다.

(5) Step 4. 모듈화전략 운영 방안 수립

마지막으로 모듈화전략 운영 방안을 수립한다. 모듈화전략 타입
(ⓐ 시스템 내의 국부적 모듈화, ⓑ 시스템 자체의 모듈화, ⓒ 시스템 외부
의 모듈 추가, ⓓ 시스템의 모듈화)을 선정하고, 이에 맞춰서 개발/생

산/구매 등의 운영활동에 대한 실행방안도 수립한다.

지금까지 살펴본 내용을 중심으로 정리하면, 모듈화전략 수립 단계를 통해서 꼭 설정해야 할 필수 요소는 다음과 같다.

ⓐ 전략적 방향 ⓑ 외부 불확실성 요인 ⓒ 운영 방안

3) 모듈화전략 운영 방안

앞서 언급한 것처럼 실제로 성공하지 못했던 모듈화전략 활용 사례에서는 운영보다 수립에 문제가 있었다. 그래서 이 책에서도 모듈화전략의 운영보다 수립을 강조하고 있다. 즉, 제대로 실행하는 것보다 제대로 된 방향을 잡는 활동을 강조하고 있다.

그러나 모듈화전략의 운영 또한 그것을 수립하는 것만큼이나 중요하다. 시간과 자원을 투입해서 자사에 맞는 모듈화전략 방향을 수립했다면, 이를 실현해야만 투입한 시간과 자원을 보상받을 수 있기 때문이다. 이 챕터에서는 모듈화전략 운영에 대한 모든 것을 다루는 것보다 항목별로 중요한 부분만 리뷰하도록 하겠다. 모듈화전략의 운영은 다음의 〈그림 11〉을 따르면 된다.

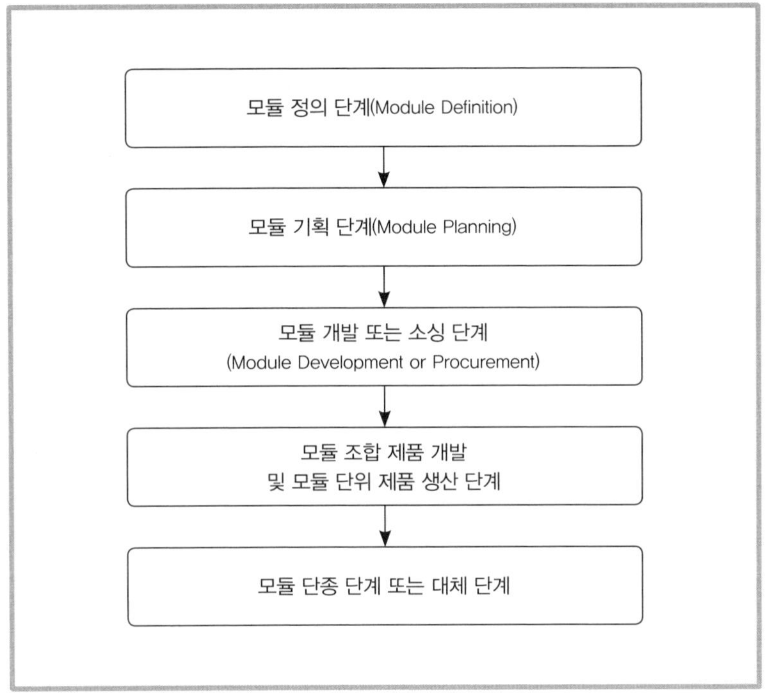

그림 11. 모듈 라이프사이클

(1) 모듈 정의

모듈화전략으로 전체 활동에 대한 방향을 수립했다면, 제품이 어떠한 모듈을 가지고 있는지 정의하는 과정을 거쳐야 한다. 모듈은 결국 제품 안에서 의미를 찾을 수 있기 때문이다. 그래서 제품 아키텍처상에서 어느 구조/기능을 담당하고, 어떤 하위 기능/구조를 가지고 있는지 정의하는 단계가 필요하다.

이 과정에서 1가지 더 정해야 할 사항은 **무엇을 관리항목으로 가져갈 것인가**이다. 플랫폼전략에서는 플랫폼 자체가 기획, 개발, 운영의 단위가 된다. 모듈화전략에서는 모듈 자체가 기획, 개발, 운영의 단위가 될 수도 있고 아닐 수도 있다. 플랫폼전략에서의 플랫폼을 제대로 정의했다면, 기술/개발/운영/시장 관점에서 가장 핵심이 되는 제품 영역이 바로 플랫폼이고, 관리항목 또한 플랫폼으로 귀결된다.

그렇지만 플랫폼전략을 일반화한 모듈화전략에서의 모듈들의 역할은 각각 다를 수 있다. 한 모듈은 플랫폼처럼 기술/개발/운영/시장 관점에서 핵심이 되기에 플랫폼처럼 관리되어야 할 수 있지만, 어떤 모듈은 시장 또는 고객의 요구에 따라 변화하는 모듈이기에 기획보다는 빠른 대응이 중요할 수 있다. 어떤 모듈은 자체 개발/생산되는 모듈이 아니기에 기술 트렌드를 파악한 뒤 제품에 빨리 적용하는 것이 중요할 수도 있다.

즉, 모듈을 정의한다는 것은 그 이후에 어떤 모듈을 관리항목으로 가져갈 것인가도 같이 결정하는 것이다. 예를 들어, 플랫폼전략에 따라 다양한 모델을 개발, 생산, 판매하는 기업이라면 플랫폼의 종수는 당연히 관리항목에 포함시킬 것이다. 개별 모델을 관리하는 것보다 플랫폼 종수를 관리하는 것이 더욱 큰 축에서 작은 수로 관리하는 것이기 때문에 효과적이기 때문이다.

(2) 모듈 기획

모듈 기획은 정의된 모듈을 현물로 만들기 위해서 계획을 수립하는 단계로, 실현하기 전 단계이다. 이 단계에서는 모듈의 정해진 기능과 관련하여 성능, 구체적 사양, 확보해야 할 기술, 개발/소싱 일정, 제품 적용 일정, 모듈의 공용화 일정, 단종 일정 등을 결정한다.

이 활동에서 중요한 것은 과연 **전략적 의도가 준수되었는가**, 즉 **모듈**

화전략 수립 시 결정된 전략적 방향과 기획의 결과물이 맞춰졌느냐이다. 즉, 모듈화전략 수립으로 방향을 잡았다면, 이를 토대로 제품에 적용될 모듈들을 기획해야 한다.

예를 들어, 사용자 락인Lock-in효과를 얻고자 특정 모듈에 제품의 기술 플랫폼 역할을 부여했다고 가정해보자. 그런 상태에서 새로운 제품을 만들 때마다 새로운 모듈을 기획·개발한다면 원래 의도한 바와는 다르게 실행하고 있는 것이다. 이런 경우는 모듈 기획의 실패로 봐야 한다. 결과적으로는 모듈화 전략 수립 시에 방향을 잘못 잡았거나, 올바른 방향을 설정했지만 그대로 실행하지는 못한 경우이다. 결국 시정해야 하는 상황인 것이다.

(3) 모듈 개발과 소싱(구매)

모듈 개발과 소싱은 기획한 모듈을 내부에서 개발하거나 외부에서 구매하는 활동을 의미한다. 모듈화전략 수립 시 방향을 제대로 잡고, 모듈 기획 과정에서 그 방향과 계획에 맞춰 모듈들을 기획하고 개발하거나 소싱하는 것은 큰 문제가 없어 보인다.

그러나 실제로 모듈이나 제품을 개발할 때 기획 단계에서 예상치 못한 문제들은 발생하기 마련이다. 그것들이 품질, 납기, 비용에 영향을 미치게 되고, 종국에는 시장에서의 성패에도 큰 영향을 미치게 된다. 이를 최대한 방지하기 위해서 기획 단계에서 발생 가능성과 영향도를 기준으로 리스크를 예상하고 해결책을 마련한다.

(4) 모듈 조합 제품 개발과 모듈 단위 제품 생산

이미 개발된 모듈들과 제품 개발 과정에서 개발된 모듈들을 조합
해 제품을 만드는 활동이 모듈 조합 제품 개발과 모듈 단위 제품 생
산이다. 이 활동의 결과는 완결된 제품을 만드는 것이다.

(5) 모듈 단종 단계 또는 대체

마지막은 더 이상 사용하지 않는 모듈을 단종시키거나 기존 모듈
을 새로운 모듈로 대체하는 활동이다. 이 활동은 모듈들의 종수 관
리와 연결된다. 종수는 결국 회사가 가지고 있는 복잡성과 연결되어
있고, 복잡성은 비용과 관련되어있기에 가볍게 봐서는 안 된다.

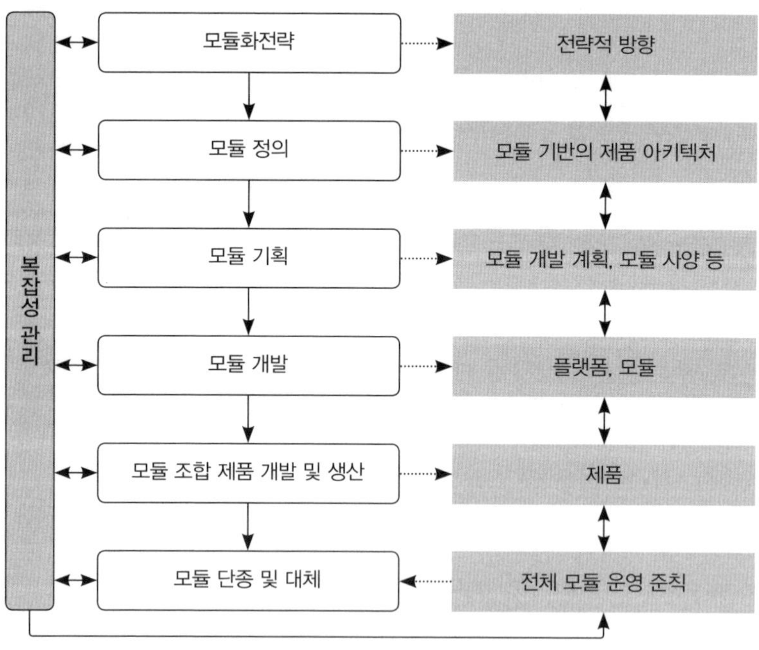

그림 12. 개별 활동들을 서로 맞춰주는 것이 가장 중요하다.

지금까지 모듈화전략 운영과 관련하여 모듈 라이프사이클상의 활동을 대략 살펴보았다. 개별 활동을 제대로 실행하는 것도 중요하지만, 그보다 중요한 것은 개별 활동들을 서로 맞춰주는 것이다. 잘못된 방향에 따라 실행하는 것은 정해진 목적지와는 반대 방향으로 달리는 것 같은 '돌이킬 수 없는 낭비'이다. 그리고 올바른 방향을 수립했지만 그대로 계획하거나 실행하지 않는 것은 '태만'이다.

Box 15. 사례를 통해서 본 모듈화전략

지금 소개할 사례들은 시장에서 성공한 사례도 우수한 사례도 아닐 수 있다. 콘셉트를 잘 살렸다고 생각하여 선별한 사례로, 모듈화전략에 대한 이해도를 높이기 위해서 소개하는 것이니 참고만 하기를 바란다.

1. LG전자의 '트윈워시'

LG전자의 트윈워시는 일반 드럼세탁기의 아래쪽에 통돌이세탁기를 추가로 설치할 수 있도록 만들어진 LG전자의 세탁기 신제품으로,

그림 13. LG전자 트윈워시
출처: flickr.com

트윈워시로 출시된 제품뿐만 아니라 이미 판매된 LG전자 드럼세탁기에도 설치할 수 있도록 통돌이세탁기 모듈을 추가 구입할 수 있다.

자, 먼저 LG전자에서 왜 이 제품을 만들게 되었는지부터 살펴보자. 일반적으로 드럼세탁기로 표현되는 프론트로더Front Loader(전면 투입 방식의 세탁기)와 통돌기세탁기로 표현되는 톱로더Top Loader(상면 투입 방식의 세탁기)는 세탁방식이 서로 다르다.

프론트로더는 위에서 아래로 세탁물을 떨어뜨려서 때를 빼는, 중력을 이용하는 방식으로 세탁물을 덜 상하게 한다는 장점이 있으나, 톱로더에 비해 세탁력이 덜하다는 단점을 가지고 있다. 드럼세탁기에는 세탁물을 꽉 채워서는 안 되는데 세탁물을 떨어뜨려서 때를 빼는 방식이라 이를 위한 공간이 필요하기 때문이다. 톱로더는 이와 반대다. 톱로더는 통을 회전시켜서 얻는 원심력으로 세탁하는 방식으로, 세탁력은 좋으나 세탁물이 상할 수 있다는 단점이 있다. 그래서 아직도 통돌이세탁기를 선호하는 사람도 있다.

하지만 통돌이세탁기는 세탁물을 빼기가 좀 불편하고 실내에 설치하기가 어려우며 진동도 심하다. 그렇다면 **세탁물의 종류에 따라서 세탁 방식을 달리할 수 있다면 어떨까?**

이런 경우도 생각해보자. 아기를 키우는 집에서는 세탁기를 두 대 가지고 있는 경우가 종종 있다. 아기 옷에 어른 옷의 병균이나 안 좋은 성분이 들어가는 것을 방지하기 위함이다. LG전자에서 내놓은 '꼬망스'라는 소형 세탁기가 바로 이런 필요로 만들어진 제품이다. 그런데 세탁기가 두 대 있으려면 공간도 두 배 가까이 들어야 한다. **공간은 최소화하면서 세탁물의 종류에 따라서 세탁 공간을 분리할 수 있다면 어떨까?**

세탁기는 큰 용량을 사면 유리하다. 이불 빨래도 할 수 있고, 세탁물이 많을 때는 나눠서 할 필요가 없기 때문이다. 그런데 소량 세탁물이 자주 나오는 경우라면? 큰 빨래도 해야 하지만, 소량 빨래를 할 경우에는 큰 세탁기를 돌려야 할까? **세탁물의 양에 맞춰서 세탁기를 효율적으로 사용할 수는 없을까?**

자, 이런 필요성에 따라 만들어진 제품이 바로 트윈워시이다. 기존의 드럼 세탁기에 미니 세탁기 모듈을 추가하여 소량 빨래, 아기 빨래, 강한 세탁력이 필요한 빨래를 분리해서 할 수 있다. 트윈워시는 모듈화 타입 중에서 기능 추가를 위한 모듈을 적용한 사례인 것이다. 기존 세탁기는 외부 인터페이스가 일정하다면 미니 세탁기를 이 인터페이스에 맞춰서 개발/생산되면 된다.

이에 대한 모듈화의 의미를 따져본다면, **아키텍처**Architecture, **구성**(Configuration), **모듈**Module**의 변화를 통한 혁신 추진**에 해당된다. 세탁기의 아키텍처가 변화하지는 않았지만, 구성을 달리하여 제품 혁신을 추구한 사례인 것이다. 이 경우에는 제품의 다양성에 미치는 영향이나 운영상의 효율성 측면보다는 제품의 경쟁력 강화를 위한 혁신 추진에 무게를 둔 것이다.

2. 모토로라의 모듈형 스마트폰 '모토 Z'Moto Z'

모토 Z는 **시스템 외부에 모듈을 추가**한 타입이다. 이전에 출시되었던 LG전자의 G5는 시스템 내의 국부적인 모듈화를 통해서 기능을 확장한 타입이다. 반면에 모토 Z는 기존 시스템의 변화 없이 시스템 외부에 모듈을 추가함으로써 기능을 확장한 타입이다. 두 타입 모두 제품의 다양성을 확보하는 측면보다는 **제품 자체의 경쟁력을 강화하기 위해서 모듈화를 추구한 사례이다.**

이렇듯 기본 스마트폰에 프로젝터 기능 모듈, 파워팩 모듈, 스피커 모듈을 추가하여 스마트폰의 기능을 강화하는 방식을 취한 사례들

그림 14. 모토로라의 '모토 Z'
출처: flickr.com

이 있다. 이런 내용을 계속 이야기하는 이유는, 모든 모듈화전략이 단지 제품 파생의 효율성을 위해서 또는 그로 인해서 발생하는 복잡성을 개선하는 목적으로 활용된다고 오해하는 분들이 있기 때문이다. 그러나 복잡성 개선은 모듈화전략을 활용하는 많은 목적 중 하나일 뿐이다.

제품 파생이 크지 않은 복잡한 시스템(Complex System)도 시스템을 개발하면서 발생하는 복잡성을 줄이기 위해서 모듈화전략을 활용하는 사례도 있다. 하지만 **툴을 정해놓고 목적에 맞추는 실수는 하지 않아야겠다.**

모토로라의 모토 Z는 제품의 기능을 확장하는 모듈을 스마트폰 후면에 추가하는 형태로 모듈러디자인을 활용하고 있다. LG전자의 G5에 비해 모토로라의 모토 Z는 다음과 같은 장점을 가지고 있다.

① 양산성 문제

G5의 경우, 스마트폰의 하단을 분리하는 형태로 구현했다. 그래서 본체와 하단 간의 형합 문제는 어느 정도 예상되었다. 아무래도 서랍 형태의 타입을 구현하기 위해서는 공차 문제가 예상되었다. 그런데

모토 Z는 후면에 자석을 이용하여 부착하는 형태이고, 그래서 이런 문제에서는 상대적으로 자유로울 수 있다. 게다가 모토 Z의 모듈은 모두 기능을 강화한 모듈이고, 특정한 사용처가 있고, 조립에 관한 이슈는 적다.

② 호환성 문제

G5는 형합을 해야만 하는 형태이고, 스마트폰의 크기(두께, 길이, 너비)에 따라서 후속작과의 호환성 이슈가 생길 수밖에 없다. 모토 로라는 이런 부분을 출시 전부터 확실히 하고 넘어갔다. 형합이 아니라 부착 형태이기에 상대적으로 호환성 확보가 쉬울 것으로 예상된다.

③ 케이스 문제

G5는 하단 모듈과 본체를 결합하여 완성되는 타입이기 때문에 모듈의 크기나 형태가 일정하지 않으면 모듈별로 케이스를 구입해야 하는 문제가 발생할 수 있다.

④ 기능 중복 문제

G5는 모듈이 위치한 스마트폰 하단 부분이 USB/이어폰 잭 연결을 담당한다. 그래서 신규 모듈 개발 시에 이 기능들을 같이 구현해야 한다는 부담을 안고 있다. 즉, 모듈러디자인이 명확하게 이루어졌는지를 다시 한 번 생각해봐야 하는 부분이다.

모듈러디자인 컨셉으로 제품을 만들기 위해서는 제품보다 긴 라이프사이클을 가진 모듈을 관리해야 한다. 그리고 개별 모듈들을 자사에서 모두 기획, 개발, 관리할 수 없다면 파트너 사를 활용해야 할 때도 있다. 이와 같은 이유들 때문에 모듈러디자인 컨셉을 활용하지 않을 때보다 고민해야 할 부분이 많아진다. 더욱더 정교한 기획이 필요한 것이다. 콘셉트만 좋다고 쉽게 성공할 수 있는 건 아니기 때문이다.

요점 정리

- 모듈화전략 수립 프로세스를 통해 전략적 방향, 외부 불확실성 요인, 운영 방안을 결정한다.
- 모듈화전략을 수립하기 위해서는 먼저 사업 특성과 제품 특성부터 파악해야 한다.
- 모듈 운영 방안은 모듈의 라이프사이클을 기준으로 수립한다.

제6장

모듈화전략을 어떻게 활용하고 있는가?

지금까지 알아본 모듈화전략에 대한 내용을 기초로 실제로 모듈화전략이 우리 산업에서 어떻게 활용되고 있는지 살펴보도록 하자. 생각했던 것보다 광범위하게 사용되고 있음은 물론이고, 그중에는 모듈화전략으로 인지하지 못했을 활용 사례도 있다. 소개하는 사례 중에는 최근 화두가 되는 스마트팩토리와의 관계를 설명한 부분도 있다.

모듈화전략 그 자체가 주연의 역할이든, 어떠한 활동을 위한 조연의 역할이든 지금까지 우리가 다룬 내용에서 크게 벗어나지 않는다. 그래서 이해하기 어려운 부분이나 필요 없는 부분은 이 챕터에서는 과감하게 건너뛰어도 무방하다.

1. 모듈 생산 방식

신문기사에서 모듈러디자인(설계 모듈화)과 모듈 생산 방식(생산 모듈화)을 구분하지 않고 사용하는 경우가 종종 있다. 이번 챕터에서는 모듈화전략의 대표적인 사례인 모듈 생산 방식에 대해서 다루고, 모듈러디자인(설계 모듈화)과 어떤 점에서 구별이 되는지 살펴보자.

일반적인 생산 방식은 〈그림 1〉의 왼쪽과 같이 대부분의 부품 또는 부품들의 조립품을 완성품업체가 외부에서 구매하여 가공·조립해 제품을 만든다.

모듈 생산 방식은 〈그림 1〉의 오른쪽과 같이 부품 또는 부품들의 조립품을 모듈 공급회사가 먼저 입고를 받은 뒤 가공·조립하여 좀 더 큰 단위의 어셈블리assembly(조립품)로 완성품업체에 입고시킨다. 그러면 완성품업체는 이 큰 단위의 어셈블리들을 조립하여 완성품을 만드는 방식이다. 자, 그럼 왜 모듈 생산 방식을 도입하는 걸까?

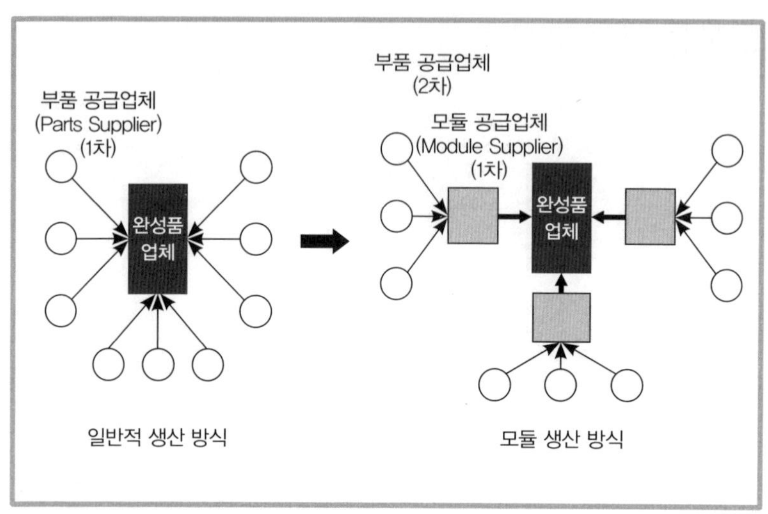

그림 1. 모듈 생산 방식

1) 모듈 생산 방식의 목적

(1) 완성품업체는 조립에 필요한 작업시간과 투자를 줄일 수 있다

일반적인 생산 방식은 부품 또는 작은 단위의 부품 어셈블리를 입고 받는 과정이 있어서 총 조립 라인이 길어지고 그에 따라 총 조립시간과 라인을 구성하기 위한 투자비가 늘어난다. 그런데 모듈 생산 방식을 취하면 우선 총 조립 라인의 길이를 줄일 수 있고, 그에 따라 작업자 수도 줄일 수 있다. 그에 따라서 작업시간과 비용, 라인을 구성하기 위한 투자비를 줄일 수 있다.

(2) 노동비용을 절감할 수 있다

일반적으로 완성품업체보다 모듈 공급업체의 규모가 작다 보니,

모듈 공급업체의 간접비용이나 노동비용이 싼 편이다. 예를 들어, 우리나라의 대기업에서 근무하는 작업자에게 일을 시키는 것보다 대기업의 협력 회사의 작업자에게 일을 시키는 것이 비용이 좀 더 절감되는 것과 같은 효과이다. 다만 이것은 모듈 공급업체가 완성품 업체보다 우위에 있지 않다는 것을 가정한 것이다. 모듈 공급업체가 전문화되고 지식을 축적하여 시장에서 독보적인 위치에 오르면 이러한 비용 효과는 누릴 수 없다. 또한 모듈 공급업체가 같은 대기업 산하인 경우에도 이런 노동비용 절감 효과를 얻을 수 없다.

(3) 직공급 방식(Just-In Time)이 좀 더 용이하다

모듈 공급은 직서열(JIS, Just-In Sequence) 방식을 취한다. 즉, 총 조립 라인에서 원하는 순서·시간에 모듈이 정확하게 입고되니 이전의 작은 단위 부품이나 조립품보다 입고품의 수가 적다. 그래서 일반적인 생산 방식에서 공급받아야 하는 부품의 수보다 공급받아야 하는 모듈의 수가 줄어든다. 그리고 조정해야 하는 모듈 공급업체의 수도 줄어들기 때문에 모듈 공급업체의 조정이 좀 더 용이하다.

(4) 비용 절감 효과가 있다

노동비용과 같이 매년 모듈 공급업체에 단가 인하를 요구하여, 이를 만족시키지 못할 경우 모듈 공급업체를 교체하게 되는데, 이 또한 모듈 공급업체가 전문화되고 지식을 축적하여 시장에서 독보적인 위치에 오르면 이러한 비용 효과는 누릴 수 없게 된다. 또한 모듈 공급업체가 같은 대기업 산하인 경우에도 이런 노동비용 절감 효과를 얻을 수 없다.

(5) 구매 관리를 위한 비용이 줄어든다

모듈 생산 방식을 취하면 완성품업체가 관리할 협력 회사의 수도 줄어든다. 상대적으로 구매 관리를 위한 비용이나 복잡도가 줄어드는 것이다. 그리고 모듈 공급업체를 완성품업체의 근처에 위치시킴으로써 물류비용도 줄일 수 있다. 그런데 모듈 공급업체만을 관리하고 모듈 공급업체가 관리하는 2차, 3차 협력 회사(Tier 2, 3)를 관리하지 않을 경우에는 여기서 발생하는 품질 리스크가 완성품에 그대로 반영될 수 있다. 그러므로 기존 생산 방식처럼 관리는 못하더라도, 모듈 공급업체가 2차, 3차 협력 회사를 잘 관리할 수 있도록 지휘해야 한다.

(6) 신규 시장에 대한 투자비용을 절감할 수 있다

완성품 조립업체의 총 조립 라인만 신규 시장에 투자하고, 모듈 공급업체들에게 신규 공장 근처에 동반 진출하게 함으로써 신규 시장의 투자비용을 줄일 수 있다.

(7) 자동화가 용이하다

마지막으로 모듈 생산 방식은 총 조립 라인의 자동화를 용이하게 만든다. 먼저 모듈 단위로 입고·조립하게 함으로써 라인을 단순화했고, 여기서 모듈 간의 인터페이스를 표준화하면 작업 방식 등이 표준화되고, 이를 기초로 자동화하면 된다. 이때 자동화는 좀 더 용이해진다.

Box 16. 모듈 생산 방식의 목적

① 완성품업체는 조립시간과 투자를 줄일 수 있다.

② 노동비용을 절감할 수 있다.

③ 직공급 방식(Just-In Time)이 좀 더 용이하다.

④ 비용 절감 효과가 있다.

⑤ 구매 관리를 위한 비용이 줄어든다.

⑥ 신규 시장에 대한 투자비용을 절감할 수 있다.

⑦ 자동화가 용이하다.

2) 모듈 생산 방식의 리스크

초기의 모듈 생산 방식에서 모듈 공급업체(Tier 1)는 2차 협력 회사(Tier 2)에서 공급받은 부품·조립품을 단순히 조립하는 역할만을 담당했다. 점차 모듈 공급업체(Tier 1)가 단순 조립에서 일부 주요 부품을 개발·가공하고, 조립 모듈에서 기능 통합 모듈을 직접 설계·개발하여 생산하는 역할을 담당하게 된다.

이렇게 역할을 강화하기 위해서는 완성품업체로부터 모듈에 대한 설계 지식이 모듈 공급업체로 이전되어야 한다. 제품 모듈화로 인한 분업화, 그리고 지식 모듈화가 이루어지는 것이다. 이로 인해 ① 완성품업체가 시스템에 대한 주도권을 잃고 '시스템 통합자'에서

'단순 완성품 조립자'로 전락할 가능성이 있다. 물론 완성품업체들과 모듈 공급업체들이 각자 자신의 역량을 강화하고 그것을 활용하여 자신의 역할을 충실히 함으로써 완성품의 경쟁력을 더욱 강화할 기회를 얻을 수도 있다. 즉, 협업으로 경쟁력을 강화할 수 있다는 것이다.

모듈 공급업체 중에는 완성품업체에서 육성된 업체도 있겠지만, 자신의 영역에서 독보적인 전문성을 가진 업체도 있다. 그렇게 각각 최고의 지식과 역량을 가진 모듈 공급업체들로부터 최고의 품질·성능의 모듈을 공급받아 통합하여 경쟁력 있는 완성품을 만들 수 있다.

모듈 공급업체가 하나의 완성품업체에 납품할 때는 없던 문제가 ② 모듈 공급업체가 다수의 완성품업체들에 납품을 하게 되면 발생할 수 있다. 완성품업체에 대한 지적 자산이 경쟁사로 노출될 가능성이 있는 것이다. 물론, 모듈 간의 인터페이스가 표준화되어있다면 서로 교류하는 정보가 한정되겠으나, 시스템 통합이 필요한 경우에는 그 정보의 수준이 달라진다.

초기 모듈 생산 방식에서는 모듈 공급업체에 생산성 향상을 요구하는 식으로 매년 일정 수준의 단가 인하를 요구했다. 그리고 이를 만족시키지 못하는 모듈 공급업체는 다른 모듈 공급업체로 상대적으로 쉽게 교체되었다. 그런데 모듈 공급업체의 역할이 단순 조립에서 설계·가공으로 확대됨에 따라서 ③ 모듈 공급업체의 역량이 모듈의 품질·성능을 결정하게 되고, 그 모듈들의 품질·성능이 모여서 완성품에 영향을 미치게 된다. 실제로 리콜 사태의 원인이 된 품질 이슈는 대부분 완성품업체의 문제가 아니라 공급받은 부품 또는 모듈의 문제였다. 그만큼 모듈 공급업체의 역량을 높이면서 관리를 제대로 하지 않으면 그 결과가 완성품의 품질과 직결된다.

앞 챕터에서 모듈 생산 방식이 가지는 리스크에 대해서 다뤘는데, 그것과 연결해서 다뤄보고 이를 보완하는 방법에 대해서 살펴보자. 모듈 생산 방식의 1차적 목적은 결국 모듈의 생산을 완성품업체가 아니라 협력 회사에 맡김으로써 총 조립 과정에서의 복잡성을 줄이는 것이다. 그런 상황에서 공급을 담당하는 협력 회사의 역량이 모듈의 품질이나 성능에 영향을 미치고, 이것이 완성품의 품질이나 성능과 직결된다. 아무래도 모듈 공급업체의 규모나 역량이 완성품업체보다 영세하다면 입고되는 부품의 관리, 생산 관리, 모듈의 출하 관리까지 완성품업체의 것보다 조금씩은 떨어질 수밖에 없다. 게다가 완성품업체의 총 조립 라인을 표준화하면서 모델별로 변동이 있는 부분을 모듈 공급업체가 담당하게 하니, 이에 따른 모듈 다양화로 인한 복잡성 또한 모듈 공급업체가 처리해야 하는 부담까지 안게 된다.

이러한 상황을 개선하기 위해서 모듈 공급업체의 역량과 규모를 키우는 협력 회사 육성 관리 등의 복잡성 비용을 줄이는 활동 외에 모듈 공급업체가 담당해야 하는 복잡성 자체를 줄이는 활동이 필요하다. 즉, 제품구조를 개선하여 공정을 삭제 또는 단순화하거나, 모델이 다양화되어도 모듈 자체를 표준화해 공정의 다양성을 줄이거나, 모듈 내부의 부품이나 부품 간 인터페이스 등을 표준화해 공정 내 생산 요인의 다양성을 줄이거나, 모듈별로 차별화되는 시점을 최대한 늦추는 차별화 지연(Postponement)을 적용하는 등의 작업을 한다. 그런데 이런 작업을 하기 위해서는 완성품업체의 개발을 담당하는 부서에서 생산 현황을 파악해야 하고, 그 결과를 기초로 개선안을 만들어 제품 설계에 반영해야 한다. 이를 위해서는 현장에 있는 작업자들이 자신들이 생각하는 문제점에 대한 의견을 적극적으로 제시해야 한다.

'생산' 분야에서는 "어차피 우리는 '개발'에서 만든 것을 받아서 작업한다"는 식의 '후공장 마인드'를 버리고, 운영효율성을 높이기 위한 의견을 적극적으로 제시한다. '개발' 분야에서는 '생산'을 위해서 제품구조를 어떻게 개선해야 하는가라는 생각을 가지고, 생산 분야의 의견을 최대한 반영해야 한다.

3) 모듈 공급업체가 감당해야 할 복잡성에 영향을 주는 요인

모듈 생산 방식의 리스크 중의 하나가 완성품업체의 총 조립 라인은 표준화되고, 모델의 다양성을 모듈 공급업체에서 공급받는 모듈로 전개한다면, 바로 그런 모델의 다양성으로 인한 복잡성이 완성품업체에서 모듈 공급업체로 전가될 수 있다는 것이다. 즉, 완성품업체가 자신들이 떠안을 위험, 리스크, 비용을 자신들에게 부품과 모듈을 납품하는 공급업체에 떠넘기는 모양새가 될 수 있다. 이 부분은 상당히 논란이 있는 부분이긴 하지만, 모듈 공급업체가 대형화·전문화되기 이전 단계라면 실제로 완성품업체보다 역량이나 규모 면에서 복잡성을 감당하기가 더욱더 어려운 상황에 처해있기 마련일 것이다. 그리고 이 부분은 결국 완성품의 품질과 직결된다.

그렇다면 모듈 공급업체가 떠안게 되는 복잡성의 요인은 무엇이고, 그것을 해결하기 위한 방법으로는 어떤 것이 있을까? 먼저 모듈 공급업체가 감당해야 할 복잡성에 영향을 주는 요인을 살펴보자.

---

① 모듈 공급업체의 규모와 역량 (C)
② 총 공정 수, 총 작업 수, 작업 난이도, 입고 부품 수, 사용 툴/장비 수, 인원 수 (N)
③ 공정 종류 수, 작업 종류 수, 작업 난이도 편차, 입고 부품 종류 수, 사용 툴/장비 종류 수, 인원 편차 (V)

---

(1) 모듈 공급업체의 규모와 역량 (C)

먼저, 모듈 공급업체의 규모와 역량을 들 수 있다. 아무리 완성품업체에서 다양한 모듈을 요청하더라도 모듈 공급업체가 그것을 감당할 수 있는 역량을 가지고 있고, 다양한 모듈을 동시에 대량 공급할 수 있는 규모도 갖추고 있다면, 그렇지 못한 업체보다 모듈의 다양성으로 인해서 발생하는 복잡성에 쉽게 대응할 수 있다. 같은 복잡성이라도 기업의 규모와 역량에 따라서 그로 인한 비용이 달라질 수 있으므로, 복잡성으로 인한 비용을 함수로 나타낸다면 '모듈 공급업체의 규모와 역량'은 복잡성 자체보다 그로 인한 비용에 영향을 미치는 요인이다.

(2) 총 공정 수, 총 작업 수, 작업 난이도, 입고 부품 수, 사용 툴/장비 수, 인원 수 (N)

모듈을 생산하기 위해서 거쳐야 하는 총 공정 수, 총 작업 수, 작업 난이도, 입고 부품 수 등이 복잡성에 직접적으로 영향을 주는 요인이라고 볼 수 있다. 적은 공정을 거쳐야 하는 모듈, 작업 난이도가 낮은 모듈은 그렇지 못한 모듈보다 기업이 감당해야 할 복잡성이 작다고 볼 수 있다.

(3) 공정 종류수, 작업 종류수, 작업 난이도 편차, 입고 부품 종류수, 사용 툴/장비 종류수, 인원 편차 (V)

다음으로 완성품업체가 요청하는 모델의 다양화에 따라서 모듈도 다양화되고, 이에 대응하기 위해서 여러 생산 요인의 종류도 많아진다. 이 또한 공급업체가 감당해야 할 복잡성에 영향을 미치는 요인이다. 모듈 공급업체가 감당해야 할 복잡성을 함수식으로 단순화시키면 〈그림 2〉처럼 표현할 수 있겠다.

먼저 모듈 공급업체가 감당할 복잡성은 모듈을 만들기 위해서 필요한 공정과, 그 요소들의 수와, 공정과 그 요소들의 종류의 함수관계를 갖는다. 그리고 복잡성으로 인해서 발생하는 비용은 복잡성과 비례하고, 기업이 갖는 규모와 역량과는 반비례한다. 이렇게 함수관계를 나타낸 것은 요인별로 모듈 공급업체가 갖게 되는 복잡성 비용을 줄이는 방안을 찾고자 함이다. 그러면 모듈 공급업체가 감당해야 할 복잡성에 영향을 주는 3가지 요인들을 다시 살펴보자.

(1) 모듈 공급업체의 규모와 역량 (C)

모듈 공급업체의 규모와 역량을 키우는 것이 첫 번째 방안이다. 협력업체들을 소수 정예화하면서 완성품업체의 초기 개발 프로세스부터 참여시키거나, 자사의 엔지니어 등 기술역량이 있는 인원을 파견하여 교육하는 등의 역량 강화 활동을 실행한다. 이 부분에서는 일본 기업들이 과거부터 강점을 가졌다. 수직계열화 덕분이 아닌가 싶다. 즉, 일본 기업들은 협력 회사에 자사의 엔지니어를 파견하여 협력 회사의 수준을 높이는 것이 자사 완성품의 품질과 성능을 결

$$복잡성(Complexity) = f(요소의\ 수N, 요소의\ 종류V)$$

$$복잡성\ 비용(Cost_{Complexity}) = \frac{g(복잡성Complexity)}{h(역량c)}$$

그림 2. 복잡성 비용

정한다고 판단했다. 그래서 개발 초기부터 협력 회사가 참여하도록 유도하고, 기술 지원을 하여 역량을 강화하는 활동을 했다.

(2) 총 공정 수, 총 작업 수, 작업 난이도, 입고 부품 수, 사용 툴/장비 수, 인원 수 (N)

그다음은 공정과 그 요소를 줄이는 일이다. 이 부분은 제품구조 개선 그 이상이 필요하다. 공정을 삭제한다는 것은 그에 해당하는 부품을 없애겠다는 의미다. 부품 하나를 없애려면 제품구조를 뜯어고쳐야 한다. 이 부분과 관련해서는 DFMA(Design for Manufacturing/Assembly)를 활용하든지, 기능 중심으로 제품구조를 원점부터 살펴보는 등의 활동으로 제품이나 모듈을 최대한 단순화시키는 작업을 해야 한다.

(3) 공정 종류수, 작업 종류수, 작업 난이도 편차, 입고 부품 종류수, 사용 툴/장비 종류수, 인원 편차 (V)

이 부분에서는 모델별로 차이를 보이는 모듈의 공정 또는 요소의 현황을 분석하여 그 차이를 없애는 방안을 제품구조에 적용하는 것이 우선이다. 즉, 모델별로 변동이 불필요한 부분을 찾아내서 모델 간 모듈의 변동성을 최소화하는 방안을 찾아낸다. 이 과정을 거쳐도 모든 차이를 없앨 수 있는 것은 아니기 때문에 차별화 지연(Postponement)으로 변동성을 가급적 뒤에 배치된 공정으로 이동시킨다.

<그림 3>은 3가지 종류의 모듈을 만드는 라인을 가정해본 것이다. 동그라미는 입고부품을, 색깔은 모듈별 차이다. 왼쪽 그림은 차별화 지연을 적용하지 않은 공정의 예이다. 입고된 부품이 3가지 모델에 따라서 두 번째 공정부터 3가지 종류의 부품으로 가공되었다. 그래서 이 라인의 부품의 총 종류 수는 10개이다. 반면에 오른쪽 그림은 첫 번째부터 세 번째까지는 모델에 따른 변화가 없다가 마지막에 모듈 종류별로 차별화했다. 이렇게 표현된 라인의 부품의 총 종류 수는 6개이다. 이처럼 차별화 지연을 적용하면 라인 내 요소의 종류 수를 줄일 수 있고, 종류에 따라서 달라질 관리복잡도나 불량에 따른 리스크도 줄일 수 있다.

차별화 지연(Postponement)은 모듈 기반의 생산 과정 중 매스커스터마이제이션Mass Customization(다품종 대량 생산 체계)을 실현할 시점에서 활용되는 기법이다. 이는 제품의 차별화 요인의 전개를 전달될 사용자에게 최대한 가까운 시점으로 이동시키는 것으로, 콘셉트는 간단한 반면에 그 당위성을 설명하기가 까다롭다. 이는 어려운

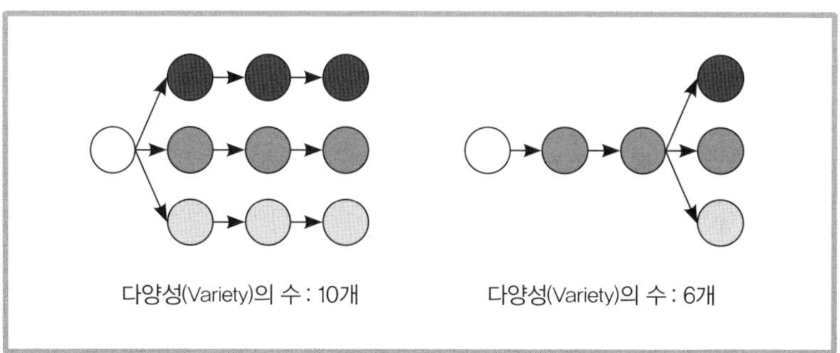

그림 3. 차별화 지연의 효과

'복잡성' 개념을 이해해야 하기 때문이다. 복잡성이 다양성(Variety)의 함수로 표현된다고 가정한다면, 전 공정에서의 다양성의 총합도 따져봐야 한다.

〈그림 4〉의 왼쪽 그림은 차별화 지연을 적용하기 전이다. 그림만 보면, 3번째 공정부터 차별화 전개를 하였고 총 다양성은 17개인 반면에, 오른쪽 그림은 차별화 지연을 적용하여 7번째 공정에서 차별화를 전개하여 총 다양성이 9개이다. 이해를 돕기 위해서 구체적인 다양성 수를 기입했으나, 이것은 사용자까지 이르는 총 공정상의 다양성 총수를 최소화하는 방향으로 활동을 해야 함을 의미하지, 숫자를 일일이 세는 것을 의미하지는 않는다. 즉, 다양성으로 인한 총 복잡성을 최소화하기 위해서 차별화 지연이 실행되어야 한다. 그리고 이 과정에서 복잡성을 보유하는 시간까지 고려해야 한다. 즉, 복잡성을 보유하는 시간도 최소화하는 방향으로 활동을 정의해야 한다. 결론적으로 총 가치사슬상에서 복잡성을 줄이는 방향, 복잡성을 보유하는 시간을 줄이는 방향으로 활동을 기획해야 한다.

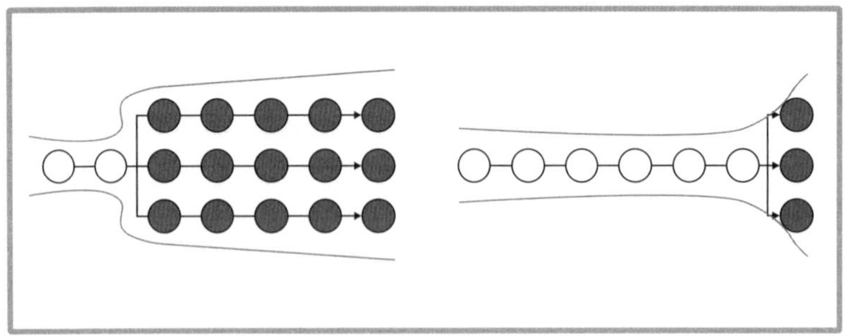

그림 4. 복잡성 관점에서 바라본 차별화 지연(Postponement)

Box 17. 어느 전자제품 전문 기업의 헝가리 공장에서의 '모듈 생산 방식' 사례

어느 신문에 나온 어느 전자제품 전문 기업의 헝가리 공장의 사례는 전형적인 '모듈 생산 방식'의 좋은 예이다. 기사 내용에 따르면, 모듈 기반의 생산으로 생산성을 높였을 뿐만 아니라, "모든 TV에서 사용되는 모듈 부분을 표준화하여 자동화했다"는 점에서 개발 부문에서의 모듈화도 이루어졌음을 알 수 있다. 이렇게 표준화된 모듈은 자동화하기도 용이하기 때문에 전체 생산성도 높아진다. 결국 개발·운영으로 모듈화의 효과가 이어지는 것이다.

그런데 유럽 시장의 소비자 니즈에 맞춰서 "다품종 소량 생산을 하는 것, 소득 수준별·세대별로 원하는 디자인의 TV를 공급하는 것"이 목적이라면, 모듈생산 방식만으로는 부족하다. 표준화된 모듈, 자동화된 모듈 공정보다 **다양한 소비자의 니즈에 따라서 변동되는 부분이 공장의 생산성을 결정한다**. 이를 위해서 도입한 것이 '셀 라인cell line'이다. 셀 라인은 일본의 자동차 회사나 정밀기계 회사에서 사용하던 생산 방식으로, 카메라 회사인 캐논이 이를 잘 활용한 것으로 알려져있다.

셀 라인은 몇몇 숙련공이 '셀'이라는 그룹을 지어서 정해진 작업을 완수하는 방식으로, 보통은 흐름 라인처럼 분업화되어있지 않고, 셀 안에서 결과물을 만들어낸다. 소비자의 요구에 따라서 TV모델에서 변동성이 심한 어셈블리와 서브어셈블리는 셀 라인에서 숙련공이 작업하게 하여 다품종에 의한 변동, 변동으로 인한 생산성 저해를 막고자 했다. 숙련공이 작업하므로 생산성을 어느 정도 보완하면서 니즈 변화에 최대한 유연하게 대응할 수 있다. 즉, 〈그림 5〉와 같은 식이다.

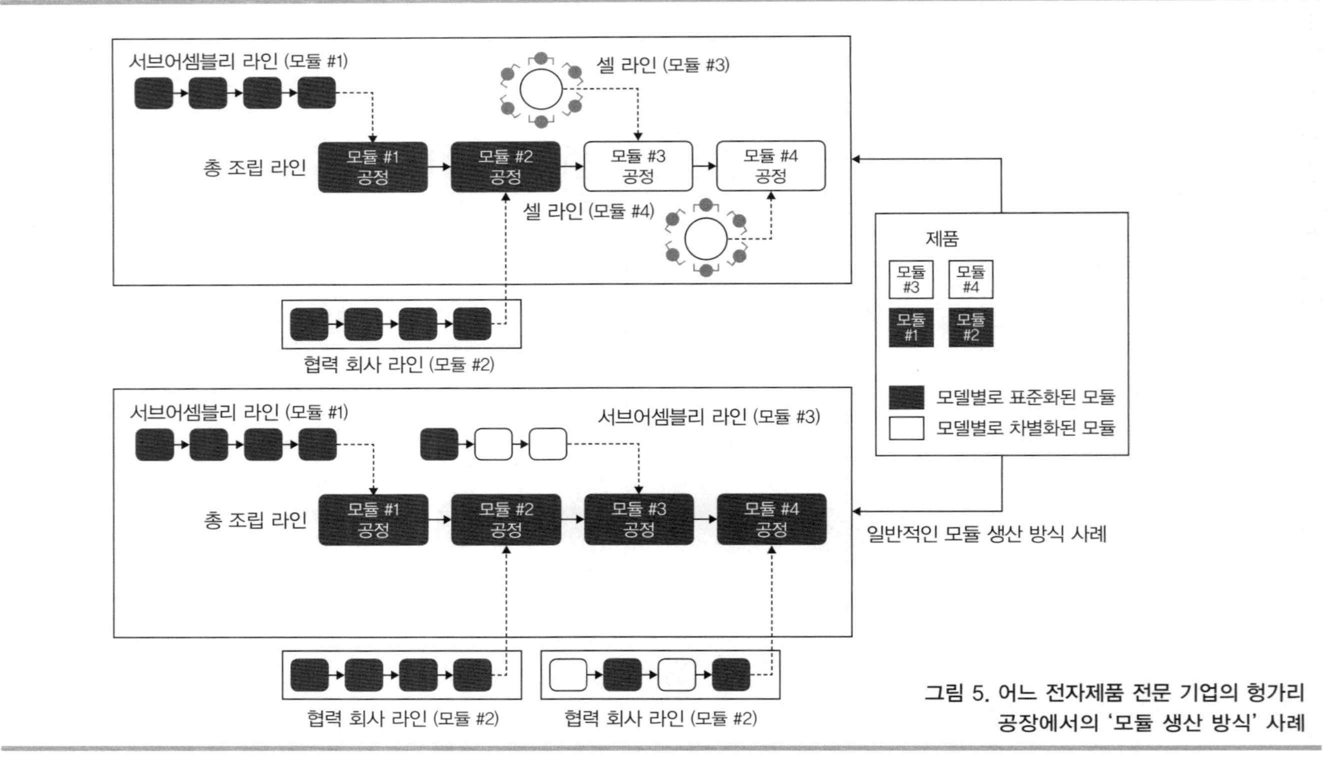

그림 5. 어느 전자제품 전문 기업의 헝가리 공장에서의 '모듈 생산 방식' 사례

- 소비자 니즈에 따라서 고정된 부분 → 설계 표준화, 구조 표준화 → 생산 모듈화 → 자동화
- 소비자 니즈에 따라서 변동된 부분 → 셀 방식으로 생산성 보완

스마트팩토리의 도입을 고민하고 있다면 이 사례를 유심히 봐야 한다. 단순히 공장만 자동화하는 것을 스마트팩토리를 만드는 것으로 생각해선 안 된다. 대신, **"다양한 유럽 소비자의 니즈를 만족시킨다"** 와 같은 사업목적을 수립하고, 설계 부분에서 니즈로부터 독립해 고정되는 부분을 표준화하고, 이를 모듈 기반으로 생산하고 자동화한다. 그리고 니즈에 따라서 변동되는 부분에 유연하게 대응할 수 있는 방안을 찾아야만 스마트팩토리를 만들 수 있다.

4) 자동차 산업 모듈 생산 방식 적용 사례 – 서플라이어파크

참고: Analysis of automotive supplier parks and the applicability of alternative solutions in Mexico

사동차 산업에서 활용뇌는 노듈 생산 방식의 사례인 서플라이어파크Supplier Park(협력업체 공동 조립공장, 완제품 공장 주변에 공급회사들이 집적되어 만들어짐)를 소개하겠다. 서플라이어파크는 완성품 제작 시 발생하는 비용을 최소화하기 위한 자동차 회사의 공장에 인접한 공급업체들의 클러스터를 의미한다. 그 형태에 따라서 공급업체들이 완성차 공장 내에 존재할 수도 있고, 공장 밖이지만 인접한 위치에 존재할 수도 있다. 서플라이어파크의 형태는 자동차 회사마다 다르다. 이는 〈표 1〉에서처럼 이를 활용하는 자동차 회사의 상황, 공장

이 위치한 지역의 특성, 대상 시장 등이 모두 다르기 때문이다.

- 참여업체의 수
- 완성차 업체와의 인접성
- 서플라이어파크 기획 여부
- 물리적인 레이아웃
- 물품의 이송 방식
- 정보 흐름

표 1. 서플라이어파크의 특성

〈표 2〉에서 보듯이, 서플라이어파크의 형태를 띠는 이유 중 하나는 모듈 생산 방식을 취했기 때문이다. 완성품업체에서 만들던 제품의 상당 부분을 모듈 형태로 납품받게 되면, 부피나 중량에 따라 원거리에서 납품 시 비용이 증가하기 때문이다.

- 린 생산
- 클러스터링
- 모듈라이제이션(모듈화)
- 아웃소싱

표 2. 서플라이어파크 관련 이론

공급업체와 완성품업체의 의사결정이 밀접하게 이루어지지 않을 경우, 부품 단위로 납품할 때보다 더 어려울 수도 있다. 그래서 최대한 완성품업체 근처 또는 완성품업체 공장 안으로 공급업체들이 위치하게 되기 때문에 서플라이어파크의 형태로 결정되는 것이다. 다음은 서플라이어파크의 특징에 따른 타입이다.

ⓐ 통합 오너십(모듈러컨소시엄) – 통합된 소유 형태
Integrated ownership(Modular consortium)

브라질에 위치한 폭스바겐의 헤젠시 공장은 모듈러컨소시엄Modular consortium 타입의 서플라이어파크다. 부지나 장비 등의 투자를 폭스바겐이 담당하고, 공장 내에는 모듈 공급업체들이 위치한다. 노무 관리와 품질 관리는 폭스바겐에서 담당하고, 모듈 공급업체는 생산력을 제공하는 것에 전념한다. 또한 완성차 업체인 폭스바겐이 아니라 모듈 공급업체들이 조립·제조 활동을 전담한다. 폭스바겐은 개발이나 마케팅/영업을 담당하는 방식으로 밸류체인(가치사슬)을 리드한다. 이렇게 생산·제조를 공급업체에 맡기게 된 이유는 헤젠시 공장의 버스·트럭 제조 기술이나 노하우가 폭스바겐이 아니라 모듈 공급업체에게 있었기 때문이다.

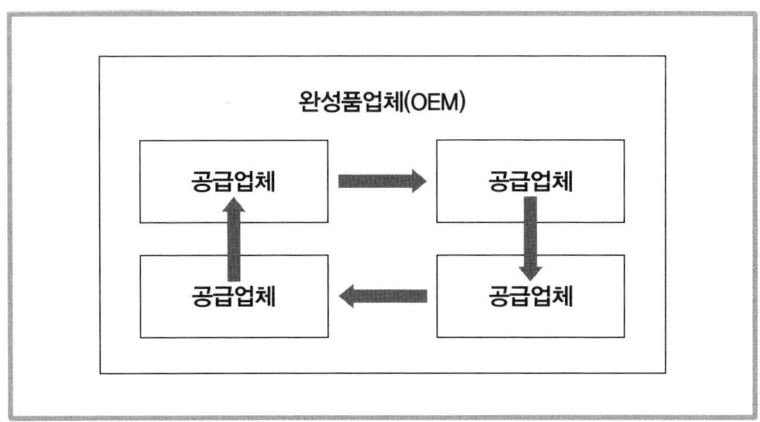

그림 6. 모듈러컨소시엄 – 임차인으로서의 공급업체들

이상적인 모듈러컨소시엄은 헤젠시 공장 사례와 같이 모듈 공급 업체가 노무·기획을 포함한 제조·생산을 전담하면서도 서플라이어 파크 부지 등의 투자에도 참여하는 것이다. 이렇게 되면 완성차 업 체는 투자비를 절감할 수 있다.

ⓑ 인더스트리얼 콘도미니엄 – 분산된 소유 형태
Non–integrated ownership(Industrial Condominium, Relational governance)

인더스트리얼 콘도미니엄Industrial Condominium은 모듈러컨소시엄과 달리 완성차 업체도 제조·생산활동에 관여한다. 즉, 모듈 공급업체 로부터 모듈들을 공급받아서 최종 완성차 조립 작업을 담당하는 식 이다. 이는 일반적인 형태의 서플라이어파크다. 〈조선비즈〉에 다음 과 같은 기사가 실린 적이 있다.

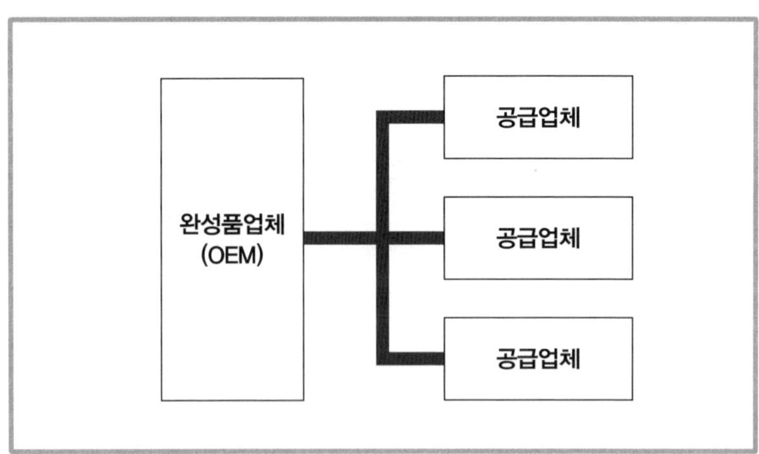

그림 7. 인더스트리얼 콘도미니엄 – 모듈 공장이 완성품업체(OEM) 옆에 위치하고, 컨 베이어를 통해서 연결된다.

> 미국 동북부 오하이오 주에 위치한 H사 톨레도 공장은 크라이슬러 톨레
> 도 공장 의장 라인과 터널 컨베이어벨트로 연결돼있다. H사가 국내외를 통
> 틀어 당시 처음 도입한 터널 컨베이어벨트 시스템은 모듈과 완성차 생산이
> 한몸으로 이뤄지는 것으로 물류비 절감은 물론 공급 부품 품질을 향상시키
> 는 데 기여했다.
>
> 출처: 〈조선비즈〉(2016년 9월)

완성품업체와 모듈 공급업체가 컨베이어벨트로 연결되어서 완성품 라인과 모듈 양산·공급 라인이 한몸처럼 작동된다. 완성품업체는 그만큼 인건비나 가공비를 절감할 수 있고, 모듈 공급업체는 완성품업체 인근에 위치하게 되어 물류비를 절감할 수 있다. 여기서 공급되는 모듈은 프런트와 리어섀시 모듈로 차체의 상당 부분을 차지하므로, 모듈 공급업체가 완성품업체에 인접해있을 수밖에 없다. 물론, 이런 체계를 갖추기 위해서는 모듈 공급업체와 완성품업체 간의 신뢰가 필수적이며, 상호 간의 작업이 동기화되어야 한다.

단, 모듈 공급업체로서는 모듈을 양산하여 공급하는 것으로는 제공할 수 있는 부가가치가 높지 않기 때문에, 결국 인건비와 가공비를 절감하는 역할로 한정될 수밖에 없어서 장기적으로는 경쟁력을 갖지 못할 수 있다. 결국 위 기사의 사례에서도 크라이슬러가 모듈 공급업체로 H사를 선택한 것은 비용 절감 효과가 큰 역할을 했을 것이기 때문이다.

ⓒ 전통적인 산업단지 형태 – 분산된 소유 형태
Non-integrated ownership(Spot governance)

인더스트리얼 콘도미니엄과 유사하지만, 상호 간의 계약 관계는 없고, 주로 아웃소싱을 통한 비용절감 의도가 반영된다. 일반적으로 완성품업체의 작업자보다 공급업체 작업자의 급여가 적기 때문에 추가 투자비와 인건비를 절감할 수 있다. 대단위 단지로 기획된 게 아니라, 완성품공장의 부지로 부품 공급업체들이 자연스럽게 모여든 경우이다.

이것이 일반적인 형태의 산업단지이며, 처음부터 기획된 것은 아니다. 모듈 또는 부품 공급업체 입장에서는 완성품업체 근처에 위치해있으면 부지 임대료, 공장 신축비 등 여러 비용에 대비하여 물류비를 절약할 수 있고, 완성품업체와 유기적으로 협력할 수 있다는 점 등의 이점이 있기 때문이다.

2. 순환경제하에서 모듈러디자인의 역할

　다양한 디바이스로 세상이 풍요로워지고, 그 디바이스의 빠른 발전으로 우리의 삶은 과거에는 예상조차 할 수 없는 정도로 편해지고 있다. 그러나 이렇게 빠른 변화는 한편으로는 그만큼 쓸모없어지는 것, 버려지는 것도 많아지고 있음을 의미한다. 우리가 가지고 있는 자원은 한계가 있고, 버려지는 것들은 우리가 살아가는 환경에도 악영향을 미친다. 그로 인해서 각광받고 있는 산업이 도시광산과 같은 자원 재활용 관련 산업이다. 그런데 버려지는 제품에서 특정 광물, 부품, 모듈을 끄집어내는 과정은 그것을 새로 만드는 것 못지 않은 자원을 요구하며, 빠른 변화는 기존 제품에서 얻어낸 구성품의 재활용을 방해하는 요인이 된다.

　이런 상황을 타개하고자 나온 것이 '재사용을 고려한 설계'이고, 이에 요구되는 사고가 바로 '모듈 방식의 사고'이다. 즉, 제품을 처음 만들 때부터 이 제품에서 재사용할 수 있는 부분을 고려하고, 재활용할 수 있는 방법을 고민하여 설계를 하는 것이다.

물론, 제품을 만들기 위해서는 다양한 조건에 대해 고민해야 하기 때문에 재사용·재활용을 고민할 여유가 있겠느냐고 되묻는 사람도 있겠지만, 이것은 지금보다 미래에 더욱 필요한 설계 관점, 설계 방식이다. 이를 위해서 활용될 수 있는 설계 방법이 모듈러디자인이 될 수 있다.

이 주제에 적합한 사례가 있어서 간략하게 소개하겠다. 일반적으로 모듈러디자인 콘셉트를 적용한 스마트폰이라고 하면, 취소된 구글 아라 프로젝트처럼 개인이 자신의 취향에 맞게 모듈을 선택하고, 선택한 모듈을 조합해서 자신만의 스마트폰을 만드는 것을 떠올릴 것이다. 그런데 다른 목적으로 모듈화를 적용한 스마트폰이 있다. 분쟁 광물을 사용하지 않고, 적정 노동비와 구매비를 지불하는 공정무역을 추구함으로써 개발된 '페어폰 2Fairphone 2'가 그것이다.

보통 스마트폰은 하나의 소자가 고장나더라도 서비스센터에 가서 보드 자체를 교체하거나, 기구품인 경우 해당 부품이 속한 어셈블리 자체를 바꿔야만 한다. 그런데 페어폰은 모듈화가 기능별로 이루어져있어서 일부가 파손되더라도 해당 모듈만 교체되도록 하여 서비스용이성을 높였고, 스마트폰 아키텍처를 결정하는 마이크로프로세서(MPU)를 제외하고는 나머지 모듈들은 다음 버전의 스마트폰에도 최대한 사용할 수 있도록 설계되었다.

구글의 아라폰이 **'모듈화를 통한 고객 맞춤**(customization with modu-

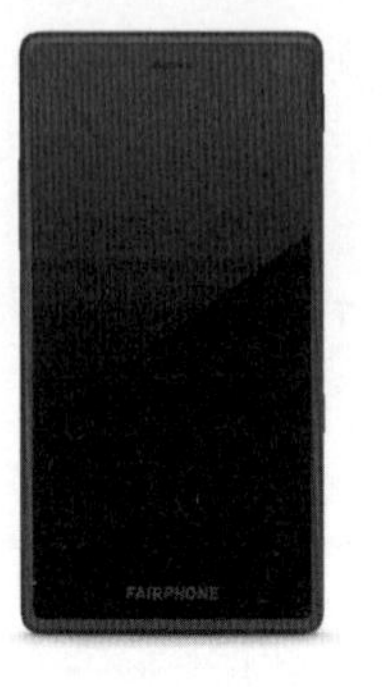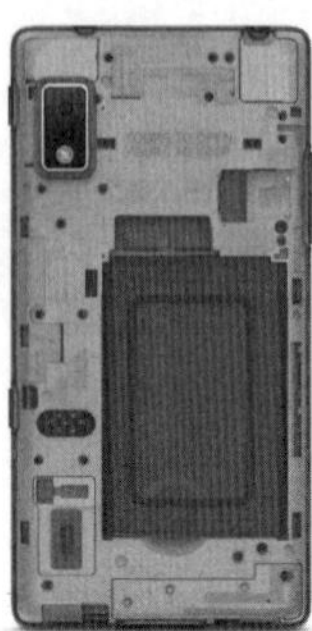

그림 8. 페어폰 2(Fairphone 2)
출처: wikidepia.org

larity)'을 추구했다면, 페어폰의 콘셉트는 '**수리의 용이성과 지속 가능성을 위한 모듈화**(modularity to enable repairability, sustainability), **즉 지속성을 위해 설계한 제품**(products built to last)'인 것이다. 이처럼 모듈화를 사용하는 목적이 다양하다는 점을 인지하고 있어야겠다.

구글의 아라폰 → '모듈화를 통한 고객맞춤(customization with modularity)'

페어폰 → '수리의 용이성과 지속 가능성을 위한 모듈화(modularity to enable repairability, sustainability)'

요점 정리

• 모듈화를 통해서 제품의 수리가 쉽게 하고 재사용 가능성을 높임으로써, 결국 제품이 순환경제에 기여하도록 만든다.

3. 제품차별화와 제품 혁신

1) 제품차별화

모듈화 그 자체가 제품에 차별화 요인을 제공하기도 한다. 내부 모듈화로 제품을 구성하는 경우는 그 제품을 만드는 기업에 효율성으로 인한 비용 절감 효과를 가져다준다. 하지만 그 제품을 사용하는 고객 입장에서는 변화를 크게 느끼지 못한다. 그러나 외부 모듈화를 통해서 고객이 인지할 수 있는 제품 특성으로 가치를 느낄 수 있게 해준다면 이는 모듈화가 제품차별화에 기여했다고 볼 수 있다. 그런 사례는 최근 새롭게 출시되는 IT 기기에서 찾아볼 수 있다. 지금은 중단된 구글의 아라폰, 모토로라의 모토 Z 같은 모듈형 스마트폰, 모듈러 스마트워치 등의 IT 기기는 사용자에게 새로운 경험을 제공하기 위해서 적극적으로 모듈화를 활용한 사례이다. 이뿐만 아니라 모듈화는 혁신 체계를 갖추기 위한 기초가 되기도 한다.

하나의 히트 상품을 만드는 것보다, 기복 없이 연달아 히트 상품

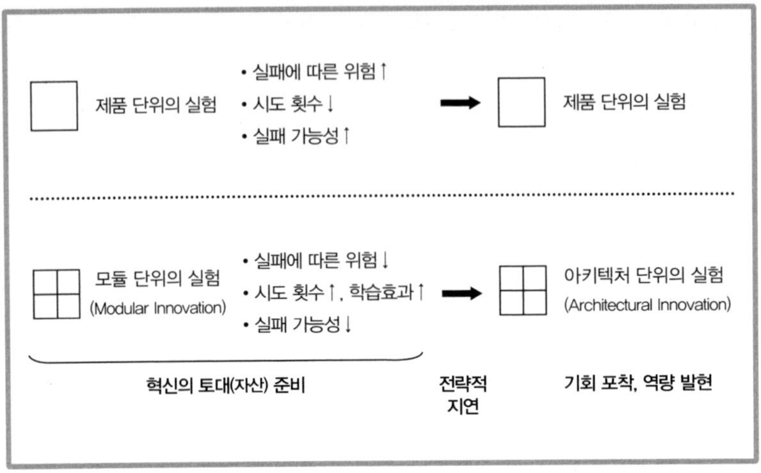

그림 9. 전략적 지연

을 만드는 것이 더욱 어렵다. 기존의 모델 단위로 제품을 개발할 때와, 제품을 모듈화하여 모듈 단위로 제품을 개발하는 것을 비교해보자. 모델 단위로 제품을 개발하는 것보다 모듈 단위에 따라 부분적으로 또는 기존 모듈을 조합하여 제품을 개발하는 것은 실패에 따르는 위험을 줄이고, 개발을 위한 자원을 상대적으로 적게 들이도록 함으로써 출시 시기를 짧게 하여 시도 횟수를 늘려 학습효과를 증가시킬 수 있다. 또한 종국적으로는 실패 가능성을 낮춘다.

이렇게 모듈 단위로 제품을 출시하고 실험하면서 쌓인 역량이 혁신의 토대(자산)가 된다. 그 역량을 발현하기까지의 시간이 이전 글에 소개한 '전략적 지연' 과정이다. 즉, 전략적 지연 과정에서 기회를 포착하여 축적된 역량을 발현하게 되는데, 이때는 모듈 단위의 혁신이 아니라 아키텍처 자체가 변화하는 아키텍처 혁신을 이루면서 시장의 판도를 바꾸게 된다. 중요한 것은 모듈화를 통해서 실험하고 그 결과를 학습함으로써 역량을 신속히 확보할 수 있다는 점이다. 일부 연구에서 모듈화의 가치를 학습과 혁신에 두고 있는데, 저자 역시 충분히 설득력이 있다고 생각한다.

Box 18. 모듈형 스마트폰의 기본 조건

모토로라의 모듈형 스마트폰은 후면에 '스피커, 빔프로젝터, 배터리팩'의 모듈을 교체할 수 있는 식의 기존 스마트폰의 기능을 강화하는 방식으로 모듈러디자인 콘셉트를 활용했다. 모토 Z의 개발리더가 "지금까지의 모듈형 콘셉트의 스마트폰은 모두 실패했다"는 식으로 도발을 했다. 이전에 출시된 페어폰 2, LG전자의 G5도 모두 싸잡아서 실패했다고 도발한 것이다. 이 사람이 뭐라고 하든 상관없이 이점 하나는 인정해야만 한다.

"모듈형 스마트폰은 성공하기 어렵다."

과연 모듈형 스마트폰은 성공하기 어려울까? 아래와 같은 3가지 기본적 조건을 충족시킨다면 모듈형 스마트폰을 성공시길 수 있을 것이다.

(1) 시작점 – 기이 제품의 가격접근성을 높여야 한다.

인티그럴 아키텍처를 가진 제품보다 모듈러 아키텍처를 가진 제품은 성능이나 완성도에서 열위에 있을 수밖에 없다. 이런 상황에서 추가 모듈을 제외한 기이 제품이 플래그십모델Flagship-model(주력 모델, 즉 회사의 대표 상품으로서 회사의 이미지 제고에도 기여하는 모델) 정도의 가격이라면 그 매력은 반감된다. 그래서 기이 제품의 가격 포지셔닝은 중저가를 지향해야 한다. 그런 다음에 추가 모듈로 기능을 추가하고 강화하면서 그 가격대가 하이티어에 점차 접근하도록 할 필요가 있다.

(2) 공간 축 - 차별화된 기능을 제공하는 모듈의 종류가 많아야 한다.

모듈러디자인으로 제품을 설계하고 개발한다는 것은 기존 제품 개발과 달리 생태계를 구축하는 역량을 요구한다. 정작 모듈형 스마트폰을 구입했는데 구입할 모듈이 없다면 기존 스마트폰과 차별점을 두기가 어렵다. 오히려 모듈의 종류가 적다면 모듈형 콘셉트를 활용했다는 것 자체가 제품의 완성도를 낮추는 이유가 될 수 있다.

(3) 시간 축 - 모듈은 후속 모델과의 호환성을 가져야 한다.

모토로라가 후속 모델과의 호환성을 강조했듯이, 비싼 가격으로 구입한 모듈을 하나의 모델에만 사용할 수 있다면 그것이 오히려 소비자가 선택을 망설이게 되는 이유가 될 수 있다. 긍정적으로 생각하면 모듈의 호환성은 소비자가 계속 그 회사의 제품을 사게 만드는 락인효과를 낼 수 있다.

2) 제품 혁신

모듈화전략이 어떻게 제품 혁신에 영향을 주는지 좀 더 자세히 설명하도록 하겠다. 먼저, 모듈 단위와 시스템 단위로 나누어보자.

ⓐ 모듈 단위의 메커니즘

모듈화된 시스템은 모듈별로 병행적으로 개발되고, 다수의 참가자들이 모듈 개발에 참여할 경우 모듈별로 혁신을 이끌어낼 수도 있다. 즉, 모듈이 자율적인 혁신 단위가 된다. 이 과정에서 모듈별 참가자들은 학습하면서 전문성을 키운다. 이는 또한 시스템 자체의 역량을 높이는 데 기여하게 된다. 물론 자율성을 갖는다는 것은 모듈의 특성에 맞춰서 기반 기술과 시장 움직임을 파악하여 모듈의 경쟁력을 높이는 것을 의미한다.

ⓑ 시스템 단위의 메커니즘

다양한 모듈들이 조합됨에 따라서 이전보다 다양한 제품이 만들어지게 되고, 이 과정에서 모듈화되기 전의 시스템의 경우보다 많은 혁신의 기회를 얻게 된다. 혁신은 경계에서 일어나게 된다. 즉, 다양한 이질적 요소들이 만났을 때 혁신의 기회가 많아지는 것이다. 다양한 참가자들, 다양한 모듈들이 무작위로 조합되었을 때 단일 제품보다 혁신의 기회가 많아진다.

물론, 모듈화전략이 제품에 꼭 이로운 영향만 끼치는 것은 아니다. ① 모듈별 최적화가 시스템 성능의 최적화로 이어지지는 않기 때문이다. ② 최적화되지 않은 모듈들의 조합은 오히려 시스템의 성능을 저해시키는 요인이 될 수 있으며, 참가자들의 조율 부족으로 오히려 제품 혁신의 속도가 느려질 수 있다.

'재조합을 통한 혁신'은 기존에 발견·발명된 구성 요소를 재조합함으로써 이루어지는 혁신이다. 최근에 재조합을 통한 혁신이 주목을 받게 된 이유는 '디지털화'를 통해서 얻어지는 비경쟁, 재생산, 재사용의 효과 때문이다. 즉, 디지털화를 통해서 경계가 붕괴되어 규모가 확장되는 효과 때문이다. 저자가 이 내용에 주목한 이유는 모듈러디자인에서도 조합의 원리가 활용되기 때문이다.

재조합의 효과를 ① **기획된 것**과 ② **기획되지 않은 것**으로 나눈다면, 모듈러디자인의 효과 중 하나인 시장대응력은 재조합 중 ① **기획된 것**에 의한 어느 정도 소극적인 전략을 통한 효과이다. 반면에 모듈러디자인을 시장을 선도할 수 있는 적극적 전략으로 활용하는 데 필요한 것은 ② **기획되지 않은 것**을 활용하는 것이다.

다시 설명하면, 이미 제품 등의 시스템의 구성 요소가 정해진 상태, 즉 예상되는 범위에서의 조합은 결국 예상되는 범위에서의 시장대응력을 강화하지만, 그러면서 파트너사, 고객, 대학, 연구소 등 예상치 못한 구성 요소, 그리고 모듈의 개발로 시스템 아키텍처 개발 시 의도되지 않은 방향으로 시스템이 발전·진화할 수 있다는 점과 재조합 효과까지 적극 활용할 수 있다. 대표적인 예가 앱 생태계이다.

모듈화 타입 중 마지막 타입인 '시스템이 하나의 모듈을 담당'하는 것 또한 이에 해당될 수 있다. 개별 시스템이 각자 자신의 역할과 책임을 다하지만, 독립된 시스템들이 다시 연결되어 또 하나의 생태계, 즉 혁신을 이루어내는 것이다.

출처: Recombinant Growth

요점 정리

- 모듈화는 제품차별화와 혁신에 기여한다.
- 모듈화는 시스템 단위의 메커니즘과 모듈 단위의 메커니즘을 분리함으로써 혁신을 추진할 수 있게 해준다.

4. 효율적 제품군 파생

가장 일반적인 모듈화효과는 '효율적인 제품군 파생'이다. 플랫폼 전략과 마찬가지로 제품군 내에서 공통적으로 적용할 수 있는 모듈과, 제품마다 변동이 일어나는 모듈을 구분하여 공통적으로 적용할 수 있는 모듈은 공용으로 기획·개발함으로써 최대한 품질, 신뢰성, 비용, 납기 측면에서의 효과를 얻고, 제품마다 달라지는 모듈을 통해서 제품별로 가져야 하는 특성을 갖추도록 한다. 이 모든 것이 제품이 아니라 제품군을 어떻게 하면 효율적으로 파생할 수 있을까에 대한 질문에 대한 답이다.

이 활동에 대한 대표적인 사례는 앞서 언급했던 폭스바겐의 모듈러툴킷전략이다. 이런 효과는 보통은 '내부 모듈화'를 통해서 이루어지기 때문에 외부인이 파악하기가 어려우며 전사적인 노력을 통해서 완성되어야 하므로 시작하기도, 지속하기도 어렵다.

유럽 자동차 업계의 화두 중 하나가 모듈러디자인이라고 한다. 그 이유 중 하나가 자동차 산업에서의 급격하게 치열해지는 환경 변화를 이겨내기 위해서는 기존 플랫폼전략으로는 부족하다는 인식 때문이다.

기본적으로 자동차의 플랫폼은 시장 세그먼트별로 만들어지고, 이 플랫폼을 다수의 차량에 공용화하여 비용 절감 효과를 얻었다. 이것도 부족하다고 느끼게 된 이유는 다양한 브랜드, 다양한 모델을 다수의 공장에서 생산해야 하는 환경 때문이다.

	완성차업체	플랫폼 이름	물량 (100만대)	적용모델 수
1	폭스바겐	MQB	6.3	41
2	도요타	MC	5.2	25
3	현대기아	HD	3.0	16
4	GM	Delta	2.5	19
5	PSA	EMP2	2.3	24
6	르노닛산	B	2.2	10
7	포드	C1	2.2	18
8	현대기아	PB	1.9	18
9	르노닛산	CMF1	1.9	20
10	포드	B2E	1.8	11

출처: HIS Automotive, AlixPartners analysis

표 3. Top 10 글로벌 메가 플랫폼global mega platforms (2017년 예상 물량과 모델 수)

　그래서 세그먼트 간에 공용화할 수 있는 메가 플랫폼으로 전환하는 데 모듈러디자인을 활용했다. 폭스바겐의 플랫폼별 유럽 생산량 그래프를 확인하면, 모듈러디자인이 적용된 MQB 플랫폼 이전에는 대부분이 연간 생산량이 100만대 이하였지만, MQB 플랫폼은 연간 300만 대 이상의 생산량을 보인다.

1. 플랫폼 개념

　먼저 자동차 산업에서 활용되는 플랫폼전략에 대해 간단히 살펴보겠다. 플랫폼 개념은 자동차 산업에서 기본적이고, 핵심적인 개념이다. 자동차 벤더별로 차이가 있으나, 플랫폼은 차량의 언더바디 그리고 언더바디에 장착되는 서스펜션, 파워트레인을 의미한다. 경우에 따라서 엔진까지 의미하기도 한다. 다종의 차량을 효율적으로 생산하기 위해서 플랫폼을 다수의 차량에 공통적으로 사용하여 개발비, 공정투자비, 기간 등을 단축하게 된다.

　보통 자동차의 플랫폼은 '공정 플랫폼'을 의미한다. 즉, 플랫폼에 맞춰 공정이 구축되는 것인 즉, "플랫폼을 공용화한다"는 것은 한 라인에서 플랫폼을 같이 사용하는 차량들을 생산할 수 있다는 의미다. 결국 플랫폼을 같이 사용한다는 것은 설계 측면에서는 다수의 부품과 모듈을 공용화한다는 것을 의미하고, 생산 측면에서는 공정을 같이 사용한다는 것을 의미하며, 체결이나 결합 부위가 표준화되어 설비나 장비를 공용화한다는 것까지 의미한다.

　플랫폼은 자동차 회사들이 기본적으로 비용을 절감하기 위한 기본조건이다. 이를 제대로 활용하기 위해서는 ① 모듈들 간의 체결 위치 및 인터페이스의 표준화, ② 부품 표준화, ③ 설비/도구 표준화가 이루어져야 한다.

　모듈러디자인을 적용한다는 것은 플랫폼 개념을 기초로 한다. 기

출처: http://www.volkswagen.co.in/en/innovation/mqb.html

그림 10. 폭스바겐의 MQB 플랫폼

존의 세그먼트 내에서 사용되는 플랫폼을 세그먼트들 간에 공용화할 수 있는 플랫폼을 만들기 위해서 모듈러디자인을 활용한 것이다. 즉, 플랫폼전략이 모듈화전략으로 바뀐 것이 아니라, 플랫폼전략이 모듈 기반의 플랫폼전략으로 발전한 것이다.

2. 모듈러디자인 도입 배경

폭스바겐은 (2013년 기준) 27개국의 106개 생산기지에서 310종의 생산 모델, 972만 8천 대의 자동차를 생산했다. 숫자에서도 복잡함을 느낄 수 있다. 그래서 다음과 같은 질문을 하게 된다.

① 어떻게 하면 신기술을 모든 브랜드/세그먼트에 손쉽게 적용할 수 있을까?

② 어떻게 하면 어떠한 생산기지에서도 다수의 모델을 생산할 수 있을까?

③ 다양한 브랜드, 다양한 모델을 어떻게 하면 효율적으로 개발하고 생산할 수 있을까?

3. 폭스바겐의 모듈러툴킷전략(Modular Toolkit Strategy)

※ 표준 설계 규칙

① 휠 축으로부터 스티어링 축까지 일정한 거리

② 고정화된 엔진 위치

③ 후방 축을 위한 표준화된 연결 형태

폭스바겐의 모듈러툴킷전략의 생산 측면에서는 제품 아키텍처의 경우 모듈러 어셈블리 키트와 표준 설계 원칙을 마련한다. 생산 측면에서는 모듈화된 제품 아키텍처를 기초로 결합·조립 공정을 공통화하고, ① 모듈화된 생산 설비, ② 표준 공장을 도입한다.

※ 폭스바겐 표준 공장의 효과 : 최적화된 레이아웃

① 공급 결정을 위한 시간 단축

② 기업 내 경쟁 권장으로 작업 우수사례 발굴

③ 공장 간의 유연성 증대

결국 생산에서는 공정과 설비, 레이아웃을 표준화하고, 설계에서는 제품을 모듈화하여 폭스바겐 사 자체는 전략적 유연성을 갖추게 된다.

4. 모듈러디자인 적용 시 단점

모듈러디자인을 적용함으로써 우려되는 사항은 다음과 같다.

① 로티어 세그먼트 모델에는 오버스펙, 과잉 디자인된 플랫폼이 될 수 있다.

② 특정 프로젝트에 기존 플랫폼을 커스터마이징customizing (맞춤화) 하는 데 비용이 든다. 심지어 새롭게 만드는 것보다 비용이 더 많

이 들 수도 있다.

③ 초기 투자비 및 도구/설비 교체 비용이 필요하다. 이는 가장 힘든 조건일 수 있다. 기존의 도구와 설비를 모두 버리고 새로운 공정을 위한 도구와 설비를 마련한다는 것은 플랫폼의 실적을 예측할 수 없는 상황에서는 리스크일 수밖에 없다.

④ 개별 세그먼트별로 최적화되지 않은 설계로 인해서 품질 문제가 발생할 수 있다. 세그먼트별로 플랫폼을 만들 때는 어느 정도의 설계 파라미터를 한정지을 수 있으나, 모듈러디자인 개념이 적용되면, 설계 파라미터 세트를 마련하여 어느 정도 커스터마이징할 여유를 두어야 한다.

요점 정리

- 모듈화는 제품이 효율적으로 파생되는 데 기여한다.
- 모듈화를 통하여 제품 내부의 모듈과 부품은 제품군 내에서 그 수를 최소화하고, 제품은 시장의 요구에 따라서 최대화한다.

5. 모듈화와 스마트팩토리의 관계

다보스 포럼에서 인도 마힌드라 그룹의 아난드 마힌드라 회장은 "4차 산업혁명의 핵심은 모듈화다"라고 말했다. 4차 산업혁명의 제조업에서 요구되는 다품종 대량 생산을 위해서는 생산성과 유연성을 취해야 하는데, 그 기본을 '모듈화'로 본 것이다.

스마트팩토리Smart Factory는 최근 4차 산업혁명, 즉 인더스트리 4.0Industry 4.0 때문에 부각되고 있는 이슈 중 하나이다. 물론 최근 들어 스마트팩토리는 허상일 뿐이라는 주장도 들리지만, 아직까지 스마트팩토리가 제조업체들의 큰 화두 중 하나라는 점은 확실하다. 《시사용어사전》에 나온 스마트팩토리의 정의는 다음과 같다.

물량 / 다양성	낮음	높음
낮음	기술(Technology)	유연성(Flexibility)
높음	생산성(Productivity)	생산성(Productivity) & 유연성(Flexibility)

표 4. 4차 산업혁명의 핵심은 '모듈화'

> 설계·개발, 제조, 유통·물류 등 생산 과정에 디지털 자동화 솔루션이 결
> 합된 정보통신기술(ICT)을 적용하여 생산성, 품질, 고객만족도를 향상시키
> 는 지능형 생산공장. 공장 내 설비와 기계에 사물인터넷(IoT)이 설치되어 공
> 정 데이터가 실시간으로 수집되고 데이터에 기반한 의사결정이 이루어짐
> 으로써 생산성을 극대화할 수 있다.
>
> 출처: 시사용어사전

스마트팩토리는 전통적인 제조업 강국인 독일에서 주창되는 개념으로, 중국과 같은 신흥 제조업 강국들의 도전을 어떻게 극복하고서 자신들의 제조업 경쟁력을 유지할 수 있을 것인가를 고민하면서 생겨난 개념이다. 스마트팩토리는 대량 생산의 효율성을 유지하면서 다양한 제품들을 전개할 수 있는 유연성을 갖춘 지능형 공장을 의미한다. 결국 스마트팩토리의 특징인 효율성과 유연성이라는 상충되는 개념을 조화시키기 위해 모듈화가 필요한 것이다. 이번 장에서는 모듈화와 스마트팩토리의 관계를 살펴보도록 하겠다.

1) 모듈화는 스마트팩토리를 구현하는 선제 조건이다

앞서 언급한 대로 스마트팩토리는 사물인터넷과 빅데이터 등 정보통신기술(ICT), 로봇, 센서, 기타 자동화 기술 등을 활용하여 소비자와 시장 등의 요구사항, 현재 재고와 서비스 현황을 신속히 파악하여 최적의 효율로 생산하고, 그 과정에서 발생하는 데이터를 분석

하여 생산성 및 품질상의 문제를 스스로 개선하고 학습하는 지능형 공장을 의미한다.

이를 통해서 얻고자 하는 바는 "대량 생산 체제의 효율성과 다품종 소량 생산 체제의 민첩함"이다. 아울러 그러한 민첩함을 통해서 얻고자 한 스마트팩토리의 시장 대응력은 현장의 가장 밑단이라 할 수 있는 실행 현장에서 시장의 변동 요인에 따른 생산전략의 변화를 규칙(의사결정 판단 기준)의 기반으로 삼아 생산 체계에 반영할 때 판단의 요인으로 작용하게 됨으로써 구현된다.

(1) 모듈화의 필요성

그렇다면 스마트팩토리와 모듈화의 관계는 무엇일까? 한마디로 정리하면, **스마트팩토리가 '내부 효율성'과 '외부 대응력'이라는 서로 상반되는 목적을 달성하려면 제품의 모듈화는 선택이 아닌 필수이다.** 생산 라인 자체도 모듈 단위가 아닌 부품 단위로 이루어진 경우, 총 조립 라인이 그만큼 길어지면서 자동화할 기회는 사라진다. 라인이 길면 길수록 자동화하기도, 이를 감시하고 제어하기도 어렵기 때문이다. 모듈 단위 대신 부품 단위로 생산하게 되면, 외부 변화에 취약해지고, 총 조립 라인의 안정성은 떨어진다.

생산 공정은 결국 제품구조의 인터페이스를 통해서 구현된다. 인터페이스가 복잡하면 생산 공정도 복잡해질 수밖에 없고, 생산 공정이 복잡하면 그만큼 표준화하기가 어렵다. 그것은 제품의 변화에 따

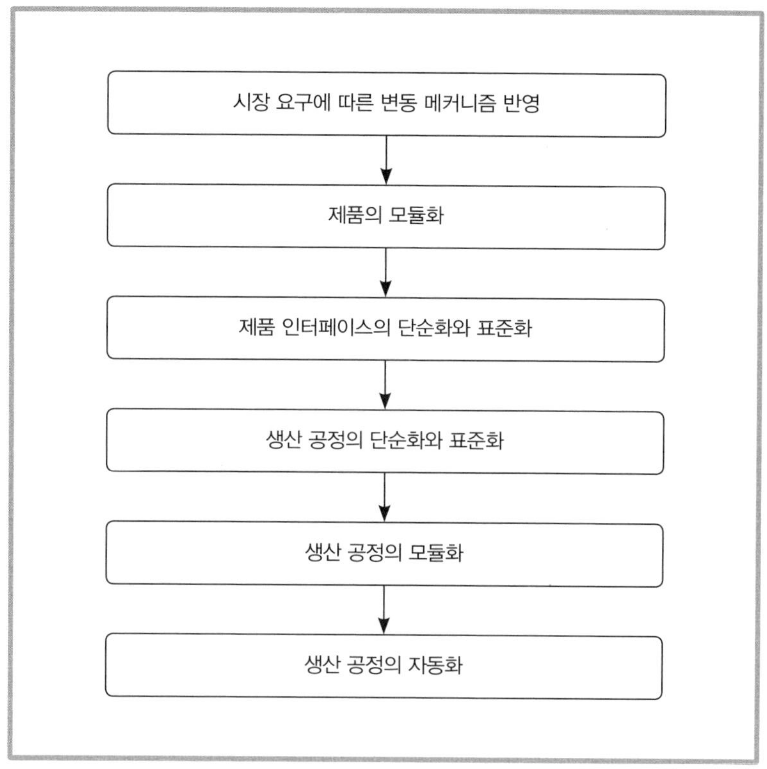

그림 11. 스마트팩토리에서의 모듈화

나서 생산 라인과 공정이 변할 수밖에 없음을 의미한다. 그러므로 공정 모듈화를 통해서 생산 공정을 가급적 외부 변화에도 안정적이면서 유연하도록 운영할 필요가 있다. 물론, 생산만 이렇게 모듈 단위로 이룰 것이 아니라 외부에서도 모듈 단위로 입고되도록 해야 한다. 스마트팩토리에서 다양한 요구사항에 맞춰 다양한 모듈을 협력회사에 요청함으로써 정시에 입고되도록 해야 한다. 여기까지가 전형적인 모듈 생산 방식의 모습인 즉, 이로써 하드웨어적인 요소는 모두 갖춘 셈이다.

그런데 여기서 끝나면 안 된다. 개발 부문에서도 모듈화가 이루어져야 한다. 생산의 모듈화를 통해서 모듈 생산 방식이 갖춰졌더라도, 개발 부문에서 모듈화가 이루어지지 않은 모듈 생산 방식을 차용한 스마트팩토리는 단순작업만 반복하는 로봇과 다를 바 없다. 즉, 자동으로 무언가를 만들어내기는 하는데, 그것이 고객이 원치 않는 제품일 수도 있다. 개발 부문에서의 모듈화는 다양한 제품을 파생하기 위해서, 내부 효율성을 높이기 위해서, 제품 경쟁력을 높이기 위해서 제품 아키텍처를 모듈 형태로 재정의한다. 어느 특정 모듈은 외부의 전문 업체에서 다양성을 높이는 방향으로 생산·납품하게 할 수도 있다. 또 다른 특정 모듈은 사내에서 제작하되 철저히 효율성을 높이는 방향으로 개발해야 하고, 핵심 기술을 담은 모듈은 제품 개발 과정을 병행해야 할 수도 있다. 이렇게 재정의되고 개발된 구조 그대로 생산에서, 구매에서 표준화된 형태로 구매·생산하면 된다.

결국 개발에서의 모듈화를 통해서 시장에 대한 대응력과 운영 효율성을 결정해놓고, 스마트팩토리에서는 이를 구현하는 방식을 갖춰야만 한다는 이야기이다. 즉, **"이겨놓고 싸운다"**라는 말처럼 말이다.

(2) 전체 이미지

스마트팩토리 구축 시 모듈화를 적용한다면 다음과 같은 단계를 거쳐야 한다.

① 개발 부문의 모듈화

 - 시장, 기술, 운영 관점에서 모듈 기반으로 제품 아키텍처 정의

 - 모듈 기반의 기획과 제품 개발

 - 인터페이스 단순화와 표준화

② 운영(생산·구매) 부문의 모듈화

 - 표준화된 모듈 간의 인터페이스를 통해서 모듈 생산 방식 정의

 - 모듈 기반의 공급구조 정의와 운영

 - 표준 레이아웃, 표준 라인, 표준 공급구조 정의

   → 공정의 모듈화, 밸류체인(가치사슬)의 모듈화

③ 스마트팩토리의 구축과 운영

 - 시장의 변화를 파악해 생산 공정을 유연하게 재편하여 고객맞춤형 제품 출시

위 내용을 〈그림 12〉로 도식화했다. 먼저 개발 부문에서 시장, 기술, 운영 요인을 반영하여 제품을 모듈화한다. 이를 '개발 모듈화'라고 부른다. 이후에 제품이 모듈화된 결과를 기초로 생산 라인 및 공정을 모듈 공정으로 표준화한다. 하나의 공정에 개별 모듈별이 해당하게 된다. 시장 변화에 민감하지 않은 고정부 모듈에 해당하는 생산 공정을 포함하여 전체 총 조립 라인은 표준화·자동화한다. 이에 따라서 전체적 운영효율성을 향상시킨다.

반면에 시장이나 고객의 요구에 따라서 변화가 필요한 모듈은 별

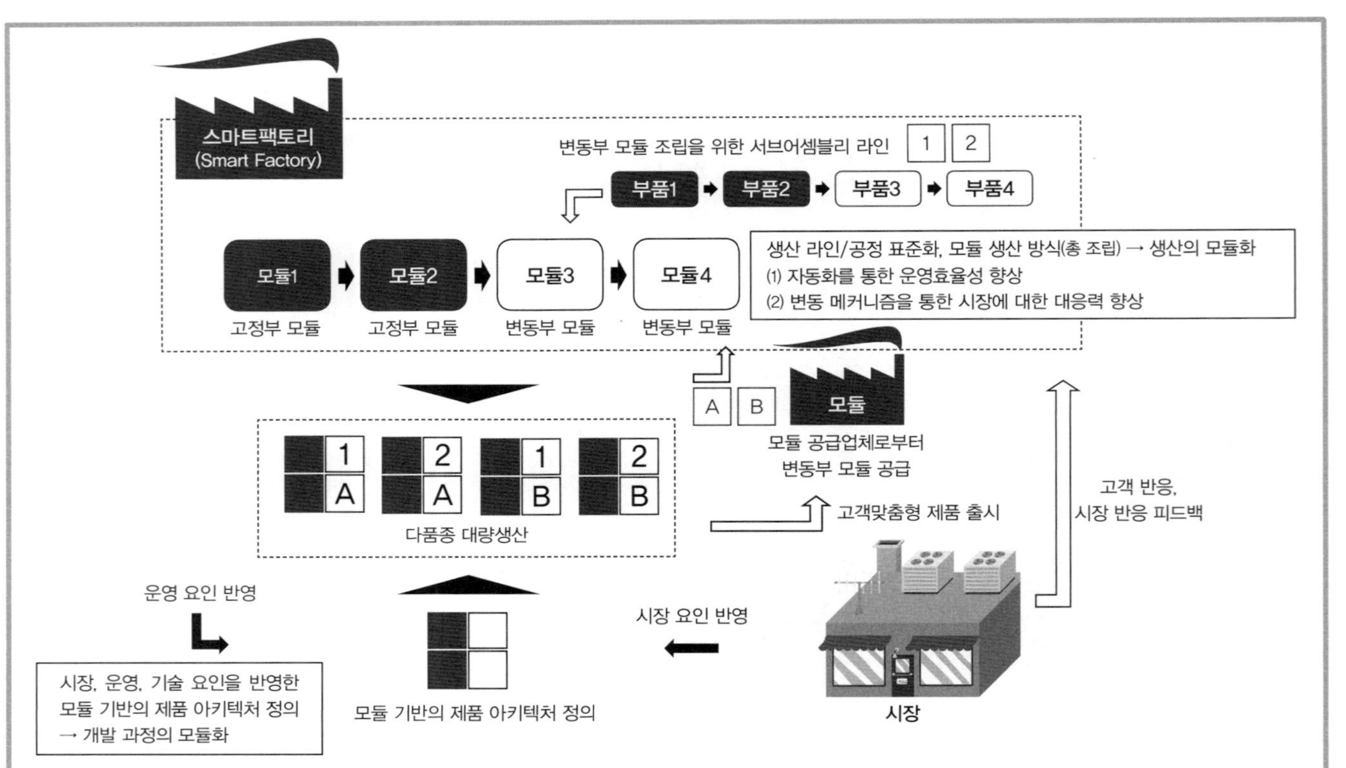

그림 12. 스마트팩토리와 모듈화의 관계

도의 어셈블리라인에서 대응하거나, 외부 모듈 공급업체로부터 공급받는 등의 변동 메커니즘을 활용하여 대응한다. 결과적으로 공장 전체가 향상된 운영효율성으로 다양한 제품을 생산할 수 있다. 만약 여기서 시장 상황이나 고객의 변화된 요구에 대응해야 한다면 이를 먼저 감지하고 학습하여 변동부 모듈로 변화된 요구사항을 흡수하여 대응한다.

마지막으로 언급하고 싶은 것은, 여기서 말하는 '모듈화'는 꼭 제품의 모듈화만을 의미하지 않는다는 것이다. 일반적으로 조립 전문 산업에서는 매스커스터마이제이션을 구현함에 있어서 제품의 모듈화를 활용할 수 있겠으나, 정유 및 화학 등으로 대표되는 장치 전문 산업에서는 제품의 설계와 개발 단계에서 이루어지는 제품의 모듈화가 아니라 생산 단계에서의 '공정의 모듈화' 또는 '설비의 모듈화'가 필요할 것이다. 예를 들어, 원료의 배합으로 만들어지는 내용물과 이를 포함하는 포장재로 제품을 만드는 화장품 산업에서는 화장품이 개발되는 단계가 아니라, 원료의 레시피가 결정되고 내용물이 만들어지는 제조 단계와, 그 내용물이 포장재에 충진되어서 완제품이 만들어지는 포장 단계에서 매스커스터마이제이션이 이루어질 수 있도록 공정 또는 설비에 모듈화를 활용할 수 있다.

2) 모듈화는 스마트팩토리를 위한 하나의 방법에 불과하다

지금까지 스마트팩토리에서의 모듈화의 역할을 강조하기 위해서 **"스마트팩토리를 위해서는 모듈화가 필수적이다"**라고 단언적으로 언급했지만, 그렇지 않은 경우도 있을 수 있다는 것과 그 이유는 무엇인지를 살펴보겠다.

모듈화는 매스커스터마이제이션의 많은 조건 중에 하나이자, 그것을 실현시키는 몇 가지 방법 중 하나이다. 그리고 스마트팩토리의 주요 특징 중 하나는 바로 매스커스터마이제이션이 효율적으로 실행될 수 있다는 점이다. 그래서 모듈화를 스마트팩토리의 필수 요건으로 언급했다.

그러나 매스커스터마이제이션을 구현하는 방법이 다양하듯, 꼭 모듈화가 선행될 필요가 있는 것도 아니다. 예를 들어, 고객이 요구하는 다양한 제품을 만드는 데 적합한 다기능 만능 산업용 로봇이 있다고 가정해보자. 이를 효율적으로 운용할 수 있다면 굳이 모듈화를 할 필요가 없다. 시간이나 비용에 대한 제약이 없다면, 3D 프린터로 고객의 주문에 즉각 대응하여 원하는 제품을 바로 만들 수도 있다. 그런데 여기서 비용이나 시간 같은 제약 요건이 실제로 존재하기 때문에 이를 만족시키기 위해 모듈화가 선행될 필요가 있다는 것이다. 만약 제약 요건들을 무시하거나, 아주 뛰어난 유연성을 발휘할 수 있는 기술이 있다면 굳이 모듈화가 필요할까?

모듈화를 하는 것 자체가 안정성·효율성·유연성을 동시에 추구하는 데 있어서 적합한 기준을 가지고 있으며, 또한 제품 개발의 범위를 나누겠다는 의미이므로, 제약을 최대한 극복하는 데 도움을 줄 수 있다. 만약 매스커스터마이제이션을 구현하는 다른 활동이 있다면, 모듈화를 할 필요가 없는 것이다. 그리고 제조 전문 산업 중에서 모듈화를 적극적으로 활용해야만 하는 산업은 자동차와 가전 등 조립 전문 산업일 것이다. 반면에 장치 전문 산업은 제품의 모듈화보다 설비·공정의 모듈화를 적용할 수 있겠으나, 이는 지능화·자동화 기술을 통해서 충분히 구현될 수 있을 것으로 생각된다.

Box 21. 디자인룰(모듈화를 위한 설계 규칙)과 스마트팩토리

카를로스 Y. 볼드윈과 킴 B. 클라크가 쓴《디자인룰*Design Rules*》에서는 모듈화의 원리를 설명하면서, 모듈들 간의 관계를 의미하는 '비저블디사인룰*visible design rules*(모듈 간의 설계 규칙)'과 모듈 내부의 설계항목인 '히든디자인 파라미터*hidden design parameter*(모듈 내부에 포함된 설계 사양)'를 구분했다. 이 책에서 언급한 모듈화 원리를 스마트팩토리와 연계하여 설명하면 다음과 같다.

히든디자인 파라미터는 시장과 고객의 요구사항에 따라서 바뀌는 요인으로 봐야 한다. 즉, 외부 요인이 바뀜에 따라서 모듈 내부의 히든디자인 파라미터는 자유롭게 바뀔 수 있어야 한다. 반면에 비저블디자인룰은 모듈 간의 관계, 즉 인터페이스 및 아키텍처룰(아키텍처 규칙)을 의미하며, 스마트팩토리 내부의 공정은 이를 기초로 구현된다. 즉, 생산 공정은 제품의 인터페이스를 통해서 완성된다.

"스마트팩토리가 선행되기 위해서 표준화가 먼저 선행되어야 한다"는 주장은 여기서 말하는 비저블디자인룰이 확립되어야 한다는 것을 의미한다. 반면에 스마트팩토리를 통해서 얻을 수 있는 유연성은 히든디자인 파라미터가 모듈화됨으로써 구현될 수 있다. 이를 정리하면 〈그림 13〉과 같다.

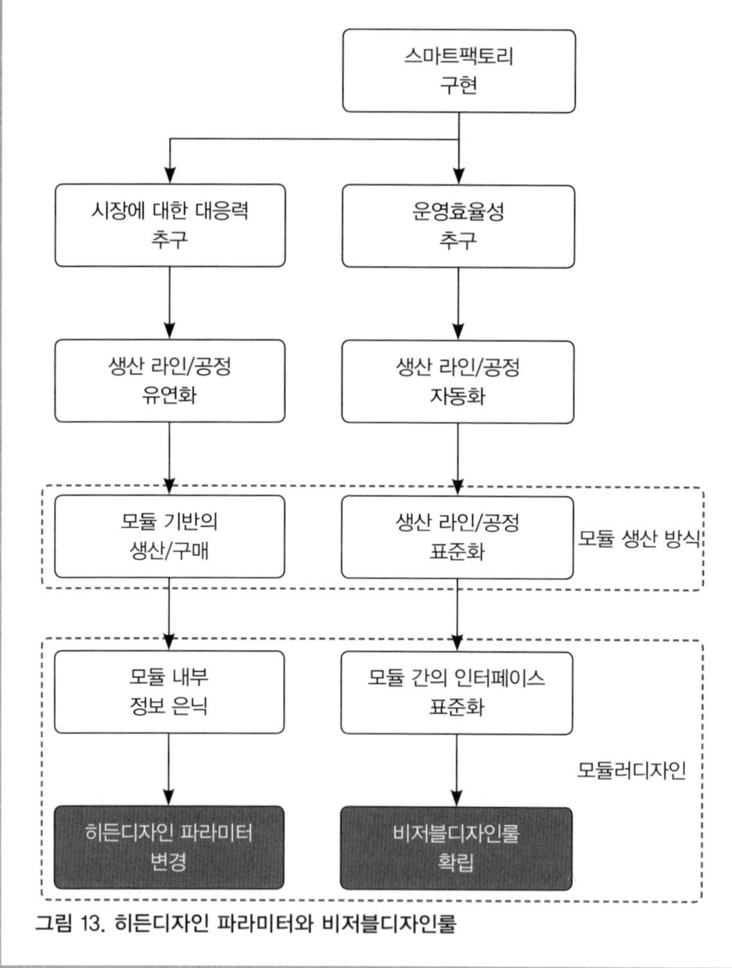

그림 13. 히든디자인 파라미터와 비저블디자인룰

요점 정리

- 모듈화는 스마트팩토리의 운영효율성과 시장에 대한 대응력을 높이는 데 기여한다는 점에서 스마트팩토리를 위한 선제 조건이 된다.
- 모듈화는 매스커스터마이제이션(다품종 대량 생산 체계)의 많은 조건 중에 하나이자, 그것을 실현시키는 몇 가지 방법 중 하나이다.
- 매스커스터마이제이션을 구현하는 방법이 다양하듯, 꼭 모듈화가 선행될 필요가 있는 것은 아니다.

6. 서비스업에서의 모듈화전략 활용

　모듈화전략의 원리는 기본적으로 제조업은 물론 서비스업에서도 충분히 활용될 수 있다. 서비스업은 기본적으로 무형의 상품을 제작하는 순간 고객에게 제공하는 인간 중심의 산업이다. 그렇기에 무형의 상품을 표준화하는 것, 그것을 고객에게 맞춤형으로 제공하는 것 모두 중요한 산업이다. '표준화'와 '맞춤화'는 서로 상반되는 활동이다. 이를 모두 만족시키기 위해서는 모듈화를 활용하는 것이 도움이 된다.

　개발의 관점에서 보면 제품 개발이나 서비스 개발이나 그 안에 내재된 원칙은 동일하다. 예를 들어, 우리 생활에서 빼놓을 수 없는 신용카드가 제공하는 서비스를 모두 기억하는 사람이 있을까? 아니, 그 신용카드의 회사에서 제공하는 카드의 종류별로 서비스가 어떻게 다른지 구별할 수 있는 사람이 있을까? 아마 거의 기억하지 못할 것이다. 카드 종류별로 제공하는 서비스나 해당 서비스에 대한 요건이 다양하기 때문이다. 제품 개발과 마찬가지로 신용카드가 제공하는 서비스도 사용자들이 이해하기 쉽고 선택의 폭도 넓어서 충분히 그 서비스에 매력을 느끼게 해야 한다. 그렇다고 신용카드의 수를 무작정 늘릴 수는 없다. 신용카드 하나를 개발할 때에도 비용이 들 뿐만 아니라, 신용카드에 대한 유지비나 관리비도 들기 때문이다. 그래서 가급적 적은 수의 신용카드로도 충분히 사용자가 만족할 만한 서비스 혜택을 제공해야 하고, 그 신용카드에 대한 장점을 인식시킬 수 있을 정도로 직관적이어야 한다. 여기서 이용할 수 있는 것이 모듈화이다.

먼저, 사용자가 인지하고 있는 단위로 서비스를 모듈화한다. 모듈 내에서는 가급적 표준화를 함으로써 관리 과정에서 발생하는 복잡성을 최소화한다. 동시에 제공하는 서비스 단위를 모듈로 인지시켜 이를 조합하는 형태로 제품의 종류를 다양화할 수도 있다. 예를 들어, 대형마트에서의 쇼핑, 온라인 쇼핑, 커피숍, 전문 매장, 교통, 주유 등의 혜택으로 모듈화한 뒤 이를 조합하는 형태로 하나의 신용카드를 만들어낸다면, 적은 수의 신용카드로도 사용자 맞춤형 신용카드를 내놓을 수 있다. 현대카드의 경우 알파벳 시리즈로 카드의 콘셉트를 명확히 하고 있다. 그 콘셉트를 명확히 했다는 것은 자동차, 쇼핑, 포인트, 캐시백 등으로 서비스 단위를 모듈화했다는 뜻이다. 게다가 청구서도 단순함과 개인화를 반영하여 사용자들의 만족을 이끌어낸다.

이렇듯 모듈화는 모듈 형태로 구획을 나누고 조합하는 제품 개발

만을 의미하지 않는 것이다.

- 사용자를 위하여 복잡한 서비스를 단순화한 점 → 다양성(Variety) 관리
- 사용자의 선택을 고려해 서비스 단위를 구분한 점 → 모듈 정의, 모듈 기획
- 서비스 단위의 조합으로 사용자에게 혜택을 제공한 점 → 조합을 통한 제품 개발

이렇듯 서비스업에서도 충분히 모듈화를 활용할 수 있다.

요점 정리

- 모듈화는 제조업뿐만 아니라 서비스업에서도 활용 가능하다.
- 서비스업에서도 사용자를 위하여 서비스를 단순화하는 것, 사용자의 선택을 고려하여 서비스 단위를 구분하는 것, 서비스의 조합으로 사용자에게 혜택을 제공하는 것에 모듈화를 활용할 수 있다.

7. 모듈러소싱

모듈러소싱Modular Sourcing**은 모듈 공급업체로부터 모듈 단위로 입고를 받는 구매 형태를 의미한다. 다른 용어로 '모듈러 공급(Modular Supply)'이라고 한다.** 의미상으로는 모듈러소싱은 모듈 생산 방식과 밀접하게 연결된 개념이다. 즉, 모듈 생산 방식을 도입하기 위해서는 모듈러소싱의 형태를 취해야 하고, 모듈러소싱을 한다는 것은 완성품업체가 내부적으로 모듈 생산 방식을 취하고 있다는 것을 의미한다. 그래서 모듈러소싱은 구매 관점에서 바라보면 '모듈 생산 방식(Modular Production)'과 그 형태가 거의 동일하다고 봐도 무방하다.

그런데 왜 구분해서 사용할까? 그것은 어느 부분의 활동에 대한 효과를 강조할 것인가를 따랐기 때문이다. 완성품업체의 총 조립 라인 측면의 장점을 강조하면 '모듈 생산 방식'으로, 구매 측면의 장점을 강조하면 '모듈러소싱'으로 표기하는 듯하다. 하지만 회사는 총 비용 절감 측면에서 따져야 하다 보니 생산·구매에서의 효과를 모두 다루기 때문에 큰 의미는 없다. 그러면 모듈러소싱의 장단점을 살펴보도록 하자.

장점은 모듈 단위로 입고한다는 것이다. 그래서 부품 공급업체에서 모듈 공급업체로 발굴·관리해야 하는 1차 벤더의 수를 줄일 수 있다. 이는 업체 관리, 품질 관리에 대한 낭비, 그로 인한 복잡성까지 줄일 수 있다. 모듈 공급업체는 부품 공급업체일 때보다 규모와 역량을 키울 수 있는 기회를 얻게 된다. 그리고 모듈 공급업체의 경쟁력은 공급하는 모듈의 경쟁력과 직결되며, 이 모듈의 경쟁력은 완제품의 경쟁력과 연결된다. 그러므로 역량을 갖춘 모듈 공급업체를 보유한 완성품업체는 다양화된 모델로 인한 복잡성의 부담을 모듈 공급업체에 맡길 수 있다. 물론 최대한 단순화·표준화·공용화하는 노력이 수반돼야겠지만, 그럼에도 발생하는 모델의 다양화로 인한 모듈의 다양화를 업체에 믿고 맡길 수 있다.

동시에 총 조립 라인은 최대한 단순화·표준화할 수 있게 된다. 즉, 다양한 모델에 대응함에 있어, 총 조립 라인에 큰 변화를 주지 않고도 모듈 공급업체들의 역량으로 대응 가능하다는 것을 의미한다. 모듈러 공급을 활용한다면, 시장에서의 요구사항을 능동적으로 받아들여서 고객맞춤형 제품에 맞춰 모듈 공급업체로부터 모듈들을 개별적으로 공급받고, 이를 완벽하게 표준화·자동화된 총 조립 라인에서 조립하여 고객에게 전달하는 것이 가능해진다.

그러나 실제로 모듈러 공급을 활용하는 회사는 시장에 대한 유연한 대응보다 비용 절감을 목적으로 하는 경우가 많다. 예를 들어, 모듈업체로부터 모듈을 공급받아 제품을 만드는 경우, 모듈을 만들기 위한 고정비와 인건비를 줄일 수 있다. 모듈 생산을 위한 부지와 장비 등에 대한 투자를 모듈 공급업체가 맡음으로써 그에 대한 고정비가 줄어들고, 일반적으로 모듈 공급업체의 인건비가 낮기에 이에 대한 비용도 절감되는 것이다.

단점은 모듈 공급업체에 대한 의존도가 커지면 공급 리스크에 직면할 수도 있다는 점이다. 모듈 공급업체가 자연재해 또는 사회적 문제로 조업을 못하게 될 경우, 완성품 생산에 차질이 빚어질 수 있다. 또는 모듈 공급업체 쪽으로 힘의 추가 이동할 경우 가격 협상력이 낮아지고, 오히려 비용이 늘어날 수도 있다. 모듈 공급업체의 지리적 위치도 제약 요인이 될 수 있다. 즉, 모듈 단위는 부품 단위보다 부피와 무게가 클 뿐만 아니라, 다양한 모듈을 적기에 공급받기 위해서는 모듈 공급업체가 가급적 완성품업체 인근에 위치하는 것이 비용 절감 측면에서 유리하다.

모듈 공급업체가 역량이나 규모가 부족할 경우, 모델 다양화로 인한 복잡성 증가는 모듈 공급업체에 큰 부담으로 작용한다. 모듈 공급업체의 역량이 충분할 경우 모델의 다양화로 인한 모듈의 다양화를 충분히 감내할 수 있겠지만, 그렇지 못할 경우에는 총 조립 라인에서 전가한 복잡성이 더욱 증폭되어 모듈 공급업체의 효율성이 떨어지고, 비용이 올라가고, 모듈의 품질이나 가격면에서의 경쟁력이 떨어지는 결과를 초래할 수 있다. 그래서 모듈 공급업체의 역량에 맞춰 접근법을 달리해야 한다.

모듈 공급업체가 전문 업체로서의 역량이 충분할 경우, 생산뿐만 아니라 개발과 일부 기획의 역할을 맡길 수도 있다. 그럼으로써 다양한 모듈을 공급하게 만든다. 그 대신 이러한 모듈에 대한 지배력으로 나중에 완성품업체가 모듈 전문 업체에 휘둘릴 위험이 있다. 그러므로 중요한 모듈은 내부 개발·생산 역량을 일부라도 보유해야 한다. 반대로 모듈 공급업체의 역량이 부족하여 성장을 시켜야 하는 경우에는 생산 분야에서는 가급적 다양한 모듈에 대응하지 않도록 표준화된 모듈을 공급하는 일을 주로 맡기고, 역량을 향상시키기 위한 교육과 지원을 한다. 공동 개발 등으로 역량을 점진적으로 확보하도록 유도하기도 한다. 또한 모듈에 대한 품질 관리도 철저히 한다.

이 챕터의 도입부에서 모듈 생산 방식과 모듈러소싱의 형태가 거의 동일하다고 했지만, 엄밀히 따지면 〈표 5〉와 같이 구분할 수도 있다.

	모듈 생산 방식이 아닌 형태 (Non-Modular Production)	모듈 생산 방식 (Modular Production)
모듈러소싱이 아닌 형태 (Non-Modular Sourcing)	타입 I – 일반적인 운영 형태 – 부품 단위 입고, 부품 단위 총 조립	타입 II 완성품업체의 서브라인에서 모듈을 생산하여 총 조립 라 인에 투입하는 형태
모듈러소싱 (Modular Sourcing)	타입 III –	타입 IV 모듈 단위 입고, 모듈 단위 총 조립

표 5. 모듈러소싱과 모듈러생산의 조합

〈표5〉에서 '타입 I'은 기존의 운영 형태이기 때문에 따로 설명할 것은 없다. '타입 III'도 모듈 단위로 입고하는 것을 굳이 부품 단위로 생산할 필요가 없으니 다룰 필요가 없다. '타입 II'는 부품 단위로 입고를 받는 것을 완성품업체의 서브라인에서 서브어셈블리로 만든 후에 모듈 단위로 총 조립 라인에 입고하는 형태인데, 모델의 다양화로 인해서 총 조립 라인의 안정성을 해치는 것을 막거나, 다양화 요인을 서브라인으로 이관하여 모델 다양화 요인에 효과적으로 대응하는 모듈러소싱 전 단계로 볼 수도 있다. 그런데 위에서 언급한 모듈 생산 방식의 효과를 거의 보지는 못니 이 또한 깊게 다룰 필요는 없다. '타입 IV'의 모듈 단위 입고, 모듈 단위 총 조립 형태는 지금까지 다룬 형태인 즉, 앞에서 언급했던 것처럼 모듈 생산 방식과 모듈러소싱의 형태가 거의 동일하다고 본 이유가 여기에 있다.

8. 제품 개발 방식의 차별화

기업의 규모가 커지고 매출이 늘수록 기업의 혁신성이 떨어진다는 이야기를 많이 하곤 한다. 제품을 개발하는 방식도 경쟁사에서 이미 상품성이 검증된 제품을 기능이나 성능을 보완하는 방식으로 '신제품'처럼 출시하거나, 자신들의 제품을 좀 더 업그레이드하여 자신들의 기존 제품의 연장선상에서 제품을 개발하는 방식을 고수한다. 그렇게 가급적 검증된 방식, 자신들에게 익숙한 방식으로 제품을 개발하고 시장에 대응하다가 예상치 못한 경쟁자나 도전자에게

제품 구성 요소	제품 개발 방식
제품 아키텍처 또는 고정부 모듈	• 기존 제품 개발 프로세스 활용 • 효율성을 높이면서 리스크를 줄이는 데 집중 • 탐색적 접근 방식 • 내부 자원을 활용하는 폐쇄적인 방식 • 철저한 검증과 일관된 방향에 집중
일부 모듈 또는 변동부 모듈	• 린 또는 애자일 개발 프로세스 활용 • 효과성을 높이면서 최대한 다양한 시도와 실험이 가능 • 탐험적 접근 방식 • 외부 자원을 활용하는 오픈형 개발 방식 • 다양한 실험과 빠른 전환에 집중

표 6. 구성 요소별 개발 방식 차별화

일격을 당하기도 한다. 이러한 행태를 단지 한국 기업들만의 특징이라고 탄식하는 글들도 있으나, 저자의 생각은 다르다.

규모가 크고 매출이 많다는 것은 그만큼 잃을 것도 많다는 것을 의미한다. 잃을 것이 많을 때 기회보다는 위험에 더욱 민감해지는 '위험 회피 효과'나, 이미 가지고 있는 것에 더욱더 큰 가치를 부여하는 '부존자원 효과'는 이미 행동경제학에서 증명된 심리적 기제이다. 물론, 모든 기업이 그렇다는 건 아니다. 기업의 규모와 관계없이 기업 문화 자체가 도전과 혁신을 추구하는 경우도 있다. 그러나 일반적으로는 규모가 커질수록 기업은 혁신적인 제품, 혁신을 위한 시도를 쉽게 할 수 없는 환경에 처한다는 의미이다.

그렇다면 규모가 큰 기업은 혁신적인 제품을 만드는 것을 포기해야만 할까? 자신들이 이미 보유하고 있는 자원을 최대한 활용하되, 동시에 혁신적인 시도를 병행하는 방식을 취하면 된다. 그리고 그 방식을 모듈화전략을 통해서 시도하면 된다. 이미 플랫폼전략을 통해서 효율성과 효과성을 동시에 추구하는 방식을 취하는 사례를 보았다. 즉, 플랫폼으로 내부 효율성을 극대화하고, 플랫폼 외의 모듈 또는 부품, 어셈블리의 초점을 최대한 고객과 시장의 요구사항에 맞춤으로서 효과성을 보완하는 방식을 언급한 적도 있다.

이와 유사한 맥락이 제품의 아키텍처와 고정부 모듈은 전통적인 개발 방식인 탐색적(exploitation) 제품 개발 방식으로 만들면서, 일부 변동부 모듈은 탐험적(exploration) 제품 개발 방식으로 만드는 것이다. 이를 통해서 제품에 혁신적인 요소를 더할 수 있다. 또는 제품의 아키텍처와 고정부 모듈은 기업 내부에서 폐쇄적인 개발 방식으로 만들면서, 일부 변동부 모듈은 기업 외부에 개방하여 개발하는 방식이다. 이를 통해서 외부의 자원을 적극적으로 활용할 수 있다. 여기서 중요한 것은 개발 방식이 무엇인가가 아니라 제품의 구성 요소에 따라서 개발 방식을 유연하게 선택한다는 것이다.

왜 이렇게 할까? 이도 저도 아닌 제품이 나오는 것 아니냐고 걱정하는 사람도 있겠지만, 일반적으로 규모가 큰 기업들이 실행하고 있는 제품 개발 프로세스의 초점은 혁신성을 추구하기보다 리스크를 사전에 철저하게 발굴하고, 점검하고, 검증하고, 줄이는 데 맞춰져 있다. 즉, 신제품의 실패에 따르는 위험을 철저하게 줄이는 데 초점이 맞춰져있는 것이다. 대기업으로서는 성공하는 제품을 출시하는 것보다 실패하지 '않는' 제품을 출시하는 것이 더 중요하다. 이를 비난할 수는 없다. 실행하는 사람이나, 지시하는 사람이나 자신이 성공함으로써 얻을 수 있는 이익보다 실패할 경우 잃게 될 위험이 더욱더 크게 와 닿기 때문에 어쩔 수 없이 타협을 하게 되기 때문이다(물론, 의사결정자의 강한 의지로 성공한 혁신적인 제품도 있다. 실패할 위험을 확실하게 감수하는 경우도 있다).

그래서 제품 자체의 뼈대가 되는 아키텍처와 고정부 모듈을 개발하는 경우에 기존의 리스크를 줄이는 방식의 제품 개발 프로세스를 따르되, 그와 어우러질 모듈 또는 변동부 모듈은 변칙적인 제품 개발 프로세스로 개발하자는 것이다. 실제로 리스크를 안게 될 부분이 한정적이고, 실패할 경우 방향을 쉽게 전환할 수 있으며, 마지막으로 적은 리소스로도 다양한 시도를 할 수 있기 때문에 성공 가능성을 높일 수 있다는 장점이 있는 것이다. 사실상 제품 아키텍처 자체가, 고정부 모듈 자체가 시장이 요구하는 것과 다르다면 회복이 불가능하겠지만, 기존 제품의 틀을 유지하면서 그 부분은 가급적 이미 검증된 프로세스로 개발함으로써 품질, 비용, 납기 측면에서의 리스크를 줄이는 방향으로 개발하는 것이다. 반면에 모듈은 신속히 개발해 시장에서 검증을 받는 등 시장에 민감하게 반응함으로써 다양한 시도를 해볼 수 있는 단순화된 개발 프로세스도 생각해볼 수 있으며, 또는 다양한 플레이어로부터 지원을 받을 수도 있다.

만약 LG전자의 G5가 성공할 수 있었다면, 그것은 어떤 방식이었을까? 스마트폰 자체는 기존 제품의 연장선상에서 성능이나 기능을 업그레이드하는 방식으로 개발하되, 스마트폰에 탑재 또는 교체되는 모듈을 개발하는 과정에서는 다수의 협력 회사로부터 지원을 받거나 내부에서 신속히 개발할 수 있도록 정규 프로세스를 따르지 않는 형식을 취했다면 어땠을까? 그러기 위해서라면 G5는 제품 구조를 크게 바꿔야 하는 착탈식이 아니었을 것이고, 착탈식이 아니었다면 새로운 모듈에 대한 시도보다는 착탈식으로 인해서 발생하는 생산 수율에 목매지 않아도 되지 않았을까? 어떠한 경우에도 지나간 사실에 대한 가정은 의미가 없다. 단지 기존 형태의 제품과 혁신적인 콘셉트의 제품을 만들 때 거쳐야 하는 제품 개발 프로세스, 제품 개발 방식은 차별화되어야 하며, 두 마리 토끼를 모두 잡기 위해서는 모듈화전략을 활용할 수 있다는 것이 저자의 주장이다.

※ 최근 일부 국내 대기업에서 린 스타트업 방법론에 관심을 갖고, 이를 기존에 가지고 있던 제품 개발 프로세스에 연계하려는 방안을 찾고 있다는 기사를 본 적이 있다. 그런데 아쉽게도 이와 유사한 시도는 2가지 정도의 패턴으로 실패하곤 한다.

첫 번째, 기존에 자신이 가지고 있는 프로세스와 방식을 무시하고 린 스타트업 방법론을 만능의 툴처럼 생각하여 자신에게 맞지도 않는 옷을 구겨 입듯 하는 방식을 취하기 때문이다. 지금 만들어져 있는 프로세스는 지금까지 쌓아온 지식과 경험의 산물이다. 이를 당장 무시한다는 것은 지금까지 축적해온 지식과 경험을 무시한다는 것과 다를 바가 없다. 물론, 과거의 산물에 매몰되어서도 안 되겠지만, '새롭다'는 이유만으로 도입하는 것은 리스크를 품는 것과 같다.

두 번째, 린 스타트업 방법론을 하나의 툴로 보고서 기존의 프로세스와 어설프게 혼합하는 형대이다. 앞서 언급한 것처럼 기존에 대기업이 가지고 있는 프로세스 및 개발 방식과, 스타트업 기업들이 가지고 있는 프로세스 및 개발 방식은 그 목적이나 집중하는 요소가 다르다. 성격이 다른 2가지를 단순하게 혼합한다는 것은 아이스커피와 뜨거운 커피를 섞는 것처럼 이도 저도 아닌 결과물을 낼 수밖에 없다.

이런 시행착오들을 겪지 않기 위해서 프로세스나 개발 방식을 모듈화를 통하여 이원화하자고 주장한 것이다. 그에 대한 판단은 독자 여러분에게 맡기겠다.

요점 정리

- 혁신 제품을 만들기 위해서는 제품 개발 프로세스와 방식을 기존 제품의 것과 다르게 해야 하며, 기존 제품의 콘셉트를 유지하면서 혁신적인 콘셉트를 가미하고 싶다면 모듈화전략을 적용하는 것을 검토하는 것이 좋다.

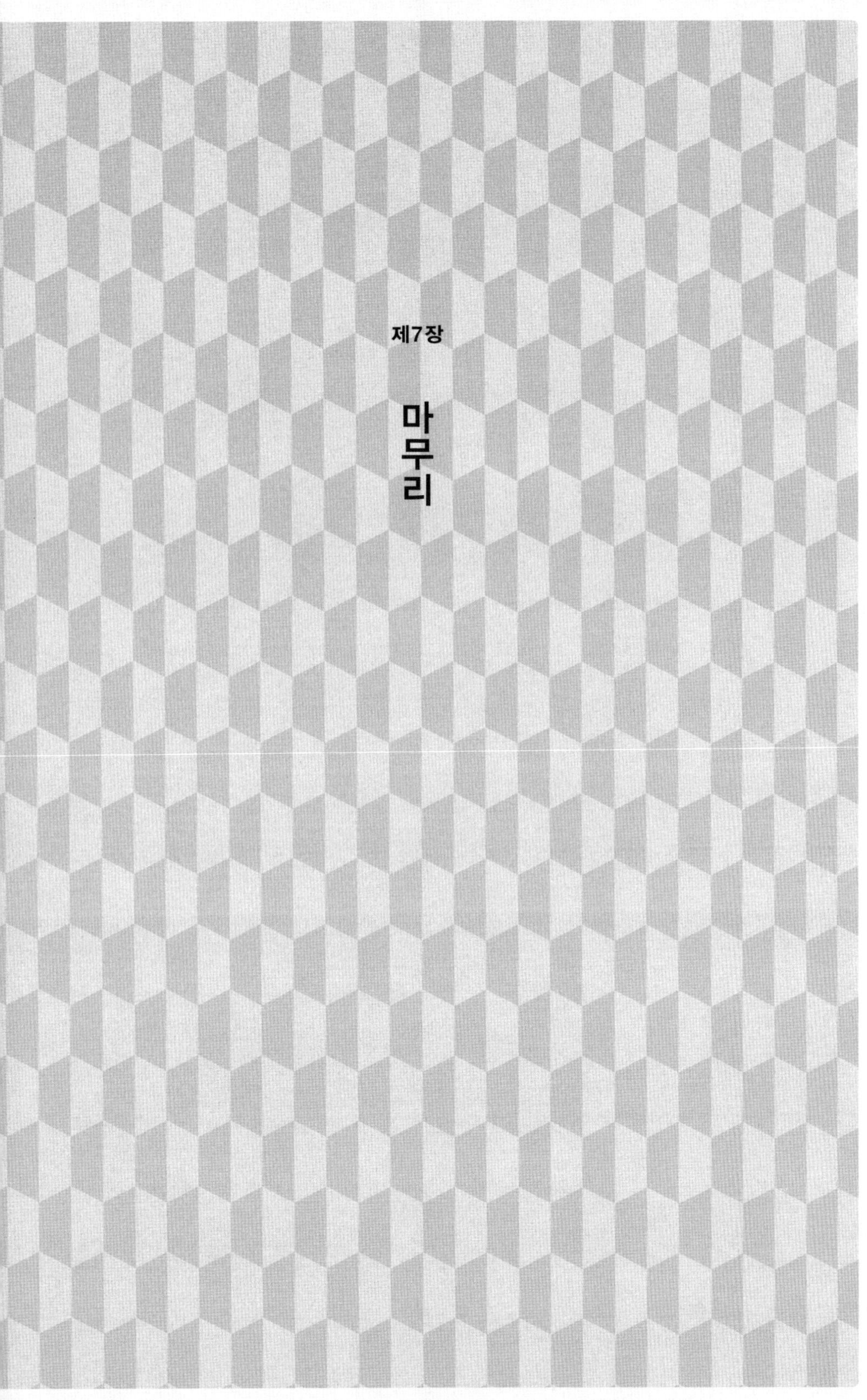
제7장

마
무
리

《손자병법》의 저자인 손무의 손자이자 《손자병법》을 완성했다고 알려진 손빈은 '전기'라는 장군을 모셨다. 전기는 다른 장군과 경마내기를 즐겨 했다. 경마내기의 규칙은 서로 세 마리의 말을 가지고 세 경기를 치러서 두 번을 이긴 사람이 내기의 우승자가 된다는 방식이다. 각각 상등마, 중등마, 하등마에 해당하는 말을 가지고 있고, 같은 등급 간의 말은 서로 실력이 비슷하다고 가정하겠다. 그런데 전기는 매번 내기에서 졌다.

그걸 본 손빈은 이번에는 크게 판돈을 걸라고 조언을 한다. 자신이 말하는 대로 경기를 하면 반드시 이긴다고 단언하면서 말이다. 전기는 손빈의 말대로 함으로써 경기에서 이기고 판돈을 땄다. 손빈이 말한 필승법인 삼사법三駟法은 다음과 같다.

"우리의 중등마와 상대의 하등마, 우리의 상등마와 상대의 중등마, 우리의 하등마와 상대의 상등마끼리 경주를 시킵니다. 이렇게

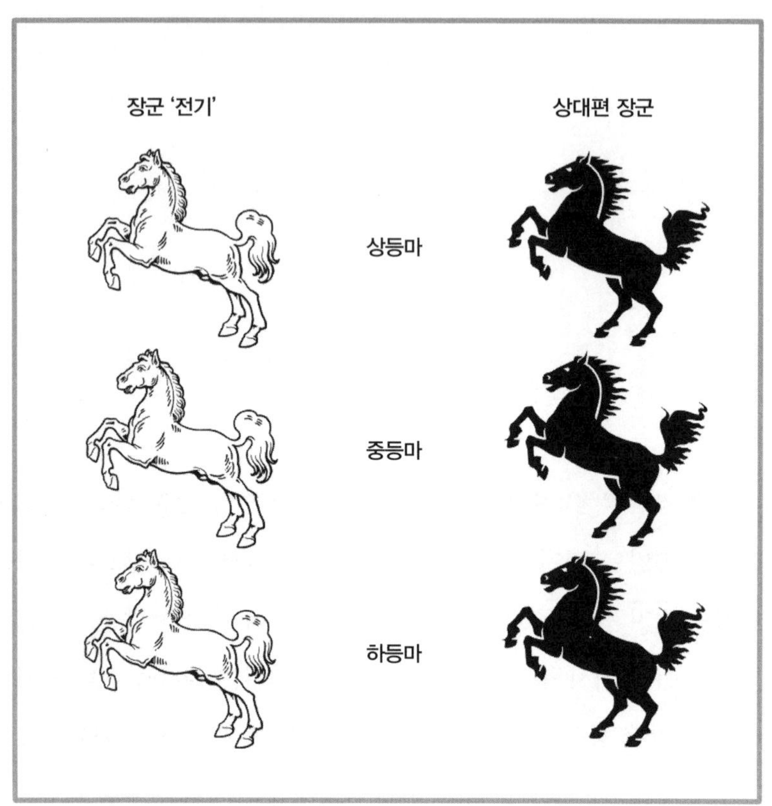

그림 1. 손빈의 삼사법
출처: pixabay.com (말 이미지만)

되면 우리의 하등마와 상대의 상등마의 경기에서는 지겠지만, 다른 두 경기를 이겨서 2승 1패로 결국 이기게 됩니다."

손빈의 삼사법과 유사한 전략을 모듈화전략을 통해서 기업이 활용하기도 한다. 예를 들면, 〈그림 2〉에서처럼 자사와 경쟁사 두 개의 회사만 시장에 존재하고, 하이티어High Tier(고사양) 제품 등 미드티어Mid-Tier(중간사양) 제품, 로티어Low Tier(저사양) 제품 등 총 3가지

336

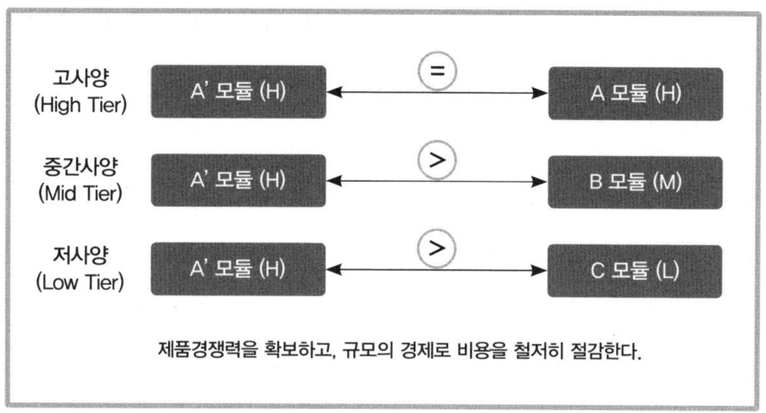

그림 2. 모듈화전략을 통해서 사용되는 손빈의 삼사법

제품을 판매한다고 가정하겠다. 그리고 그 성능을 결정하는 하나의 모듈이 있다고 가정하겠다. 자사와 경쟁사는 같은 티어끼리 경쟁을 한다. 그런데 여기서 필승법이 있다면? 경쟁사가 티어별 제품의 성능을 A, B, C 모듈로 구별할 때, 자사는 하이티어 제품에 사용한 A' 모듈을 미드티어 제품과 로티어 제품에도 적용하는 것이다. 그렇게 되면 하이티어 제품 간의 경쟁에서는 비등해도, 미드티어 제품, 로티어 제품은 제품경쟁력이 우세할 수 있다.

이렇게 되면 미드티어 제품, 로티어 제품의 재료비가 상대적으로 많이 올라간다. 그렇기에 특정 제품에 특화된 모듈을 사용하는 게 재료비 측면에서 우세하다. 이에 대응하려면 모듈을 공용화하는 물량을 늘려서 규모의 경제로 비용 절감을 하고, 밸류 이노베이션value innovation(비용 절감, 가치 증대)을 통해서 재료비를 최대한 경쟁사에 맞춘다. 폭스바겐도 모듈화전략을 활용하면서 플랫폼당 물량이 늘

어나자 제품경쟁력을 높일 수 있는 하이티어의 모듈을 하위 세그먼
트 차량에 전개하여 하위 차량의 경쟁력을 높였다.

위에 언급한 사례는 모듈화전략을 활용하는 하나의 예일 뿐이다.
저자가 말고자 하는 바는 모델 단위로 경쟁한다는 생각 자체를 바
꿔야 한다는 것이다. 히트상품 하나로 승부하는 모델 단위의 제품
전략으로는 절대로 경쟁사를 압도할 수 없다. 나폴레옹이 온 유럽을
호령할 수 있었던 이유 중 하나는 바로 보병, 포병, 기병 단위로 싸
우던 기존 전투 방식을 보병, 포병, 기병을 연합시킨 군단 중심으로
바꿔 전략을 유연하게 펼 수 있었기 때문이다. 이와 같은 맥락으로
모듈화전략이나 플랫폼전략은 모델 단위의 동일한 경쟁에서 벗어
나 제품군 단위의 경쟁을 이끌어가는 데 활용될 수 있다.

모든 기업은 영속적인 성장과 수익을 내는 체질을 원한다.

다양한 경영 활동을 하다 보면 성장과 이익은 서로 상반되는 목적
이라는 생각이 들 것이다. 일반적으로 제품전략은 성장에 방점을 찍
고, 모듈화와 플랫폼전략은 이익에 방점을 찍는 경향이 있다. 그러나
지금까지 설명했듯이 성장과 이익이라는 두 목적들은 분리될 수 없
다. 그렇듯이 제품전략과 모듈화, 플랫폼은 서로 떨어질 수 없다. 그
런 의미에서 플랫폼전략, 모듈화전략을 제품전략의 한 분류로 설명
했다.

성공적인 모듈화전략을 수립하고 실행하기 위해서는 당연히 성공적인 제품전략을 가져야만 한다. 물론 무엇보다도 제품전략의 명확성이 중요하다. 목표지점이 모호한 상황에서는 어떠한 좋은 활동도 무의미하다. 폭스바겐은 〈전략 2018(Strategy 2018 : Sustainable Profitable Growth)〉을 발표하면서, 이 책에서 자주 언급된 모듈러툴킷전략을 전략적 방향 중 하나를 실현하는 방법으로 선정했다. 모듈러툴킷전략을 통해 얻고자 하는 바는 다음과 같다.

폭스바겐의 이익률 8% 이상 확보를 위하여
모듈러툴킷전략을 활용한다.

① 투자비용, 개발비용, 모델당 단위비용 절감
② 규모의 경제로 운영효율성 확보
③ 생산 과정에서의 유연성 증대
④ 타임투마켓Time to market(신제품 개발 기간)

폭스바겐의 전략적 방향 중 하나는 이익률 8% 이상 확보이며, 이를 위해서 모듈러툴킷전략은 위에 적어놓은 4가지 도움을 준다. 이처럼 성공한 기업은 사업전략의 일부로 모듈화전략을 활용하고 있다는 점을 주목해야 한다. 그러면 이 책을 통해서 살펴본 내용을 최종 정리해보자.

① 제품 변화에 대한 이해

② 제품 변화에 따른 모듈화 목적, 방향 설정

③ 제품 변화에 맞는 모듈화의 타입 설정

④ 플랫폼전략, 모듈화전략 수립

⑤ 플랫폼전략, 모듈화전략 운영 방안 수립

모듈화전략을 모듈화를 활용한 제품전략으로 정의하고, 제품전략과 모듈화에 대해서 살펴봤다. 제품전략은 차별화 요인과 제품의 특성에 집중하여 사업목적을 잊어서는 안 된다는 점을 강조했고, 모든 차별화 요인과 제품의 특성은 사업목적을 달성하는 데 초점이 맞춰져야 한다고 언급했다. 이런 관점에서 좋은 제품전략과 나쁜 제품전략의 정의와 사례에 대해서 다뤘다.

그다음에는 모듈화전략의 핵심인 모듈화를 다룬 후에 모듈화전략 그리고 모듈화전략의 같은 축으로 볼 수 있는 플랫폼전략을 다뤘다. 모듈화전략을 수립하기 위해서는 먼저 제품 변화에 대한 이해를 통해서 모듈화의 목적과 방향을 설정해야 하고, 그에 맞는 모듈화 타입도 설정해야 한다. 이후에 모듈의 라이프사이클에 맞춰서 모듈화전략 운영 방안을 수립하는 것이다.

지금까지의 내용을 토대로 플랫폼전략, 모듈화전략 운영 방안을 수립한 후 모듈러디자인 체계를 갖춰야 하는지를 결정해야 한다. 그 시점이 바로 저자의 전 책《모듈러디자인》을 봐야 할 시점이다.

제8장

모듈러 디자인으로

《모듈러디자인 플레이북*Modular Design Playbook*》에 나와있는 모듈러디자인에 대한 이슈를 살펴보는 것으로 이 책을 마무리하겠다. 이 책을 읽고서 모듈화전략에 대한 활동 방향을 결정했고, 그에 맞춰서 개발·운영 부문의 활동의 변화가 필요하다면 《모듈러디자인》을 읽기를 권한다. 그 전에 다음 이슈들에 대해 고민해보자. 변화에는 고통과 장애가 수반된다. 그러니 발생할 수 있는 문제를 최대한 이해하고 준비하는 과정이 필요하다.

① 모듈러디자인의 정의는 회사마다 다르지만, 그 기본 개념이나 사상은 동일하다.

모듈러디자인의 정의는 회사의 전략에 따라 변화할 수 있지만, 기본적 개념은 변화하지 않는다는 것을 잊어서는 안 된다. 특히, 기구/하드웨어/소프트웨어 등 다양한 부문이 혼합되는 제품인 경우에는 부문별로 그 정의가 달라질 수도 있다. 예를 들어, 소프트웨어는 개발 기간이 긴 대신 그 수명 주기도 상대적으로 길기 때문에 플랫폼 전략 중심으로 그 외의 구성 요소에 대해 모듈러디자인을 활용해도

되고, 하드웨어는 개발 기간이 짧은 대신 그 수명 주기가 짧기 때문에 동시계열상의 공용화를 목적으로 모듈러디자인을 위해서 인터페이스 표준화를 선행하고 그를 중심으로 모듈화를 하는 것이 필요할 수 있다. 즉, 한 회사 내에서도 부문별로 그 정의는 달라질 수 있다.

② 모듈러디자인의 효과는 일부 부문에서 나오는 것이 아니라 전 부문에 걸쳐서 나타난다.

모듈러디자인은 플랫폼전략과 마찬가지로 초기에는 투자비용이 소요된다. 그것을 전체비용(Total Cost) 관점에서 개선해야 하며, 개발-생산-구매-마케팅 등에서 만회해야 한다.

③ 모듈러디자인의 효과에도 불구하고 발생할 수 있는 문제들은 실행 초기에 관리해야만 한다.

④ 비용효율성 측면의 기준만으로 모듈화의 정도를 판단하지 말라.

제품전략이 모듈화를 통한 제품구조에 반영되어야 한다. 비용은 고려사항 중 하나일 뿐이다. 비용에 매몰되면 CI(Cost Innovation, 원가 절감)를 위해서 전 제품군에 걸쳐서 얻을 수 있는 이익을 버릴 수밖에 없다. 제품 단위로 비용 관리를 하면, 모듈러디자인을 위한 원가 관리가 어려울 수도 있다. 만약 모듈러디자인의 효과를 얻어내고 싶다면 전통적인 또는 기존의 원가 관리 방식을 버리고 그에 맞는 원가 관리 방식부터 먼저 찾아내야 한다.

⑤ 제품군에 걸쳐서 공용 부품이 많은 제품을 선택하라.

모듈화를 위해 제품을 선택할 때 가장 효과가 큰 제품부터 선택한다.

⑥ 모듈러디자인이 성공적으로 안착될 수 있도록 초기에 내부 이해 관계자들의 지지를 확보하라.

모듈러디자인은 기존 업무 프로세스의 변화를 요구한다. 그렇기 때문에 내부 이해관계자의 이해와 지지가 없다면 모듈러디자인은 절대로 성공할 수 없다. 그래서 모듈러디자인방법론에 대한 실무진 교육뿐만 아니라 경영진의 이해를 돕기 위한 활동도 필요하다.

⑦ 실행 전에 모듈러 재설계의 방향을 제대로 잡기 위해 고객으로부터 VOC(Voice of Customer, 고객의 소리)를 받아서 활용하라.

⑧ 모듈러 아키텍처 확정 전에 다양한 대안들을 평가하기 위해서 기술 관점, 마케팅 관점, 운영 관점 등 최대한 넓은 관점을 고려할 수 있도록 크로스펑션팀(Cross-Functional Team)을 활용하라.

생각해보기

① 모듈화전략과 모듈러디자인의 관계는 무엇일까?
② 모듈러디자인 도입을 위한 이슈 중에서 가장 해결하기 어려운 부분은 무엇일까?

제 첫 번째 책인 《모듈러디자인》(한언)은 제게 좋은 기회를 준 동시에 근심과 걱정을 안겨준 책입니다. 먼저, 그 책을 다시 곱씹어보면서 집필에 대한 부족한 제 역량을 계속해서 자책하게 되었습니다. 그 책에 대한 저조한 관심이 모듈러디자인에 대한 관심 부족 때문이라기보다는 제 역량 부족 때문인 것 같아서 우울하기도 했습니다. 동시에 모듈화, 모듈러디자인을 활용하고자 하는 분들의 관심을 받았기 때문에 보람도 느꼈습니다. 하지만 정작 인정받고자 했던 이전 조직에서는 인정받지 못했기에 허탈감과 좌절감에 빠지기도 했습니다. 그로 인해 상당 시간 동안 과연 제가 가고 있는 이 길이 맞는 길인지 고민했습니다.

하지만 **"나를 알아주지 않는다고 근심하지 말고, 내 능력이 부족함을 탓하라"**라는 말을 되새기며 근 10년을 몸 담았던 조직을 떠나서 다시 시작하는 마음으로 후속작을 내놓게 되었습니다. 그 결과는 하늘만 알겠지만, 또 이 책을 필요로 하는 그 누군가가 설령 극소수에 불과하더라도 제게는 그것만으로도 이 책을 쓰기를 잘했다고 생각을

합니다. 이후에도 또 기회가 온다면 개발, 생산, 구매 각 영역별로 더욱 심화되고 상세한 내용을 담은 책을 출간하고 싶습니다. 그 시점에는 저 혼자가 아니라 역량을 갖춘 동료와 함께 일 것으로 생각합니다.

제가 가진 모든 것, 제 마음속 모든 분들께 감사드리는 마음을 가지고, 특히 무심한 남편을 만나서 고생하고 있는 사랑하는 아내와 자주 놀아주지 못해서 미안한 삶의 활력소 두 아들, 존재만으로도 힘을 주시는 아버지께 감사를 드리며 책을 마무리 짓겠습니다.

참고문헌

[1] 실천 모듈러디자인: 21세기 부품공용화 전략 및 실제혁신기법, G-MIC 지믹컨설팅.

[2] 21세기 지향 코스트전략: Cost Half Project, 한국산업훈련연구소.

[3] Product Design and Development, McGraw-Hill.

[4] The Power of Product Platforms: Building Value and Cost Leadership, Free Press.

[5] R&D 혁신의 기술: R&D 혁신을 위한 7가지 핵심 실행 전략, 에이콘.

[6] Next Generation Product Development: How to Increase Productivity, Cut Costs, and Reduce Cycle Times, McGraw-Hill.

[7] Waging War on Complexity Costs: Reshapre your cost structure, free up cash flows, and boost productivity by attacking process, product, and organizational complexity, McGraw-Hill.

[8] "Modular Design Playbook: Guidelines for Assessing the Benefits and Risks of Modular Design, Corporate Executive Board.

[9] Modular Product Platform Design-TKK Dissertations 10, Helsinki University of Technoloav.

[10] Approaches to Moduarity in Product Architecture, KTH Machine Design.

[11] Product Design for Modularity, Kluwer Academic Rublishers.

[12] Controlling Design Variants: Modular Product Platforms, Society of Manufacturing Engineers.

[13] Modular Function Deployment-A Method for Product Modularisation," The Royal

Institute of Technology.

[14] The PDMA Toolbook for New Product Development Volume 1., Wiley.

[15] Dr. Cooper와 Edgett의 일곱 가지 신제품 개발 황금법칙 (Lean, Rapid and Profitable NPD), 한국산업기술진흥협회 (KOITA).

[16] Product Roadmapping in Collaboration, VTT Publications.

[17] The Product Manager's Handbook: Winner of The Excellence In Thought Leadership Distinction, McGraw-Hill.

[18] Product Platform Modelling: Contributions to the discipline of visual product platform modelling, DTU Management Engineering.

[19] Conquering Complexity In Your Business: How Wal-Mart, Toyota, and Other Top Companies Are Breaking Through the Ceiling on Profits and Growth, McGraw-Hill.

[20] Product Strategy For High Technology Companies: Accelerating Your Business To Web Speed, McGraw-Hill.

[21] Product Leadership: Pathways to Profitable Innovation, Basic Books.

[22] Complexity Management: Optimizing Product Architecture of Industrial Products, DISSERTATION of the University of St. Gallen.

[23] The PDMA Toolbook for New Product Development Volume 2., Wiley.

[24] Portfolio Management for New Product 2nd, Basic Books.

[25] 테크니컬 리더: 혁신, 동기부여, 조직화를 통한 문제 해결 리더십 (Becoming a Technical Leader), 인사이트.

[26] 기술경영과 혁신전략 (Strategic Management of Technological Innovation) 3rd Edtion, McGraw-Hill Korea.

[27] Winning at New Products: Accelerating the Process from Idea to Launch Second Edition, Addison Wesley.

[28] Structural Complexity Management: An Approach for the Field of Product Design, Springer.

[29] Design Rules Volume 1. The Power of Modularity, The MIT Press.

[30] 성공적인 신제품 개발전략, 청림출판.

[31] 알기 쉬운 기술경영 (Management of Technolongy), 신론사.

[32] 기술혁신의 경제학 제3판 (The Economics of Innovation), 시그마프레스.

[33] Cost-Efficient Design, Springer.

[34] Product Platform and Product Family Design: Methods And Applications, Springer.

[35] 연구기획평가실무자를 위한 R&D기획 (R&D Planning), 한국산업기술진흥협회 (KOITA).

[36] MOT 관점에서 본 실전적 기술전략 (Management of Technology: MOT), 시그마프레스.

[37] The PDMA Toolbook for New Product Development Volume 3., Wiley.

[38] Growing Modular: Mass Customization of Complex Products, Services and Software, Springer.

[39] 신제품 개발 성공전략: 화려한 성공, 참담한 실패, 삼성경제연구소.

[40] 4세대 혁신: 기업 혁신의 토털 솔루션-R&D의 세대 교체 (Fourth Generation R&D), 모색.

[41] Engineering Design Methods: Strategies for Product Design, Wiley.

[42] The Principles of Product Development Flow: Second Generation Lean Product Development, Celeritas Publishing.

[43] Managing Innovation 4th Edition: Integrating Technological Market and Organizational Change, Wiley.

[44] 신제품 개발과 연구개발의 경영전략, 삼성경제연구소.

[45] Managing the Design Factory: A Product Developer's Toolkit, Free Press.

[46] 벤치마킹 (Benchmarking: A Tool for Continuous Improvement), 21세기북스.

[47] 기술경영전략 Plus (Strategic Management of Technology), 경문사.

[48] New Products Management, 9th Edition, McGraw-Hill.

[49] 베스트 벤치마킹: 최고 실행전략과 사례 (Benchmarking For Best Practices: Winning through Innovation Adaptation), 창현출판사.

[50] 기술경영 실천하기, LG Electronics.

[51] 신기술 성공의 법칙: 고객의 마음을 읽는 티핑 포인트 변화함수의 비밀 (The Change Function), 에이콘출판사.

[52] Reuse-Base Software Engineering: Techniques, Organization, and Controls, Wiley Interscience.

[53] Design Structure Matrix Methods and Applications, The MIT Press.

[54] Software Product Line Engineering: Foundations, Principles, and Techniques, Springer.

[55] Cost Half: The Method for Radical Cost Reduction, Productivity Press.

[56] Product Family Assessment, DTU Management Engineering.

[57] Managing the New Product Portfolio: Towards an end-to-end approach, DTU Management Engineering.

[58] Software Factories: Assembling Applications with Patterns, Models, Frameworks, and Tools, Wiley.

[59] Setting the PACE in Product Development: A Guide to Product And Cycle-Time Excellence, Butterworh-Heinemann.

[60] Managing complexity by product modularisation: Balancing the aspects of technology and business during the design process, KTH Machine Design.

[61] Platform Strategy for Complex Products and Systems, University of Groningen.

[62] Product Architecture Definition Based Upon Customer Demands, Massachusetts Institute of Technology.

[63] Developing Products in Half the Time: New Rules, New Tools, VNR.

[64] Managing Configuration Options for Build-to-Order highly Customized Products with Application to Speciality Vehicles, Massachusetts Institute of Technology.

[65] 인스파이어드: 감동을 전하는 제품은 어떻게 만들어지는가 (Inspired: How to Create Products Customers Love), 제이펍.

[66] Conceptual Product Development in Small Corporations, KTH Industrial Engineering and Management.

[67] Agile Product Development For Mass Customization: How to Develop and Deliver Products for Mass Customization, Niche Markets, JIT, Build-to-Order and Flexible Manufacturing, McGraw-Hill.

[68] Product Design for Supply Chain: Quantifying the Costs of Complexity in Hewlett-Packard's Retail Desktop PC Business, Massachusetts Institute of Technology.

[69] Software Reuse: Architecture, Process and Organization for Business Success, Addison Wesley.

[70] Modularization, Aalborg University-Copenhagen.

[71] Product Design: Techniques in Reverse Engineering and New Product Development, Prentice Hall.

[72] Advances in Product Family and Product Platform Design: Methods & Applications, Springer.

[73] Commonality in Complex Product Families: Implications of Divergence and Lifecycle Offsets, Massachusetts Institute of Technology.

[74] Flexible Product Development: Building Agility for Changing Markets, Jossey-Bass.

[75] Managing Product Families, IRWIN.

[76] Build-to-Order & Mass Customization: The Ultimate Supply Chain Management and Lean Manufacturing Strategy for Low-Cost On-Demand Production without Forecasts or Inventory, CIM Press.

[77] Variety-Induced Complexity in Mass Customization: Concepts and Management, Erich Schmidt Verlag.

[78] Design for Manufacturability: Optimizing Cost, Quality, and Time-to-Market, CIM Press.

[79] Product Innovation and Technology Strategy, Product Development Institute Inc..

[80] 디자인방법론 (Engineering Design Methods), 미진사.

[81] Business Component Factory: A Comprehensive Overview of Component-Based Development for the Enterprise, Wiley.

[82] Effects of Modular Sourcing on Manufacturing Flexibility in the Automotive Industry: A study among German OEMs, ERIM, Rotterdam School of Economics.

[83] Postponement, Mass Customization, Modularization and Customer Order Decoupling Point: Building the Model of Relationships, Linkoping University.

[84] Product Variety Management: Research Advances, KAP.

[85] Generating Breakthrough New Product Ideas: Feeding the Innovation Funnel, Product Development Institute Inc..

[86] 매스 커스터마이제이션 (Mass Customization): 21세기 고객맞춤경영, 엠플래닝.

[87] 매스커스터마이제이션 혁명 (Mass Customization: the new frontier in business

competition), 21세기북스.

[88] 학습하는 조직: 오래도록 살아남는 기업에는 어떤 특징이 있는가 (The Fifth Discipline: The Art & Practice of the Learning Organization), 에이지21.

[89] 감지-반응 기업: 21세기 기업조직의 새로운 모델! (Adaptive Enterprise: Creating and Leading Sense-and-Respond Organizations), 세종서적.

[90] 커넥티드 컴퍼니: 급변하는 시장 환경에 유기체처럼 반응하며 스스로 학습하고 성장하는 초연결 기업 (The Connected Company), 한빛비즈.

[91] 밸류넷: 고객만족과 기업의 수익을 증대시켜 주는 강력한 가치망 (Value Nets: Breaking the Supply Chain to Unlock Hidden Profits), 좋은책만들기.

[92] Profit Patterns: 30 Ways To Anticipate And Profit From Strategic Forces Reshaping Your Business, Times Business.

[93] 린 생산: 도요타의 비밀 병기, 린 생산 방식은 어떻게 세계를 바꿨는가? (The Machine That Changed The World: The Story of Lean Production), 한국린경영연구원.

[94] 낫 포 프리: 새로운 시대의 수익 창출 전략 (Not For Free: Revenue Strategies for a New World), 다산북스.

[95] 성장과 이익: 초우량 기업들은 성장과 이익의 딜레마를 어떻게 극복했는가 (Profit or Growth: Why You Don't Have To Choose), 비즈니스맵.

[96] 주문생산의 시대: 주문에서 인도까지 고객의 가치를 창조하는 (The Second Century: Reconnecting Customer and Value Chain Through Build to Order), Gasan Books.

[97] 제3세대 기업 제3세대 R&D: 기업전략과의 연계 (Third Generation R&D: Managing the Link to Corporate Strategy), CM비즈니스.

[98] 전략, 구조, 프로세스 통합을 위한 조직설계방법론 -확대 개정판- (Designing Organizations: An Executive Guide to Strategy, Structure, and Process, New and Revised), Sigma Insight Group.

[99] 가치이동 (Value Migration: How to think several moves ahead of the competition), 세종서적.

[100] 위대한 기업으로 가는 전략 지도 (All The Right Moves: A Guide to Crafting Breakthrough Strategy), 한언.

[101] 맥킨지 성장의 묘약 (The Alcehmy of Growth), 전경련 국제경영원 FKI미디어.

[102] 경쟁 전략의 본질 (The Essence of Competitive Strategy), 도서출판 소화.

[103] 클레이튼 크리스텐슨 하버드대 교수의 파괴적 혁신 실행 매뉴얼 (Innovator's guide to growth: Putting Disruptive Innovation to Work), 옥당.

[104] 수익지대: 전략적 사업설계로 미래의 수익지대 만들기 (The Profit Zone: How Strategic Business Design Will Lead You to Tomorrow's Profits), 세종연구원.

[105] 모노즈쿠리: 제조업 세계 최강, 일본의 제조혼 (魂), 月刊 朝鮮.

[106] 성장과 혁신: 100년을 성장하는 기업들의 창조적 파괴전략 (The Innovator's Solution), 세종서적.

[107] Fast Second: 신시장을 지배하는 재빠른 2등 전략 (Fast Second: How Smart Companies Bypass Innovation to Enter and Dominate New Markets), 리더스북.

[108] R&D 경영의 황금률: 비전있는 R&D 성공하는 R&D, 새로운 제안.

[109] 일본능률협회컨설팅, 21세기 지향 마케팅 戰略 (Planning Manual For Business Development Strategy), 한국산업훈련연구소.

[110] 신속전략게임: 전략적 민첩성으로 경쟁 게임에서 승리하라 (Fast Strategy: How Strategic Agility Will Help You Stay Ahead of The Game), 비즈니스맵.

[111] 제3세대 R&D 그 이후 : Key Notes in R&D Management, 경덕출판사.

[112] 성장의 모든 것 (The Granularity of Growth: Making Choices That Drive Enduring Company Performance), 이콘.

[113] 모노즈쿠리 경영학, 대림인쇄.

[114] 도요타 제품 개발의 비밀 (Toyota Product Development System): Integrating People, Process and Technology, KMAC.

[115] 전략의 적은 전략이다 (Good Strategy Bad Strategy), 생각연구소.

[116] 제조업 경영강의: 세계적인 경영학 석학들에게서 직접 배우는 경영의 기초, 아르고스.

[117] 스톨 포인트 (Stall Points): 성장 정체를 뛰어넘는 기업의 조건, 에코 리브로.

[118] 플랫폼전략: 장(場)을 가진 자가 미래의 부를 지배하라, 더숲.

[119] 히든 리스크: 복잡성의 위험 (Hidden Risk: Complexity), 비즈니스맵.

[120] 세계 최강 기업 도요타 경쟁력의 비밀 TOYOTA 진화능력: 능력구축경쟁의 본질, GASAN BOOKS.

[121] The Art of Systems Architecting, CRC Press.

[122] Redesigning The Firm, Oxford.

[123] Management of Design: Engineering and Maangement Perspectives, kluwer

Academic Publishers.

[124] Platform Leadership: How Intel, Microsoft, and Cisco Drive Industry Innovation, Harvard Business School Press.

[125] Platforms, Markets and Innovation, EE.

[126] Architectural Strategy and Design Evolution in Complex Engineered Systems, Harvard University.

[127] Platform Project Management: Optimizing Product Development by Actively Managing Commonality, Massachusetts Institute of Technology.

[128] Costing Commonality: Evaluating the Impact of Platform Divergence on Internal Investment Returns, Massachusetts Institute of Technology.

[129] Assessing Product Configurator Capabilities For Successful Mass Customization, University of Kentucky.

[130] Product Development Value Stream Mapping (PDVSM) Manual, Lean Aerospace Initiative (LAI).

[131] Platform Ecosystems: Aligning Architecture, Governance, and Strategy, Morgan Kaufmann Pub.

[132] Value Creation Through Mass Customization: An Empirical Analysis of the Requiste Strategic Capabilities, Hochschulbibliothek der Rheinisch-Westf lischen Technischen Hochschule Aachen.

[133] Product Platform Development from the Product Lines' Perspective: Case of Switching Platform, Acta Universitatis.

[134] Value Balancing Method for Product Development-A case study at Volvo Car Corporation, Goteborg University.

[135] System Architecture: Strategy and Product Development for Complex Systems, Pearson.

[136] 린 신제품 및 프로세스 개발 (Lean Product and Process Development), SAMIL 삼일아카데미.

[137] From Complexity To Simplicity: Unleash your organization's potential!, Palgrave macmillan.

[138] Design for Variety: A Methodology for Developing Product Platform

Architectures, STANFORD UNIVERSITY.

[139] Strategize: Product Strategy and Product Roadmap Practices for the Digital Age, Pichler Consulting.

[140] Platform Economics: Essays on Multi-Sided Businesses, Createspace.

[141] Modularization (MD) and Its Impact On The Chinese Auto Industry, Nova Southeanstern University.

[142] Transforming Automobile Assembly: Experience in Automation and Work Organization, Springer Verlag.

[143] Analysis of automotive supplier parks and the applicability of alternative solutions in Mexico, Universidad de las Am ricas Puebla School of Business and Economics Department of International Business.

[144] Platform Revolution: How Networked Markets Are Transforming the Economy And How to Make Them Work for You, W W Norton & Co Inc.

[145] 이익을 디자인하라-뉴노멀 시대, 성장을 추구하는 원가 혁신전략, 한국능률협회컨설팅(KMAC).

[146] Information Rules: A Strategic Guide to the Network Economy, Harvard Business School Press.